主　编：奉恒高
副主编：朱　华　谢尚果　吴尽昭　玉时阶
办公室主任：玉时阶

瑶学丛书编辑委员会

本丛书系
广西壮族自治区人民政府资助项目
广西壮族自治区哲学社会科学"十一五"规划项目

主　任：奉恒高
副主任：卢献匾　朱　华　谢尚果　吴尽昭
委　员：（按姓氏笔画排序）
　　　　玉时阶　卢献匾　朱　华　许立坤　吴尽昭
　　　　奉恒高　范宏贵　胡牧君　莫金山　俸代瑜
　　　　谢尚果　蓝怀昌

龙窖山千家峒

李本高 主编　　汪松桂 副主编

民族出版社

龍窯山七十家祠

抢救瑶族文化遗产
弘扬优秀的民族传统文化

——《瑶学丛书》总序

在《瑶族通史》即将出版的同时，经广西壮族自治区人民政府主席陆兵同志批准，由广西民族大学组织编写的《瑶学丛书》正式与读者见面了。《瑶族通史》和《瑶学丛书》的编纂出版，是瑶族历史文化研究的又一新成果，是海内外瑶族同胞的一件大喜事，是实践"三个代表"重要思想的重要举措，也为社会主义精神文明建设增添了光彩，具有重要的现实意义和历史意义。

瑶族是一个历史悠久的民族。在漫长的历史发展过程中，瑶族人民与兄弟民族共同缔造了伟大的祖国，还用自己的勤劳和智慧，创造了丰富多彩的民族文化，为人类文化宝库增添了珍贵的遗产。从1998年以来，我们酝酿并着手编写《瑶族通史》，就是为了抢救瑶族的优秀文化遗产，使其得以发扬光大。经过7年多的努力，通史初稿终于编写完成，并将交付出版社出版，这是瑶族研究具有划时代意义的成果。那么，《瑶族通史》将出版了，怎么还要编纂出版《瑶学丛书》呢？应该说，编纂出版《瑶学丛书》，早在编写《瑶族通史》的时候就提出来了，只因当时考虑资金、人力等方面的原因，此事就搁下了。我经过这些年参与编写《瑶族通史》，深切地感到，瑶族的历史文化，是瑶人的根，是这个民族的魂。在编写通史的基础上，进一步对瑶族的传统文化进行实事求是的挖掘、总结、梳理和升华，从中发掘瑶族文化的内在规律，建立瑶学的理论体系，是及时的，也是非常必要的。因此，编写丛书绝不是凭主观愿望或一时感情的冲动，而是综合考虑了方方面面的情况，根据瑶学研究的状况以及需要和可能而提出来的。

编写《瑶学丛书》是国内外瑶族同胞，特别是从事瑶学研究的专家、学者的迫切愿望和要求。瑶族历史悠久，文化独特丰富，一向为国内外专家、学者所关注。在编写通史的时候,曾花了很大的力气搜集、整理瑶族历史文化资料,进一步弄清了瑶族的族源、瑶族的形成和发展等历史问题,为编写好通史提供了翔实的资料和科学依据。但是,瑶族丰富多彩的民族文化,在通史中只能从整体上进行叙述,通史的基本特点就是强调贯通古今,突出一个"通"字,能"通"方方面面。而瑶族支系复杂,各支系的独特传统文化受《瑶族通史》篇幅的限制,难以全面、系统地编写进去。因此,要全面、系统地总结、整理好瑶族各支系的历史文化以及历史上的有关重大历史事件的资料并编纂出版,留给后人,就要通过编写《瑶学丛书》来完成。我们编纂出版《瑶学丛书》,主要考虑在编写《瑶族通史》的基础上,对瑶学研究的基础资料进一步全面、系统、科学地进行搜集、整理,对各个学术专题开展研究,重点是对各支系历史文化进行全方位、多角度、多层次的研究,使瑶学研究系统化和科学化,初步建立完整的瑶学科学体系。同时,我们还考虑到,20世纪五六十年代培养的,在学术上有造诣和较大影响的专家、学者,年事已高,瑶学研究有待培养后继人才。因此,通过编写丛书,无论是对抢救瑶族珍贵的文化遗产,还是培养瑶学研究人才,都有着极其重要的意义。

编写好《瑶学丛书》是继承、弘扬瑶族优秀传统文化和激励瑶族后人的需要。瑶族人口多,分布广。据2000年第五次全国人口普查统计,瑶族人口达320多万人,其中中国瑶族人口263万余人,分布在我国南方的广西、湖南、广东、云南、贵州和江西6个省(区)的134个县(市)内,居住非常分散。那么,我们瑶族为什么形成这样的分散格局呢?我认为,原因是多方面的,但主要是由瑶族在漫长的历史发展过程中所处的地位决定的。据有关资料记载,从先秦开始,瑶族先民就遭受历代统治者的残酷压迫和歧视,走上了不断迁徙的坎坷道路,受尽了人间苦难,被迫进入高山密林,过着刀耕火种的游耕生活,直到新中国成立以后才定居下来。瑶族是一个具有坚韧不拔精神的民族,在不断迁徙的过程中,战天斗地,顽强地生存下来,不仅保持了民族的特点和活力,发展了自己,还创造了自己独特的多姿多彩的文化。因此,全面、深入、系统地挖掘、整理和研究瑶族的历史文化遗产,对总结、弘扬瑶族优秀的传统文化具有十分重要的意义。

编写好《瑶学丛书》是促进瑶族地区实行对外开放、与国外瑶胞开展文化交流的需要。瑶族是一个国际性的民族,居住在国外的瑶族有60多万人,

抢救瑶族文化遗产　弘扬优秀的民族传统文化

分布在亚洲、欧洲和美洲的8个国家和地区，其中居住在越南、美国和泰国等地的人口较多。据有关调查资料反映，这些瑶族都是明、清以后陆续从中国迁徙出去的，他们在血缘、文化和思想感情上与国内各支系瑶族之间都有着千丝万缕的联系。这些居住在国外的瑶胞也非常关心国内的改革开放和现代化建设，常回国寻根问祖，旅游参观，频繁进行双边和多边的互访活动。因此，在编写好《瑶族通史》的同时，编好丛书，让海外瑶胞了解本民族的过去和现在，这对促进国内外瑶族之间的经济文化交流与合作具有重要的意义。

编写好《瑶学丛书》是促进瑶族地区社会经济发展的要求。新中国成立以来，特别是改革开放以来，瑶族地区各族人民团结奋斗，共谋发展，社会经济发生了深刻的变化，取得了长足的进步。但是，由于历史、自然等方面的原因，加上"文化大革命"期间工作上的失误，瑶族地区社会经济发展比较缓慢，现代文化教育落后，生产力水平低。与经济发达地区相比，差距不是在缩小，而是在拉大。现在党中央正在实施西部大开发战略，这对瑶族地区是个难得的机遇和挑战。组织专家、学者认真总结新中国成立以来，特别是改革开放以来瑶族地区社会经济发展的经验教训，并将研究成果纳入《瑶学丛书》的出版计划，这对指导瑶族地区如何全面建设小康社会，使瑶族人民尽快走上富裕之路有着极为重要的意义。

编纂出版《瑶学丛书》是贯彻落实《中华人民共和国民族区域自治法》的一项重要内容。新修改的《中华人民共和国民族区域自治法》明确规定："民族自治地方的自治机关组织、支持有关单位和部门收集、整理、翻译和出版民族历史文化书籍……继承和发展优秀的民族传统文化。"因此，有组织、有领导地编写《瑶学丛书》，抢救瑶族文化遗产，是落实《中华人民共和国民族区域自治法》的重要举措。

编纂出版《瑶学丛书》是为瑶族人民办的一件好事、实事，是一件功在当代、利在千秋的事业。但是，《瑶学丛书》是一项涉及瑶族历史文化的系统工程。因为瑶族是一个古老的民族，历史悠久，居住分散，资料欠缺，要实现编写丛书的目标难度是很大的。因此，参与《瑶学丛书》撰稿的专家、学者，必须根据《瑶族通史》提出的基本观点，继续深入调查研究、弄清基本史实。正确运用民族学、人类学等学科的理论方法，把握好瑶族同胞的历史脉搏、现实状况和未来发展。要以扎实的作风、谦虚谨慎的态度，把丛书编写好，让各方面都能接受，都满意。

　　本丛书是广西壮族自治区人民政府拨出专项资金安排的课题，得到自治区财政厅、教育厅和民族事务委员会的重视和支持，瑶学的专家、学者不仅有瑶族，还有汉族和壮族等其他民族，大家都踊跃撰稿，体现了民族团结合作的精神。民族出版社在编辑出版方面做了大量卓有成效的工作，谨此一并表示感谢！

奉恒高

2005年12月19日写于南宁
2009年9月19日于南宁修改
（作者系广西壮族自治区人民政府原副主席）

前　言

　　千家峒是瑶胞先辈们用智慧和血汗创建的世外桃源，也是全球 300 多万瑶族同胞向往的圣地。千百年来，瑶族同胞前仆后继地寻找千家峒，均未解开这个历史之谜。

　　20 世纪中期，瑶学研究工作者也参加了寻觅千家峒的行列。中南民族学院讲师宫哲兵经过艰苦的考察，确认湖南省江永县大远乡（1987 年更名为千家峒瑶族乡）为千家峒，并因此引发了研究瑶族千家峒的高潮。研究文章不断见诸报刊，观点也不尽相同。有的认为瑶族千家峒在山东境内，有的认为瑶族千家峒在浙江会稽山内，有的认为在洞庭湖与幕阜山之间，有的认为在广西灌阳县内，有的认为在都庞岭境内的道县、灌阳、江永之间，等等。真是智者见智，仁者见仁。所以当时著名社会学家费孝通先生题词曰："瑶胞寻根千家峒，史实有待百家争。"费老先生的题词更加激励着人们去寻找瑶族千家峒。李本高通过上下求索，在领导的关怀支持下，在干部群众的帮助下，通过实地考察，于 21 世纪初，在湖南省临湘市找到了瑶族早期千家峒——龙窖山千家峒。

　　2001 年 9 月，广西瑶学学会委托湖南省临湘市委、市政府在临湘市召开了"瑶族历史重大问题学术研讨会"。北京、武汉、广西、广东、云南、贵州、湖南等地的瑶学专家、学者和瑶族老干部、民族工作者四十余人，以及临湘市龙窖山瑶族千家峒考察组的部分成员与会。会议听取了龙窖山瑶族千家峒考察报告和许多学者的有关论文，并赴龙窖山进行了实地考察。通过务虚与务实相结合和深入讨论，与会者认为龙窖山是宋以前（含宋代）瑶族早期千家峒。

　　确立龙窖山为瑶族早期千家峒已过去了十余年，但龙窖山瑶族千家峒仍是"处在深山人不知"。有关领导希望我们编撰一本小册子，详细介绍龙窖山瑶族千家峒。为此，我们搜集了近几年有关确立龙窖山为瑶族千家峒的论文、文章及龙窖山考察报告等资料，汇编成册，定名为《龙窖山千家峒》。企望本书能帮助人们了解、认识瑶族早期千家峒——龙窖山千家峒。

编撰者
2013 年 4 月

目　录

第一章　千家峒在瑶族历史中的地位 ……………………………（1）
一、瑶民理想中的世外桃源 …………………………………（1）
二、瑶胞寻根千家峒 …………………………………………（3）
三、瑶族史学研究者寻觅论证千家峒 ………………………（8）

第二章　瑶族与千家峒的关系 ……………………………………（13）
一、瑶族"千家峒"故地 ……………………………………（13）
二、瑶族迁徙与千家峒 ………………………………………（17）
三、瑶人千家峒 ………………………………………………（28）
四、瑶族南迁入湘第一站——龙窖山千家峒 ………………（30）
五、关于千家峒问题（摘录）…………………………………（36）

第三章　龙窖山与瑶族历史 ………………………………………（39）
一、龙窖山自古以来就是瑶族先民的祖居地 ………………（39）
二、龙窖山是瑶族反抗斗争的重要基地 ……………………（43）
三、瑶人出世武昌府 …………………………………………（48）
四、龙窖山是瑶族南迁"漂洋过海"的终点 ………………（57）
五、龙窖山是瑶族入湘后南迁的起点 ………………………（63）
六、龙窖山瑶族与"漂洋过海" ……………………………（67）
七、龙窖山瑶族"漂洋过海"与《评皇券牒》………………（85）
八、龙窖山与瑶族《盘王大歌》……………………………（94）
九、龙窖山瑶族迁徙中的千家峒 ……………………………（98）
十、龙窖山是瑶族早期千家峒 ………………………………（107）

第四章　龙窖山瑶族遗迹 ……………………………………………… (112)
   一、龙窖山瑶族石文化 ………………………………………………… (112)
   二、龙窖山瑶族遗风 …………………………………………………… (121)
   三、龙窖山瑶族原始宗教 ……………………………………………… (124)

附录一　龙窖山瑶族千家峒考古 ……………………………………… (133)
   附录1—1　湖南省临湘市龙窖山古文化遗址调查简报 ……………… (133)
   附录1—2　湖南省临湘市龙窖山石窝及其周围石冢、土坑、
   　　　　　砖室墓发掘简报 …………………………………………… (148)
   附录1—3　湖南省临湘市龙窖山遗址箭杆山及周边堆石遗存调查与
   　　　　　实测简报 …………………………………………………… (167)
   附录1—4　湖南省临湘市龙窖山遗址箭杆山及周边石屋居址调查
   　　　　　简报 ………………………………………………………… (201)
   附录1—5　湖南省临湘市龙窖山遗址岩洞调查简告 ………………… (210)
   附录1—6　龙窖山"楚府"碑刻考释 ………………………………… (218)

附录二　龙窖山千家峒认定意见书 …………………………………… (225)

后　记 …………………………………………………………………… (226)

第一章　千家峒在瑶族历史中的地位

一、瑶民理想中的世外桃源

瑶族民间中至今还保留了关于民族迁徙的重要历史文献《千家峒》、《十二姓瑶人游天下》、《盘王歌》、《千家峒源流记》等以及《千家峒的传说》。这些历史文献和传说故事，生动地记述了瑶民在某一个历史时期开拓、建设美丽家园——千家峒的史事。千家峒处在云雾缭绕的高山石岭下，洞口很小，小到只能一人侧身而过。洞口被云雾所遮，在远处只能依稀可辨。进入洞口，沿十八步石梯攀缘而上就进入了千家峒。进入峒内映入眼前的是一口大塘，塘内荷花盛开，朝阳照着塘面的湖水，波光粼粼，寒鹏野鸭在塘里觅食。待野鸭飞起后，各家各户的鹅、鸭成群结队地扑入塘里洗澡、嬉戏、啼叫，一派农家欢乐景象。大塘的上方有三条河流，潺潺流水，奔腾而下，汇集在三江口，形成一条大河，沿河有十二个埠头，传说十二姓瑶民就在沿河两岸开垦耕种。《千家峒歌》云："十二姓瑶人落峒中，安住立屋开耕种，斩破青山又起根。"[①] 很显然，千家峒是一个迁徙的中转站，并不是有些人所说的千家峒是瑶族人民的原始居地。千家峒的确是瑶族先民披荆斩棘开拓，克服重重困难，辛辛苦苦建设起来的一个美丽的家园。《千家峒歌》唱道："冯姓姊妹入峒来，西洞里面开田塘"，"黄姓姊妹入峒来，半耕平田半耕山"，"邓姓姊妹入峒来，一份青山一份田"，"李姓姊妹在西峒，两成青山又田塘"，"胡姓姊妹四洞宽，屋底田塘屋后山"，"周姓姊妹落三洞，洞园内里好平田"，"包姓姊妹在五洞，青山脚底好平田"，"唐姓姊妹在六洞，平田好种禾好收"，"沈姓姊妹住七洞，青山平田好种春"，"盘赵二姓落上洞，二姓姊妹好耕种"。[②] 瑶族十二姓，这里好像少了雷姓姊妹。《十二姓瑶人音郡歌》给予了补

---

① 郑德宏、李本高整理译释：《盘王大歌》，下集，171～172 页，长沙，岳麓书社，1988。
② 郑德宏、李本高整理译释：《盘王大歌》，下集，172～176 页，长沙，岳麓书社，1988。

充："雷姓也共千家峒，江南郡名是角音。"① 按以上所述，千家峒是一个非常广袤的地域，峒中有洞。前一个"峒"字，很可能是地缘与血缘相结合的社会政治组织形式，因为它以山岭为界，有固定的地域。同时，峒中有洞。从以上记述的情况看，千家峒内共有七个洞，即三、四、五、六、七洞和上洞、西洞。既然有三、四、五、六、七洞，就应该有一、二洞；既然有上洞，也必然有中洞和下洞；既然有西洞，必然就有东洞，若加后五洞，千家峒内应该是十二洞，亦瑶族十二姓中每姓住一洞。但《十二姓瑶人音郡歌》分法又不同，它是按商、角、宫、徵、羽，即东、南、西、北、中而分的。"盘姓瑶人……天水郡名是商音"，"沈姓瑶人……天水郡名是角音"，"包姓瑶人……陇阳郡名是正（徵）音"，"黄姓瑶人……江南郡名是徵音"，"李姓瑶人……河南郡名是角音"，"邓姓瑶人……陇西郡名是角音"，"周姓瑶人……平南郡名是洪（宫）音"，"赵姓瑶人……天水郡名是角音"，"胡姓瑶人……皇女郡名是礼（羽）音"，"雷姓瑶人……江南郡名是角音"，"唐姓瑶人……平南郡名是角音"，"冯姓瑶人……天水郡名是角音"。由于瑶族没有本民族的文字，其歌谣大部分是传抄的，传抄中错讹之处甚多，所以上述地名很难与五方相对应，有的郡名在史籍中根本就没有。因此，另本《十二姓瑶人音郡歌》② 与《评皇券牒》③ 又有差异。"盘姓瑶人为双水郡名是双（商）音"，"沈姓瑶人为吴兴郡名是宫音"，"包姓瑶人为上党郡名是羽音"，"黄姓瑶人为江夏郡名是商音"，"李姓瑶人为陇西郡名是徵音"，"邓姓瑶人为南阳郡名是徵音"，"周姓瑶人为汝南郡名是角音"，"赵姓瑶人为天水郡名是角音"，"胡姓瑶人为安定郡名是羽音"，"雷姓瑶人为冯阳郡名是商音"，"冯姓瑶人姑（始）平郡名是宫音"，"唐姓瑶人晋昌郡名是徵音"。而《评皇券牒》则将五郡记为"分出商音天水郡，分出角音清水郡，分出宫音始平郡，分出徵音龙须郡，分出羽音白水郡"。按宫、商、徵、羽、角五音，若指方向，应是东、南、西、北、中。因此，我们在理解瑶族的音郡歌时，只能理解为：千家峒内有东、西、南、北、中五洞，不必将郡名去对号入座。千家峒的"峒"字，另一个特点是：大峒管小洞，土地由大峒分配给同姓管理和耕种。洞则是同姓的集合体。传说千家峒不属官管，不赋税役。瑶族千家峒这种社会组织，是从"黔中"发展而来的。徐中舒先生说："（黔中）是秦汉时代的一种社会组织，黔的本意是用树枝、木桩等障碍物把居住点围起来，以防蛮兽和外人的侵扰。黔中

---

① 郑德宏、李本高整理译释：《盘王大歌》，下集，272 页，长沙，岳麓书社，1988。
② 郑德宏、李本高整理译释：《盘王大歌》，下集，长沙，岳麓书社，1988。
③ 黄钰译注：《评皇券牒集编》，105 页，南宁，广西人民出版社，1990。

就是在这道障碍圈内的意思。后来发展成了一种社会组织的名称。这个名称后来发展成为峒。"有人认为只有壮族、侗族才有峒的组织称谓，瑶族历史上无峒的社会组织。这是不了解瑶族历史，不懂得什么是峒的实质。瑶族先民是长沙、武陵蛮，接受"黔中"这种社会组织是天经地义的，是完全可能的，也许其社会组织峒比其他民族使用得还要早。

"千家峒"作为一种社会组织，其屏障是高山大岭森森青山。就是这峻极之山，将千家峒与外界隔绝，就是这峻极之山，围护着千亩良田，任瑶民开垦耕种。传说"千家峒里大洞田，三百牯牛犁一边，尚有一边犁不到，山猪马鹿里面眠。"这虽然有些夸张，但却给我们一个讯息，千家峒里良田片片是肯定的。正如《千家峒歌》[①]所唱：千家峒内"大峒禾苗绿油油"。正如传说故事所说：千家峒里种出的谷子谷壳有手拇指大。"一年耕种吃三春。"除农田外，千家峒内的山源也极其广阔——"山源宽宽好安身"。山源资源非常丰富，不仅有取之不尽的食物、药材，还有数不尽的山猪、麂子、寒鸡等飞禽走兽。为了灌溉和生活需要，瑶民发扬先民莫瑶"钻泉眼"的精神，在千家峒的高山上挖出"九口井"。《千家峒歌》唱道："四面八方九井水。"正是由于瑶民不仅发现了千家峒，而且齐心协力建设了千家峒，从而使千家峒成为瑶民自由自在，不属官管、不纳赋税、不服徭役，生活富足的乐园。即使后来被逼逃离了千家峒往南继续迁徙，另觅新的家园，然而，不管迁到何处，瑶民还是思念千家峒，期盼着再回到千家峒，进而引发了寻根千家峒运动。

二、瑶胞寻根千家峒

千家峒的故事和《千家峒歌》在盘瑶支系中可以说是家喻户晓。生动艰辛的历程，谱写了一曲瑶族历史的赞歌，人们都向往千家峒，企望回到千家峒。然而千家峒在哪里却众说纷纭。为了找到千家峒，在瑶族民间掀起了寻找真正千家峒的活动。据史载，最早寻找千家峒的是湖南省江华大源冲（今两岔路河乡）的瑶胞邓元珠等人。据《计开千家峒路引》载："寄信人邓元珠，惜由嘉庆丙子年（1816年）搬来小朝住居十数余年。因红苗作乱搬去云南开化府猛子（蒙自）县住居三年。闻说石碧洞如何好，兄弟亲戚凑合银钱，我等入往云南省，穿过向到广西柳州府所管石河县，离城一百六十里，以前有石碧碑，果是千家峒，今人改唤石碧洞。我等入，先看石碑字，有十二姓瑶人名姓在石碑上。一姓盘福保，二姓沈成龙，三姓包保秀，四姓黄德才，

[①] 郑德宏、李本高整理译释：《盘王大歌》，下集，171页，长沙，岳麓书社，1988。

五姓李文周，六姓邓之凤，七姓周兴才，八姓赵成祥，九姓胡昌贵，十姓雷天保，十一姓冯成虎，十二姓唐世辛。开列路引：白沙（广西）至中间之处，司辛山入坐街到平乐府，向荔浦县、修仁县、向柳州城，柳州城向怀山街庆远府，又向得胜，向石河县石碧洞口，十二里路程，穿过石顶，入到火把洞，又穿过小地平（名）杨家树，瑶人三十余家，就到了千家峒口。又入石板路，上到四十八步石梯是峒头也。于道光二十四年（1844年）七月。内附带成周信行路费银三两。此信寄对（到）岭东（江华大圩一带）大源冲（今两岔河）亲戚朋友。如意者乐来观至是也。"① 这是记载的瑶胞寻根千家峒的史实，距今已有150余年。当时他们认为石碧洞就是千家峒。这也是瑶民最早确定的千家峒。

事隔近90年的1933年，江华高滩和湘江地区的瑶胞，自发地筹集银元四百余元，并推举赵明录、赵柯贤、盘仙建15名瑶胞，组成寻根千家峒瑶人团。他们带着乡亲们的嘱托，背着背包、农作物种子和日常生活用品等沿着邓元珠留下的《计开千家峒路引》，不畏艰险，克服重重困难，跋山涉水，好不容易找到了广西石碧洞。他们仔细察看了洞内的地形、地貌，以及地名、山水之后，也确认石碧洞确实是千家峒。于是，他们就留了下来，支屋居住，开荒播种，经过几个月的披荆斩棘，开垦荒地，终于播下了种子。然而，还没等种子冒芽，所播种子就被老鼠吃光了。血本无归，使他们大失所望。于是他们怀疑石碧洞是不是千家峒。眼看乡亲们筹集的银元快花光了，无奈之下，他们只得返回家乡高滩和湘江。② 他们的回归证明了石碧洞并非千家峒，也证明了瑶胞第一次寻根千家峒的失败。

离赵明录等人否定石碧洞为千家峒之后8年的1941年，瑶胞又掀起了寻根千家峒的热潮。此次寻根活动规模更大，范围更广，寻根的瑶胞不再是湖南瑶胞，而是居住在广西的瑶胞。1940年，在广西永福、鹿寨、修仁、荔浦、榴江的冷水、热水、六桂、那磨等瑶寨，流传着"盘王要接我们回千家峒了。届时，盘王将派阿公（盘王的特使）为团长来接我们回千家峒。你们各家各户都要在自家门前摆上十二杯茶，烧香、烧纸钱祭祀盘王。只有这样阿公才会领你们回千家峒，否则就不会领你们回千家峒。另外，凡想回千家峒的人，都要头绕一条两头都绣有狗牙的头帕，腰束一条长腰带，背上还要背一把红纸伞。这是回千家峒的标记"的言论。使得家家户户都在作准备，要回千家

---

① 参见中国少数民族社会历史调查资料丛刊之三。湖南省编辑组：《瑶族〈过山牒〉〈碑志〉〈谱序〉汇编》，138页，1980。该文献流传江华地区，此件存湖南省民族研究所。

② 参见调查笔记（手抄本）。该故事流传于江华高滩乡。

峒。在荔浦县，一些瑶寨则要求"凡是瑶胞，每月初一、十五都要斋戒。这样可以化为飞虎，飞回千家峒"。为了使瑶胞相信他们，他们还用"干铜"（一种迷信形式），即在神龛上放一碗清水，请来巫师在神台前烧香化纸，然后口中念念有词，随后巫师昏迷，进入"阴间"，接着巫师说，在阴间碰到了始祖盘王，盘王要他转告众子孙：要他们搬回千家峒去居住。经过以上的宣传，大瑶山邻近的瑶寨内都喊着"搬回千家峒居住"的口号，几乎是家喻户晓。人们停下生产不搞，一心祭祖和作回千家峒居住的准备。1941年农历二月，修仁县那磨瑶寨的盘瑶李七飞来到大瑶山的忠良界盘瑶瑶寨，对那里的盘瑶人说："我们要回千家峒去了，以后我们要自种自收，不纳粮了，不交租了，也不再为这里的茶山瑶做工卖命了。"从而组织动员了一批要回千家峒的瑶民。在六音瑶寨，盘瑶人肖成朝则以巫术把自己装扮成神，说自己与雷公、玉帝是亲的三兄弟，雷公和玉帝都要我回千家峒去住。瑶民非常相信，他们怎么说就怎么做。借此肖成朝又派自己的两个儿子到周边瑶寨去游说。很快他们父子就动员了一批要回千家峒的瑶民，只要一声令下这些瑶民就会奔赴到回千家峒的路上。大约又经过了半年的时间，大瑶山周边十余县的不少瑶胞都做好了回千家峒的准备了。李七飞、肖成朝等人就决定农历八月初一，凡要回千家峒的瑶民到忠良寨集中。届时，李七飞、肖成朝二人各率附近的一些瑶胞男女，高举着回千家峒的旗帜，敲锣打鼓，浩浩荡荡向忠良寨赶来。沿途不仅引来许多瑶胞观看，队伍又吸收了部分回千家峒的瑶胞。肖成朝率领的部分回千家峒的瑶胞，很快就赶到了忠良寨，可是李七飞率领的部分回千家峒的瑶胞却因滂沱大雨冲毁了来路的桥梁和路基未能按时赶到，致使两支队伍不能汇合。与此同时，国民党金秀设防局和蒙山县县长等却不知从何处得到消息，率领一队荷枪实弹的国民党兵也来到了忠良寨，他们恐吓、威胁瑶民，强令瑶民放弃回千家峒的行动。并枪杀了动员、组织瑶胞回千家峒的瑶民领袖肖成朝，抓走了李有望、肖志官、冯成荣等小头目。回千家峒的瑶民被迫解散回原籍。一场轰轰烈烈的寻根千家峒活动。不仅付出了惨痛的代价，而且被扼杀在摇篮中。①

又事隔16年的1957年农历二月，以广西恭城观音乡为主，有灌阳、荔浦、阳朔、富川等地瑶民参加的36人寻访千家峒瑶人团，经过一段时间的准备后，挑着被子、厨具及油盐茶米等生活必需品，踏上了寻找千家峒的漫漫之路。他们晓行夜宿，逢山过山，逢水过水，最先来到了广西灌阳的杉木坳、

---

① 宫哲兵主编：《妇女文字和瑶族千家峒·一九四一年广西大瑶山千家峒运动之始末》，269页，北京，展望出版社，1986。

渌江，再到"仙家峒"。他们在"仙家峒"住了几日，仔细观察了这里的地形地貌，觉得这里有千家峒的特点，但又不完全像千家峒。后来他们听人说千家峒在湖南省道县，又徒步向道县走去，经过几日急走，到达了道县的容树岩。在此他们住了几日，仔细观察，这里也有千家峒的特点，但也不完全像千家峒。他们又听人说，千家峒在永明县八都源，即大远乡，于是向八都源奔去。到达八都源后，他们亦进行了实地考察，觉得这里比仙家洞、容树岩的千家峒特征更突出，并且与他们带来的《千家峒源流记》所记地名、田名、地形、地貌更吻合，因此他们肯定了这里是千家峒。在这里他们只住了一夜就急着要回去，因为他们认为经过8天的寻找，他们终于找到了千家峒，要赶快把这一消息告知乡亲们。他们回到家乡后，极力宣传永明县八都源就是千家峒。因此，不少早已向往千家峒的瑶胞，联合向政府写申请，要求允许他们搬回千家峒去居住。这次寻根千家峒的行动，是新中国成立以来的第一次。民族寻根活动的出发点是好的，但活动不仅不符合新中国的户籍制度，而且造成了一些不良的影响。恭城县委、县政府对此非常重视，派出工作组到山乡瑶寨宣传党的民族政策和户籍制度，耐心劝阻瑶民安下心来搞好生产。经过工作组的苦口婆心教育，瑶胞提高了认识，表示不再参与此活动。然而事情并未结束。1957年开展反右运动时，在极"左"路线的干扰下，将此事列入了"地方民族主义"事件，最后又定为"反革命事件"。原狮堂乡乡长周先隆（瑶族）因对事件制止不力，被划为"地方民族主义者"、"现行反革命"，关进了监狱，判处有期徒刑15年，最后弄得家破人亡。县委书记、第一副县长李绍任（瑶族）因处理此事件不坚定，被开除党籍。第二副县长邓怀先（瑶族）也因同样原因被开除党籍、公职，遣送回家。同时，还牵连了县内及地区的部分干部和群众。瑶民为寻根千家峒再次付出了惨痛的教训。①

　　瑶民除集体寻根千家峒外，还有家庭、个人去寻找千家峒的。如江华瑶族自治县湘江乡有一家瑶胞，祖孙三代前仆后继寻根千家峒。祖父从年轻时就独自外出寻找千家峒，他几乎踏遍了南岭的瑶族村寨，然而却没有找到真正的千家峒，一辈子未实现夙愿。其儿子成人后，接着又寻找千家峒。他发誓即使是倾家荡产、九死一生也要找到千家峒。他多次外出寻找千家峒，一次他到了湖南道县的韭菜岭，他发现韭菜岭上有一块很大的荒草坪，他认为这里可能是千家峒。于是急忙赶回家，变卖了全部家产，带着生产、生活等必需品，合家搬上了韭菜岭。在荒无人烟的岭上支屋居住下来，并斩草开荒、

---

① 宫哲兵主编：《妇女文字和瑶族千家峒·一九五七年广西恭城县千家峒运动之始末》，273页，北京，展望出版社，1986。

播种。由于土地肥沃，开始包谷、稻谷、红薯都长得很好，根壮苗粗，全家人都很高兴。然而到收获时，包谷和红薯苗虽然长得很好，但米、薯却很小，使其大失所望，尤其是水稻苗长得很茂盛却不抽穗。全家人苦了大半年，收获却微乎其微。他觉得这里不像传说中所说的，千家峒种出的谷粒有手指头大，各种作物长出的粮食硕果累累，种一年吃三年。他自己否定了自己，只好带着全家人回到老家湘江。① 又如广西荔浦芦荟乡盘瑶赵余旺一家，也是祖孙三代前仆后继寻根千家峒的典型。赵余旺的祖父和父亲都曾先后在都庞岭周围找过千家峒，但均未找到。20世纪80年代初，赵余旺与其叔叔曾先后两次到广西永福、桂林、全州等地寻找千家峒。1983年又与赵德魁、冯成保以及赵德标父女、罗富才父女等7人到江永大远瑶族乡寻找千家峒。他们认为大远瑶族乡与《千家峒古本书》所记述的环境、地名、河名、田名以及地形、地貌等相吻合。这里应该是先祖们住过的千家峒。1984年，罗富才和赵成兴向有关方面报告，希望能搬到千家峒来居住，但被当地政府劝阻未能成行。唯有赵德标，因女儿嫁给了当地的一名瑶族青年，按当地风俗父母亲可随女儿落户男家，因此赵德标夫妇就迁到了大远瑶族乡居住。② 还有个人寻根千家峒的突出事例：广东省连南瑶族自治县的唐大，只要听说有人说千家峒在哪里，他就想方设法去那里考察，他曾到过湖南、广西考察，甚至还独自一人千里迢迢到浙江省杭州寻找千家峒。他发现杭州一带的庙宇中的菩萨所穿服饰、发型与连南瑶族的服饰和发型有些相似，但深入考察那里的风俗习惯、语言等与连南瑶族的风俗习惯和语言却大相径庭，他否定了杭州一带是千家峒的说法。他寻找了大半辈子还是没有找到千家峒。③ 湖南省宁远县有一名瑶族教师也非常向往千家峒。在"文化大革命"期间，他利用"停课闹革命"的机会，独自寻访千家峒。他走遍了邻近的江永、道县、恭城、灌阳、全州等县的村村寨寨，均没有找到千家峒，感到非常遗憾，但还是决定有机会还要寻找千家峒。④

总之，瑶胞寻根千家峒，这是他们向往千家峒心理所使然，这不仅说明

---

① 宫哲兵主编：《妇女文字和瑶族千家峒·一九五七年广西恭城县千家峒运动之始末》，266页，北京，展望出版社，1986。
② 宫哲兵主编：《妇女文字和瑶族千家峒·近年来广西荔浦县瑶民寻找千家峒的有关情况》，276页，北京，展望出版社，1986。
③ 宫哲兵主编：《妇女文字和瑶族千家峒·关于广东连山连南瑶民向往千家峒的调查材料》，262页，北京，展望出版社，1986。
④ 宫哲兵主编：《妇女文字和瑶族千家峒·关于广东连山连南瑶民向往千家峒的调查材料》，265页，北京，展望出版社，1986。

千家峒是瑶民心中理想的圣地，而且是瑶民向往自由、幸福的心理素质的真实反映。

三、瑶族史学研究者寻觅论证千家峒

由奉恒高先生主编的《瑶族通史》指出："千家峒是千百年来在瑶族中流传的一个美丽神奇的传说，是瑶族心目中的圣地。在瑶族历史中占有相当重要的位置。"① 正因为如此，不仅瑶胞们前仆后继地寻觅千家峒，瑶族史学研究者也非常重视和关注千家峒问题。自20世纪80年代以来，瑶族史学界也掀起了寻觅、研究千家峒的热潮。1981年，中南民族学院（今中南民族大学）讲师宫哲兵先生（现为武汉大学教授）踏遍湘、粤、桂3省（区）交界的南岭地区的山山水水，深入瑶寨、瑶家和当地有关单位调查走访，搜集了大量的资料，并通过论证，确定找到了瑶族民间传说的千家峒就在江永县大远瑶族乡。1986年5月，由湖南省江永县人民政府和中南民族学院政治系组织召开了"瑶族千家峒故地问题座谈会"。北京、武汉、湖南、广西、广东部分瑶族史学工作者和民族工作者参加了会议，与会代表通过研讨和实地考察，大部分专家、学者认为从大远瑶族乡的地理特征、所处位置、庙宇名称，以及山、水、地名等看，大远瑶族乡确实与《千家峒古本书》、《千家峒源流记》等民间资料所记载相吻合，应该是瑶族千家峒。不过，也有少数专家、学者认为，大远瑶族乡确实与《千家峒古本书》等民间资料所记载相吻合，应该是瑶族千家峒，但是，它不是瑶族最早的千家峒，它仅是瑶族迁徙中的一个中转站，是模拟最早千家峒之名而命名的千家峒。

湖南省江永县千家峒故地座谈会后不久，瑶族出身的瑶族史学研究者黄钰和李本高二人，发表了《也谈瑶族千家峒》一文，提出了他们的看法。他们认为，要寻找瑶族千家峒故地，必须与瑶族始祖盘王卫国立功，评王赐三公主与之为妻，后盘王负女入南山，不觉数年生六男六女之地联系起来研究，方能真正找到瑶族千家峒故地。② 实际上是否定了湖南江永县大远瑶族乡是原始千家峒故地的说法。但是该文只提出了瑶族千家峒故地的大概方向，千家峒故地在何方，该文并未全面论述，因此，也只不过是一说而已。1988年，瑶学研究权威、社会学家费孝通先生在参观了湖南省江永县大远瑶族乡千家峒之后，有关方面请他题词，他挥笔题道："瑶胞寻根千家峒，史实有待百家

---

① 奉恒高主编：《瑶族通史》，上卷，28页，北京，民族出版社，2007。
② 黄钰、李本高：《西南民族研究·苗瑶族研究专辑》，259～267页，贵阳，贵州民族出版社，1988。

争。"从题词看,他既未完全肯定湖南省江永县大远瑶族乡就是瑶族的千家峒,也未否定湖南省大远瑶族乡不是瑶族千家峒。到底瑶族千家峒在哪里,还要进一步研究、探索和考证。费先生的题词进一步激起了瑶族史学工作者去考察、探索、寻觅瑶族千家峒。1995年,瑶族出身的瑶族史学工作者李本高出版了《瑶族〈评皇券牒〉研究》一书。该书的第四章第三节"瑶族迁徙的中转站——千家峒",通过对瑶族民间珍藏的汉文文献《评皇券牒》的研究,提出了"瑶族千家峒是一个地域非常广袤的地方,很可能是指洞庭湖与幕阜山之间的某一地区",即瑶族千家峒应该在洞庭湖沿岸。① 其理由是:按传说、民间有关资料记载,瑶族是"漂洋过海"后进入千家峒的。而"漂洋过海"就是漂长江过洞庭湖。洞庭湖登岸处,必须在洞庭湖沿岸。瑶族《千家峒歌》唱道:"桃源不离千家峒,撑船过海雾纷纷。南岸过了抄夹看,千家峒口对桃源。"桃源洞在今湖南省桃源县境内,也在洞庭湖边。唐宋之时,洞庭湖沿岸住有瑶民及其先民。唐代杜甫曾在洞庭湖目睹了瑶族先民莫徭射雁鸣桑弓的渔猎生活,写下了著名诗篇《岁宴行》。宋人范致明亦在《岳阳风土记·临湘篇》写道:"龙窖山在县(临湘)东南,接鄂州崇阳县雷家洞、石门洞,山极深远,其间居民谓之鸟乡。语言侏离,以耕畲为业,非市盐茶,不入城市,邑亦无贡赋,盖山徭人也。"瑶族民歌亦唱道先辈住过洞庭湖:"祖先住过洞庭湖,夜打鱼来日种谷,盘王子孙人丁旺,圣祖创业儿孙福,洪水长来远处躲,无须再在洞庭过,挑起家担背仔走,长途跋涉谋生活。"②

与此同时,宫哲兵先生继续在南岭周边深入调查,对千家峒又有了新的认识。他在1998年的"中国灌阳都庞岭千家峒研讨会"上提出,千家峒在都庞岭一带。其范围包括湖南江永县千家峒瑶族乡(原大远瑶族乡)、湖南道县韭菜岭以及广西恭城、灌阳等地。宫先生此结论不仅改变了他原来认为瑶族千家峒就在湖南江永县大远瑶族乡的初衷,而且将其范围扩大到整个都庞岭。这就使研究瑶族千家峒更加复杂化了。人们甚至怀疑宫先生研究瑶族千家峒的依据及其目的。这样广袤的地域叫千家峒吗?所以,费孝通先生在"中国灌阳都庞岭千家峒研讨会"上冉次提醒瑶族史学工作者"都庞岭千家峒的瑶族历史值得我们进一步研究"。费先生的题词告诉我们,研究千家峒不仅仅是千家峒的问题,它还涉及瑶族历史问题,都庞岭瑶族的历史最早可以追溯到唐宋时期,而千家峒却是元大德年间,二者相较相差太远,故其历史值得研究,不能以千家峒而代之。

---

① 李本高:《瑶族〈评皇券牒〉研究》,长沙,岳麓书社,1995。
② 李本高手抄本,瑶老盘良国演唱。

2000年4月,《瑶族通史》编委会在广西南宁市召开编委会成员会。会上委员们对瑶族历史的一些重大问题,如盘瓠图腾崇拜、瑶族迁徙、千家峒、漂洋过海等进行了深入的讨论。讨论来讨论去,大家认为这些问题还是模糊不清,有必要召开一次专题学术讨论会,动员专家学者们帮助弄清以上问题。并认为这些问题绝大部分发生在湖南,因此将任务交给湖南来完成。湖南李本高是《瑶族通史》编委会成员和副主编之一,散会回到长沙后,将会议有关情况向《瑶族通史》顾问、瑶族老干部、湖南省政协原副主席邓有志作了汇报,并将自己近几年寻根千家峒的情况以及认为临湘龙窖山可能是千家峒的想法告诉了他。邓老听完汇报后非常高兴,他说:"湖南是瑶族最早的故乡,我们有义务和责任弄清瑶族迁徙路线、漂洋过海、千家峒等瑶族历史上的重大问题,给海内外的瑶族同胞一个满意的交代。既然有千家峒、漂洋过海的线索,我们就要一查到底,弄个水落石出。到时我同你一块去临湘龙窖山看看。"

　　2000年4月,李本高同邓老及赵尚福三人驱车来到了岳阳市。岳阳市政协予以了热情地接待。当说明要到临湘市寻找龙窖山的来意后,岳阳市政协领导都摇头,不知龙窖山在哪里。不过他们还是很热情,到处找人询问,最后找到了一位临湘籍的何老先生。他说:"临湘市有龙窖山,但现在不叫龙窖山而是叫药姑山。就在现在的龙源乡境内。"听到这个消息,他们非常高兴,增强了寻找"千家峒"的信心。当晚住宿岳阳市。第二天一早,在岳阳市政协文史委刘主任的陪同下,一行人驱车到了临湘市。市政协非常热情地接待了他们。当得知来意后,市政协何主席、吴副主席、杨秘书长、文史委的刘主任以及市文化局的汪副局长等在百忙之中抽出时间陪同一道驱车到离县城70多里的龙源乡。当到达乡政府时,乡党委周书记等一班人早已在门口等候。在说明寻找龙窖山瑶族千家峒后,乡领导和干部们都感到非常惊讶,认为龙源乡连一户瑶族都没有,瑶族千家峒怎么会在这里呢?在乡党委周书记等人的陪同下,考察人员先后考察了龙源乡上下梅池和古塘村,访问了当地的一些长者,浏览了龙源的山山水水。证实这里过去确实叫龙窖山。考察后,邓有志副主席说:"从这里的地理位置和地形地貌看,龙窖山可能是瑶族早期千家峒。真是得来全不费工夫。"因为时间关系,此次对龙窖山未作全面考察,将任务交给了临湘市政协和龙源乡政府。

　　临湘市委、市政府对在临湘市寻找瑶族千家峒的活动非常重视。在考察人员离开临湘后,市委、市政府就委托市政协牵头,组织文化、考古等有关部门的相关人员成立了专门的调查组。市政协秘书长杨振兵任组长,市政协文史委主任刘朴生、市政协文卫体主任张植生、市文化局副局长汪松桂,以及龙源乡政府的有关人员为成员,并指定市政协副主席吴忠国亲抓,同时还发动群众参与这一活动。调查组成立后，又分成两个小组，一组专门查找地方史志，另一组则深入龙窖山辖区龙源乡各村寨和湖北通城、崇阳、赤壁等地进行实地考察。与此同时，龙源乡党委、政府也相应地成立了"瑶族寻根挖掘领导小组"，由乡党委副书记挂帅，有关人员参加，并专门召开了各村支部书记、村主任联席会议，要求各村寨注意保护好瑶族历史遗迹，并发动群众积极参与这一活动，提供有价值的线索。一场群众性的寻根千家峒活动在龙窖山轰轰烈烈地展开了。

2000年12月6日，临湘市、龙源乡的有关领导受"专门调查组"和龙源乡党委、政府的委托，专程到省民委作了寻根、挖掘瑶族千家峒情况的汇报。省政协原副主席、瑶族老干部邓有志，省民委的有关领导和处室负责人听取了汇报。听完汇报后，邓老说："从龙窖山的自然环境、地理位置、地名、地形地貌、历史遗迹看，确实与《盘王大歌》中的《千家峒歌》①唱词相吻合，非常像瑶族千家峒，有进一步进行深入考察的必要。"2000年12月中下旬，李本高一行4人驱车往临湘市龙源乡进行第二次实地考察。这次考察，由市政协、市文化局、龙源乡的有关领导做向导，先后考察了古塘、朱楼坡和漆坡3个自然村。亲眼见到了瑶族先民开凿的石井、古塘，开垦的梯地，修建的石屋、石梯、石街、埠头、石门，以及吊脚楼遗址、瑶人坟等。还找到了《盘王大歌》中所载的与千家峒有关的白石岭、三江口等地名或与之相似的三关（龙阙关、麦园关、马坳弄关）九所（关山嘴、轮尖、潘家庙嘴、肖家石埂、刘家沿山、金盆峡、熊家湾、箭楼湾、舒家石屋）。考察完后，邓老激动地说："这里完全可能是瑶族千百年来一直向往的千家峒。我们对三百多万海内外瑶胞总算有个交代了。"

2001年3月，李本高到南宁参加《瑶族通史》主编会，顺便将考察临湘市龙窖山瑶族千家峒的来龙去脉向广西区原副主席、全国人大常委会委员、《瑶族通史》编委会主任、主编奉恒高（瑶族）和瑶学学会会长张有隽教授（瑶族）等有关广西负责人作了汇报。听完汇报后，他们说，湖南的瑶胞为弄清瑶族历史又立了一大功，同时表示适当时候会专程到湖南省临湘市龙窖山龙源乡进行一次考察。4月，奉恒高先生和广西区民委原副主任盘朝月（瑶族）等人一行从南宁来到长沙。李本高与湖南省民研所李宁助理研究员（瑶族）陪同前往临湘市龙源乡进行实地考察。这次考察，除原已考察过的自然村外，还重点考察了畲家山、鲁家山和竹铺沟等村组。奉恒高先生和盘朝月

---

① 郑德宏、李本高整理译释：《盘王大歌》，下集，17页，长沙，岳麓书社，1988。

先生不顾自己高龄，穿林爬坡，登上了畲家山顶，并在半山腰的原始次生林中发现了9座已倒塌的石屋，兴奋不已。同时还发现了一座石块砌成的神庙等。接着在龙源乡原乡长的带领下，在竹铺沟看到了石井、石屋、残破的石砌石门，特别是石窝的祭祀台等等。可以说到处都是瑶族先民留下的遗迹。奉恒高说："亲眼看到龙窖山的瑶族遗迹，确实这里与瑶族民间中传说的《盘王大歌》所记述的瑶族千家峒相吻合，很有研究价值。瑶族历史的一些重大问题眉目更清晰了。"盘朝月则说："发现龙窖山千家峒，是瑶族历史的重大突破，有如哥伦布发现新大陆。"

广西、湖南联合考察组考察之后，临湘市有关方面又动员、组织干部和龙源乡群众，进行了一次较全面的发掘和调查，并将调查的范围扩大到整个龙窖山脉，包括临湘市和湖北省的崇阳县、通城县和赤壁市相邻的村组，又发现了一些瑶族的历史遗迹，从而更加证明了龙窖山是瑶族历史上早期的千家峒。总之，湖南省临湘市龙窖山瑶族千家峒的发现，不是某个人的功劳，它不仅凝聚了湖南瑶族史学工作者和瑶族老干部的心血，而且还凝聚了其他地区瑶族研究者和瑶族老干部的心血，特别是凝聚了湖南省民委、岳阳市、临湘市、龙源乡以及广西瑶学学会各级领导的心血，同时也是临湘市龙源乡群众积极参与的结果。因此可以说，湖南省临湘市龙窖山瑶族千家峒的发现是一曲瑶汉民族大团结的颂歌，它将以极其美妙的旋律载入中华民族史册。

2001年9月24—27日，中国广西瑶学会委托临湘市市委、市政府在临湘市召开了瑶族历史重大问题专题研讨会。北京、武汉、广东、广西、云南、贵州、湖南等地的瑶学专家、学者和有关人士46人与会，李本高代表龙窖山考察组作了题为《湖南省临湘市龙窖山瑶族千家峒考察报告》的发言。与此同时，代表们还赴龙源乡对瑶族千家峒遗址进行了实地考察。在考察的基础上，对龙窖山是否是瑶族千家峒进行了深入的讨论，最后取得了共识。会议根据绝大多数专家、学者的意见，确认龙窖山为瑶族历史上早期千家峒。

至此，是不是瑶胞寻根千家峒活动就结束了呢？否！这仅是一个段落，瑶族史研究工作者还在不断地求索、寻觅瑶族理想的乐园——千家峒。2004年，瑶语专家郑宗泽（瑶族）在《民族研究》2004年第6期上发表了《蒲菇国的族属》一文，从语言的角度指出古蒲菇国地就是瑶族千家峒的观点。古蒲菇国在今山东境内。瑶族千家峒在黄河中下游之地，郑先生此说颇耐人寻思。总之，瑶族千家峒到底在何方，是否有原始千家峒，还有待专家、学者继续探寻。正如费孝通先生所说，"瑶胞寻根千家峒，史实有待百家争"，真理是在争鸣中完善的，我们期盼着真正揭开瑶族历史上的千古之谜，还瑶族理想家园——千家峒的本来面目。

第二章 瑶族与千家峒的关系

一、瑶族"千家峒"故地

近年来,有的民族学者和民族工作者,依据部分瑶族民间流传的《千家峒源流记》(又名《千家峒古本书》、《千家峒古言书》、《始祖遗传简历》)手抄本资料,认为湖南省江永县大远瑶族乡就是瑶族原始的"千家峒"故地,引起了很大的反响。作为瑶族中的一员,又是瑶族研究工作者,也想谈谈对瑶族"千家峒"的粗浅看法。

瑶族"千家峒"源于瑶族民间的传说。据说在远古时期,高王与房王争天下,高王累败。为了打败房王,高王出榜招贤。国内文武大臣,畏房王强大猛勇,无人敢揭王榜。忽一日,瑶族始祖盘瓠揭了榜文,后"漂洋过海"斩杀房王,捍卫了高王江山。高王乃将三宫女许配给盘瓠。盘瓠得女后进入会稽山内居住。所居之地,周围数百里方圆,四面环山,唯有一条狭窄的险道进出。过了险道再攀登十八步险梯,就豁然开朗,土地平旷,林木郁郁葱葱,内有东南西北上中下七峒(有言一、二、三、四、五、六、七峒),峒中有洞,洞洞相连,三条溪流汇成一股清流贯穿峒中。沿河有十二个埠头,一口大塘,塘内莲花朵朵,放出浓郁的芬芳。盘瓠夫妻在此开垦耕种,种一年吃三年。自后不觉数年,生下六男六女。高王闻知喜悦,乃赐六男六女为十二姓,即盘、沈、包、黄、李、邓、周、赵、胡、雷、唐、冯。六男六女又自相婚配,生息繁衍,遂有了一千家户口。"千家峒"即由此而得名。在"千家峒"内瑶族十二姓子孙过着无君长、不纳赋、不服役的"世外桃源"生活。后因马鹿反乱,无法继续生存,被迫离峒远走他乡。离峒时,将峒内的一头白牛(或称犀牛)杀掉,并将其角锯成十二节,每姓一节,唱着"瑶人本是同根生,如今分散天底游,若是他年返故里,斗拢牛角同进园"的歌谣离开故地,"漂洋过海"进了桃源峒居住。①

从上述故事传说中看出:①瑶族"千家峒"是瑶族原始的居住地,它的出现是与瑶族始祖盘瓠紧密相连在一起的,与会稽山密切相连的;②瑶族"千家峒"并不是今人所想象的那样,仅是一个大峒场,而是一个非常广袤的地方;③住在"千家峒"的瑶族先民,过的是无君长、无赋役的原始生活,处在血缘婚的历史阶段。

宫哲兵等学者提出,湖南江永县大远瑶族乡是瑶族的"千家峒"故地,笔者不敢苟同。现提出一些粗浅看法。

大远瑶族乡位于湖南省江永县的西北部,是都庞岭丛山中的一块盆地。南北长约40里,东西宽约20里,总面积约8.5万亩。峒中土地肥沃,雨量充沛,风景秀丽,环境幽然。清溪由北向南贯于峒中。峒的四周山岭紧锁,仅穿岩一径出入,岩壁狭窄,地势十分险要。大远瑶族乡与瑶族民间传说的原始"千家峒"极为相似。峒内有紫竹山、马山、狮子岭、狗头山的山名,有杉木源、上木源、美溪源、大溪源的溪名,有上峒、中峒、下峒的峒名,有平西大田、南蛇大田、鹅颈大田、马颈大田的田名,还有石童子、平西岩、瑶婆田、穿岩、九牛戏水、十八险等名胜古迹。但它是否是瑶族的原始"千家峒",仍是值得探讨的问题。

《千家峒源流记》手抄本资料,内容十分丰富,是研究瑶族社会发展不可多得的珍贵资料。但从其产生的历史背景和时间来看,它是元代的产物,是对元代某一部分瑶族某一段历史的追述。

元王朝建立后,为了巩固其统治,推行残酷的民族压迫政策,把包括瑶族在内的南方各族人民统统划为最低等的"南人"。政治上受压迫歧视,经济上被残酷剥削,致使"南人"生活极端贫困。《千家峒源流记》手抄本着重记述的就是大德年间瑶族人民的悲惨历史。大德年间"千家峒二峒干旱,便无收成","田亦欠水耕种,又欠七年粮钱"。②而道州、永明(今江永)县地方官吏,不顾瑶族人民疾苦,仍派粮差进峒追交粮税。"大德八年三月十九日,粮差来到",峒内"人人惊骇"。瑶族人民好客,虽然贫困,还是将粮差留在峒中,每家盛情款待一天,致使粮差食而忘返。元朝地方统治者见粮差久而未返,竟以"杀灭粮官,起旗造反抗粮"的罪名,"差兵抄剿千家峒"。"大德

---

① 湖南省编辑组编:《瑶族〈过山榜〉·〈碑志〉·〈谱序〉汇编》,129页,1980。此件存湖南省民族研究所。

② 江永县民族调查组编:《瑶族古籍资料选编》(内部资料),14~15页,1986。

九年，众人闻皇兵将至"，被迫背井离乡，四处奔逃。① 毫无疑问，《千家峒源流记》手抄本的产生应在大德九年之后。《千家峒源流记》所记行政区划名证明了这一点："大德年间因世乱……又迁至湖广永州府，置知县后又至道州统里源居住数代。"②《千家峒源流记》手抄本所记述的"千家峒"并不是瑶族的原始"千家峒"，而是在感情上沿用了"千家峒"的名称而已。像这种出于留念故居的山、水、田、土而沿用古名的事例，在瑶族居住过的地方比比皆是，如会稽山、杉木源、鹅颈大田、蛇田、牛山、马山、上峒、中峒、下峒等。从大远逃至广西恭城瑶族自治县的三江地区的瑶族，也习惯称自己居住的伸家峒为千家峒。这种留恋故居的心理状态，是完全可以理解的。

瑶族先民古代含称于"蛮"中。南北朝时，始称"莫徭"，唐时始称"徭"。瑶最早的活动地域是湘西北地区，其他见于史载的极少。而湖南省的永明（今江永）县一带，瑶族称谓的出现更晚，最早的记载也不过是宋末，而且是追记性的记载。如《永明县志·山川》云："天步峰，南宋时，瑶寇秦孟四陷永明，提刑使文天祥授将计平之，即是处。"《永明县志·艺文志》又云："宋末，江（万里）文（天祥）两相国，驻节古泽，计擒巨魁于粤瑶平源下界，其连壤即大源、小古源是也。"而记载颇多的却是元朝，"至元三年九月甲子，湖广行省平章政事巩卜班，擒道州（湖南）、贺州（广西）瑶贼唐大二、蒋仁武至京诛之"，"泰定三年五月庚午，乞住招谕永明县五峒瑶来降"，"泰定四年四月己卯，道州永明县瑶为寇"。③ 可见，今江永县地区有瑶族记载是宋末以后，宋末之前无瑶族居住，否则史籍应有记载。

据《千家峒永远流水记》等手抄本记载：江永县大远瑶族乡原有的瑶民也非本地土著民族，而是外地迁来，"始祖历来千家峒，太祖住南京……开元皇帝乱年间，流出保道州"④。"十二姓板瑶，出世在南京道。"⑤ "李氏开基始祖原居千家峒高岩山，因世乱迁至青州，居住数代，又迁至湖广永州府。" 显然，大远"千家峒"的瑶族是从青州、南京等地迁来的。从大远"千家峒"逃出，现居江永县源口瑶族乡的十二姓瑶族中，其族谱亦记载始祖是青州府人。可见，湖南省江永县大远瑶族乡的"千家峒"不是瑶族原始的"千家峒"。

---

① 参见江永县民族调查组编：《瑶族古籍资料选编》（内部资料），14～15页，1986。
② 江永县民族调查组编：《瑶族古籍资料选编》（内部资料），9页，1986。
③ 《永州府志·瑶人叛服考》卷五。
④ 江永县民族调查组编：《瑶族古籍资料选编》（内部资料），6页，1986。
⑤ 《过山榜》编辑组：《瑶族〈过山榜〉选编·千家峒古本书》，112页，长沙，湖南人民出版社，1984。

瑶族人民崇拜盘瓠甚笃。《峒溪纤志》云：瑶族"以十月朔为大节，岁首祭盘瓠，揉鱼肉于木槽，扣槽群号以为礼"。瑶族人民珍藏的《过山榜》亦记载：瑶族每逢三、五年就要"还盘王愿"。瑶族家中一般都有盘王像，每逢祭祀时拿出，平时则珍藏起来。瑶族人民认为男子的头出于盘瓠之首，不能乱动；女子之肩，出于高辛公主之金肩，亦非常珍重。总之，瑶族人民对盘瓠非常崇敬，认为他是一种神物，有禁食狗肉之俗。而《千家峒古本书》手抄本却记载着当时大远地区祭祀时"割狗血祭"。《千家峒木本水源》手抄本亦云："千家峒（今大远瑶族乡）非全瑶人也，多郡人变之。"①

这就说明当时的"千家峒"是个多民族的杂居区。把一个民族杂居地说成是瑶族聚居区本身就是不恰当的，更谈不上是瑶族原始的"千家峒"故地了。

据《千家峒古本书》载：当时大远地区已是"例有户籍，服物采章，与编民（汉族）无异"。这就是说生活在这里的各民族（包括瑶族在内），是归化封建朝廷的民族，正由于此，他们要纳粮交赋。《千家峒源流记》云："千家峒瑶粮总共三千（担）谷。"《千家峒流水记》亦云："元王扰乱之时，道州……郑许开太爷差人到千家峒查看十二姓之田庄财产，认便要粮钦税。"又云："大德八年三月十九日，一姓黄的粮官来到……"这就说明"千家峒"已入元版籍，再不是瑶族原始"千家峒"那种无赋税、不属官的原貌了。又《千家峒流水记》云："朝廷差兵将又到（千家峒），男女啼哭断肝肠。头人去圣会庙里议论，记藏了六部尊神。"《始祖遗传简历》亦云：在祭祀活动中，"十二姓以盘姓为族长"。可见当时的大远千家峒内不仅有族长，而且有头人，瑶族内部已经出现阶级分化，进入了封建领主时期，再也不是原始"千家峒"时的无君长时代。把这样的"千家峒"说成是瑶族原始居地，与史实发展不符，令人难以信服。

据大远瑶族"千家峒"的考证者说，20世纪70年代以前，居住在大远的群众和进出大远瑶族乡的干部、群众都看见过隧道（穿岩）洞口上面的石壁上刻有碑文"八都千家峒"。我们知道"都"乃是古代的行政区划。《宝庆府志》载：清康熙年间将原来的行政区划"里"改为"都"。江永大远的"八都"即有可能是康熙年间定名的。据《嘉庆一统志》载：大远地区原名"穿岩寨"。清康熙时，很可能将"寨"改为"都"，按照排序大远为八，故名"八都"。"八都千家峒"其得名应在清康熙年间，或以后，而且是一个民族杂

---

① 《过山榜》编辑组：《瑶族〈过山榜〉选编·千家峒木本水源》，108页，长沙，湖南人民出版社，1984。

居地,因为瑶族聚居区不编都只编峒。把得名于清代的"千家峒"说成是瑶族原始的"千家峒",没有什么说服力。

瑶族独特的宗教信仰是瑶族的特征之一。其最先是自然崇拜,再到祖先崇拜和多神崇拜。唐宋以后道教传入瑶区,瑶族始敬奉道教神。湖南省江永县大远地区在元时,崇祀的神祇有六部主神、自然神、地方神、祖先神、人间神和道教神,说明当地瑶族的宗教信仰已发展到多神崇拜的时期。值得指出的是:这里的集众奉祀,要请"八十四位师公……唱起梅山十洞歌"①。师公、梅山教都是道教的范畴。这里道教如此盛行,而其他原始宗教却很难看到,说明大远地区已是民族杂居区,不是瑶族的原始"千家峒"。

瑶族原始"千家峒"在瑶族的族源中占有极其重要的地位。但由于没有文字记载,民间传说又不完全相同,目前的看法大致有这样几种:①瑶族的原始"千家峒"在今江浙一带,特别是会稽山(浙江绍兴)和南京一带;②瑶族的原始"千家峒"在今湖北南部和洞庭湖沿岸地区;③瑶族的原始"千家峒"在今山东泰山一带;④瑶族的原始"千家峒"就是湖南江永大远瑶族乡。笔者认为前三种说法比较客观。首先,他们把瑶族原始的"千家峒"的探索与瑶族族源的研究结合起来,这是符合历史唯物史观的。研究"千家峒"的目的就是要找到瑶族的原始居地。其次,他们把探索瑶族的原始千家峒紧紧地与会稽山联系在一起。据史籍记载,瑶族始祖盘瓠夫妻被送入会稽山后生息繁衍,遂有了十二姓瑶人,说明会稽山就是瑶族的原始活动基地。上面三种说法虽然地点不一,但都有会稽山。浙江有绍兴会稽山,洞庭湖沿岸罗浮山亦名会稽山,② 山东泰山境内有小会稽山,③ 可能即其故地。最后,他们认为瑶族原始"千家峒"并不是一个小峒,而是一个非常广袤的地方。如果一个民族其居住区域仅是方圆几十里的地方,使人很难想象在这里会形成一个民族。"千家峒"既然是瑶族的发祥地,其地辽阔是必然的。

瑶族原始"千家峒"的研究和探索已有了良好的开端,我们相信总会得出一个比较客观,又为广大瑶族群众公认的结论的。

二、瑶族迁徙与千家峒

一个世纪以来,许多专家学者不断对瑶族迁徙和千家峒进行"考说",试图找准迁徙的路径、年月和千家峒地域。这种"考说"已经有了效果。但是

---

① 谢应灵:《罗浮山赋》,见隆庆《岳州府志·艺文志》卷四六。
② 高诱:《淮南子·氾论篇注》卷四。
③ 郦道元:《水经注·沅水》卷三四。

"考说"迄今纷争两极。关于瑶族最早的故乡千家峒的"考说"还会热闹起来。对于千家峒文化进行认真、系统、科学、深入的研究,眼前恐怕还处在攻坚阶段,但其重要意义却已为广大的学者所认可。广西瑶学会得天时、知地利,顺应时代潮流,振臂一呼,撰写《瑶族通史》,邀请全国甚至国外的一些知名学者从事编写工作。此实为学坛之盛举,士林之佳音,相信会得到国内外学术界的热烈欢迎。在这样一个关键时刻,从事编纂工作的同仁们,以及广大有兴趣的读者们,愿意听到的大概不是一家之言,而是众家之言,为此多次举行专题研讨。千家峒作为全球 300 多万瑶胞朝思暮想的精神家园,这一瑶族南迁后的最早故居,眼前还有不少学术方面的争论,论点有所不同,但无妨大碍。现以文献记载和考古学材料相结合,对瑶族迁徙与千家峒及瑶族民间文献考说作一梳理。

（一）史前考古学文化与瑶族

在黄河、长江流域广泛分布着的史前人类群体中有瑶先民。古代史中的传说时代,把长江中游氏族部落称苗蛮集团①,在该苗蛮集团中,瑶是盘瓠蛮的后裔。盘瓠蛮在与中原华夏集团的战争中失败后,被迫南迁、西移。②

在许多发表的考古学成果中,认为瑶族部族文化当起源于屈家岭文化,但长江中游的氏族部落文化自石器时代晚期起,就有一个经历萌芽与产生、形成与发展、繁荣与衰落等阶段的从早到晚一脉相承地发展的过程。③ 到了大溪文化之初,长江中游氏族部落文化体系基本形成,并构成基本稳定的格局。到了距今 5000 年左右的屈家岭文化时期,长江中游氏族部落集团日益强大,与仰韶文化晚期的大河村类型文化发生了激烈冲突,占据了原属仰韶文化的河南西南部和湖北西北部一带,集团的中心也由湖北西部和洞庭湖西北岸转移到了江汉平原腹地的今京山、天门、钟祥一带。正当长江中游氏族部落集团向北发展之时,整个仰韶文化内部发生剧变,又给了屈家岭文化继续向北发展的机会,以致郑州、三门峡地区、晋南、陕西东部也发现了屈家岭文化的典型陶器。④ 今天的瑶族社会中仍有其祖先曾到过黄河的传说,这不是巧合。盘瑶集团的活动范围在今湖北、湖南、江西一带,其中心在今湖北、湖南两省。长江中游史前文化应当有盘瓠集团留下来的文化遗存。瑶族史前文化系统的发展状况与古史传说中的"三苗"亲缘关系基本上是一致的,其瓦

---

① 徐旭生:《中国古史的传说时代》,204 页,北京,文物出版社,1985。
② 徐祖祥:《三苗、荆蛮与瑶族来源问题》,载《贵州民族研究》,2001（1）。
③ 徐祖祥:《长江文化的考古学考察·文明与遗传》,342 页,日本勉城社,1997。
④ 向绪成:《试论长江中游与黄河中原文化的关系》,载《考古与文物》,1988（1）。

解也与古史传说中炎黄帝征伐蚩尤的记载相符。通过对史前文化的分析，我们就可以弄清盘瓠集团曾向北征伐，占据了原华夏集团拥有的今湖北西北部和河南西南部一带。随着南北矛盾的激化，在华夏集团向南征伐，舜继任华夏集团首领后，对盘瓠集团采取分化瓦解策略，西迁一部分"以变西戎"①，对其余部分则迫其南迁。禹时又对盘瓠集团发动战争，打得"雨血三朝，龙生于庙，犬哭于市"②，盘瓠集团战败。盘瓠集团地广族众，不可能被赶尽杀绝，大部分迁避于华夏王朝难以控制的深山之中，进行独特的社会适应与文化调整，一部分臣服于华夏集团，变易其俗，接受了华夏族文化，逐渐融合入华夏族中。

关于瑶族起源问题，过去从史前考古文化去探讨的不多，曾有多种说法，各有各的道理，但他们追溯瑶族的族源只追溯到中途的"源"。根据考古学文化、犬图腾、语言等材料认为，瑶族真正最早的源在山西南部。龙山文化晚期至夏代，瑶族的先民仍在山西南部；尔后有一支迁徙到山东、江浙一带，到江浙一带的时间大致在商末周初。迁至江浙一带的一支后来又与当地越族杂居，发展成为盘瑶支系；有一支随着夏文化的南下，穿过南阳盆地，直达长江及沅江，到春秋战国成为五溪蛮，这一支则发展成为布努瑶。隋唐时期，他们两支又先后汇合在千家峒及千家峒周围，自晚唐始则有一部分往南迁徙，宋代则大量迁徙，即形成今天"大分布，小聚居"的局面。③

（二）考古学文化与《评皇券牒》

瑶族历史，从蛮荒到文明，坎坎坷坷地走到今天，经过族群征伐、压迫、剥削、歧视、贫穷、落后、愚昧、起义、迁徙的漫长而残酷的较量，荫护瑶族的文明之树似乎已经亭亭如盖。但是古籍记载瑶族的如凤毛麟角，而历史上的瑶族又没有自己的文字，所以今天考证瑶族族源与迁徙的"等级公路"、"中转站"，写成《瑶族通史》，跋涉了很长的路，《瑶族通史》的搭建，是多元文化联袂完成的。民间文献文化学无疑就是其主要支柱之一。

瑶族民间的许多《评皇券牒》（《过山榜》）承担怎样的责任，起什么作用？一个世纪以来，治瑶族史的同志根据这些材料得出许多结论：中央民族大学刘保元教授认为"瑶族的族源是多元的，绝非单一，构成当今瑶族共同

---

① 《史记·五帝本纪》，3页，北京，中华书局，1959。
② 《墨子·非攻下》。
③ 何英德：《再论瑶族源于中原》，载《广西师范大学学报》，1996（3）。

体的成员，即由来源于长沙、武陵蛮的一支发展而成的观点是值得商榷的"①。容观夐先生认为从民间文献中可以看出"相同或不同姓氏的先世南下和北上的足迹都可以找到例子"②。容观夐先生曾就上百份《评皇券牒》的记述，结合自西汉迄两晋南北朝800年间的历史，论证了信奉盘瓠的瑶族是东瓯人的子孙，为越族的一支，闽浙江淮一带则是他们早期的故乡。③ 何英德先生在从湖南江华的一份《评皇券牒》中勾画出瑶族起源线索的《瑶族渊源中原考》中得出瑶族最早起源于太行山一带。④ 张介文先生认为，瑶族的祖先不属于山越，属于武陵蛮（五溪蛮），原始居地不是在苏浙一带，而是在湘黔之间。⑤ 这些意见，各自有道理。

可以说瑶族民间《评皇券牒》，是瑶族文化的信心和身份。我们以湖南江华瑶族自治县竹市乡的《评皇券牒》的内容来分析。这则《评皇券牒》开头一句就是"又至浙江山"。"又至浙江山"句说明他们已在别的山生活过。看了《中国文化报》2001年4月19日有关"瑶族'千家峒'在龙窖山"的报道后，我们据此大胆推测，江华的瑶族祖先"漂洋过海"，也就是过长江后，在今湖北与湖南交际的临湘市龙窖山居住了一段很长的时间，才"又至浙江山"。由此印证"券牒"中的"千家峒"，可能就是瑶族南迁后的最早故乡。随着考古的不断发现，追溯的范围越来越小，其准确性越来越高。根据瑶族所使用的语言的固有的分析，"勉"族系，占全国瑶族人口的68%，分布于广西、湖南、云南、广东、贵州、江西6省（区）的130多个县。"勉"族系崇拜龙犬（盘瓠）图腾。"布努"族系占瑶族总人口的31%，分布于云南、广西、贵州、湖南等省（区）的30多个县的山区。"拉珈"族系只占瑶族人口的1%，分布在广西金秀、平南等山区。"布努"和"拉珈"族系都没有《过山榜》，也无有关传说。《评皇券牒》是"勉"族系祖祖辈辈传下来的，对研究瑶族来源历史是至关重要的，是"现代的化石，它们是保存和传播人民积累的没有文字记载的社会和文化创造的真正活宝库。尽管是一条很脆弱的线，我们可以因它追溯自往昔，探索那时间的阴暗曲折的迷宫。"⑥ 我们再从考古

---

① 刘保元：《论我国瑶族传统文化的构成》，见《瑶族研究论文集》，南宁，广西人民出版社，1982。

② 容观夐：《瑶族族源问题管见》，瑶学会论文，1988。

③ 容观夐：《瑶族与古越族的关系——从〈评皇券牒〉看瑶族的早期历史》，载《中南民族学院学报》，1982（3）。

④ 何英德：《瑶族渊源中原考》，载《南方文物》，1995（2）。

⑤ 张介文：《瑶族来源考辨——兼评苏康甲先生〈瑶族祖先出于山越考〉》，瑶学会论文，1988。

⑥ 容观夐：《我国瑶族早期历史问题的文化人类学考察》，载《中南民族学院学报》，1991（6）。

第二章

文化学来考证《评皇券牒》的历史反映。在今湖南省沅水怀化发现一处遗址，相当于考古文化学中的黄帝时代。这个遗址出土文物不但丰富，而且有许多与南方同期遗址不同的地方特色，很可能是一个新型的文化类型。这个遗址出土的文物中，有一座双头合体的犬型陶塑像，两犬头背向，四耳竖立，昂首注视前方，犬身下部有一个连接着的器座，犬身和器座的关系，宛如后世神与神座的关系。① 怀化出土的这座犬型陶塑像，正好说明了早在黄帝时代，武陵地区确实存在一支以犬为图腾的部族。这支部族不怀疑是来自中原。② 古代文献记载和有关遗址的年代测定，夏代都城的变迁可分为三个时期：第一个时期，以山西襄汾陶寺遗址（早期）为中心地区；第二个时期，以河南登封王城岗遗址为中心地区；第三个时期（夏代中晚期），都城在河南偃师二里头遗址。③ 从发掘报告分析，豫东地区岳石文化遗存与其西部的二里头文化遗存的交错带大致在杞县—太康—淮阳一带。中原文化区的二里头文化与东方文化区的岳石文化在豫东有过直接的接触，并相互产生了深刻的影响。④ 华夏集团与东夷集团的文化交流进入繁荣期，突出表现在两大集团的居民不仅在文化方面频繁交流，而且出现了民族迁徙、交错杂居的现象。⑤ 这些考古材料告诉我们瑶族真正最早的源头在山西南部。

上述考古材料还告诉我们，民族迁徙中不排除瑶族的"漂洋过海"。《评皇券牒》可以解开瑶族早期历史的一些疑团。著名的考古学家俞伟超先生研究，在三千纪中叶以后，长江中游的这个原始文化系统，忽然发生了极大动荡，从下王岗晚二期起，就突然大大增加了黄河流域的影响……说明此时有一支来自黄河中游的力量，通过南阳盆地，沿着随枣走廊，直奔长江之岸……那一带盘桓3000多年的土著文化，在此冲击下，大概发生很大的迁徙。⑥ 这支部族应是随着考古学文化的南迁找出了它的痕迹。这些迁徙群族很有可能也是瑶族先民的部分，他们从新石器时代末至商周时期就不断往南迁徙，并且开始陆续定居长江中游地区。从考古资料上看，中原文化的南迁可以找到例证。例如，1974年发掘的湖北黄坡盘龙城商代遗址⑦，是一座属于二里岗上时期的古城，南北长约290米，东西宽约260米，为土建筑……盘

---

① 舒尚今：《沅水出土黄帝时代的犬图腾塑像》，载《楚风》，1990（2）。
② 何英德：《再论瑶族源于中原》，载《广西师范大学学报》，1996（3）。
③ 张之恒：《夏代都城的变迁》，1994年全国夏文化学术研讨会论文。
④ 董琦：《夏代的中原》，1994年全国夏文化学术研讨会论文。
⑤ 张国硕：《试论华夏集团与东部集团的文化交流及其融合》，载《中国史研究》，1993（3）。
⑥ 俞伟超：《先秦两汉考古学论集》，234页，北京，文物出版社，1985。
⑦ 湖北省考古研究所：《盘龙城1974年度田野考古纪要》，载《文物》，1976（2）。

龙城的中原商文化风格更为突出。因此考古学界倾向于将盘龙城遗址视为商朝在长江之滨建立的一个方国的遗址。①有学者认为，南迁中的这支瑶族先民应是后来布努瑶系统，因为布努瑶系统的瑶族语言当中有许多是古代苗语。②从语言学上考证，并不排除盘瑶中的广西全州东山瑶。赵秉璇先生经过多年研究后得出结论：山西晋语的反语骈词有部分同广西全州县瑶族语言的复辅音相对应，在意义上嵌词与其相对应的单音词与广西全州瑶族语的复辅音相同或相近……山西晋语同广西全州瑶族在地理位置上相距数千里，这样有规律的对应关系，绝不是偶然的巧合，是语言发生学上的联系，说明和瑶语的复辅音是同源的。③《评皇券牒》里的"中古音"（指隋唐时代的汉字读音），说明与上古音有关系。泰国的瑶族，其祖先在300多年前（即明末清初），分别从中国湖南江华，广西的贺县、富川、恭城、永福、宜山，广东的连山等地迁徙到云南的河口、勐腊一带居住，还有一部分是近代才离开云南迁到老挝一带居住的，然后又由老挝迁往泰国。④《评皇券牒》中记载的"又到云南山，又到交趾"句，也说明了这个时间。这一时间对于瑶族迁徙历程有最后时间确认的作用。

（三）历史文献中的瑶族迁徙

龙山文化晚期至夏代，瑶族的先民仍在山西南部，尔后一支迁山东、江浙一带。到江浙一带的时间大约在商末周初。⑤留在原地和向南迁徙的盘瓠集团经过发展、振兴，与中原华夏族发生经济文化的交流，这时因地域而称之荆蛮或蛮荆。西周之初，荆蛮中的发达部分建立了楚国，故荆蛮又被称为荆楚。荆蛮中的发展部分逐渐分离成为与楚族不同的部落群，均归于楚的统治之下。⑥史书对此有记载："至楚武王时，蛮与罗子共败楚师，杀其将屈瑕。庄王初立，民饥兵弱，复为所寇。楚师既振，然后乃服，自是遂属于楚。"⑦其中一部分在江汉平原及邻近地区与他族杂处，大部分则居于长江之南。湖南是瑶族自北向南迁徙的通道，临湘市的龙窖山很有可能是瑶族南迁后处于楚国的"千家峒"。从历史时间考证是符合逻辑的，可信的。在中原周王朝的

---

① 何英德：《瑶族渊源中原考》，载《南方文物》，1995（2）。
② 何英德：《再论瑶族源于中原》，载《广西师范大学学报》，1996（3）。
③ 赵秉璇：《汉语、瑶语复辅音同源例证》（打印稿）。
④ 唐金汉：《赴美考察瑶族情况的报告》，见《瑶学研究》，第二辑，258页，南宁，广西民族出版社，1992。
⑤ 何英德：《再论瑶族源于中原》，载《广西师范大学学报》，1996（3）。
⑥《后汉书·南蛮西南夷列传》。
⑦《后汉书·南蛮西南夷列传》。

征伐下，盘瓠集团加剧了向南、向西迁徙的趋势。春秋初年，楚国开始向南发展时，在临湘龙窖山"千家峒"的瑶族先民属于楚，但仍保留着传统文化，楚文化对盘瓠集团居住区的影响相当有限，盘瓠文化的传统因素因此而保存下来。邓有志先生和李本高先生等先后三次到临湘市龙源乡考察，在龙窖山中发现了大量瑶族先民生活过的遗迹，在不少地方志上发现了有关龙窖山瑶民生活的记载。他们认为，临湘龙窖山很可能就是瑶族史上原始的千家峒。我们可以从正面的史实考证。

考古学材料中期反映，西周晚期楚的势力开始进入洞庭湖以东地区，春秋晚期进入以南地区，盘瓠集团的势力则向南移。[①] 也就是在这个时代，一部分瑶族先民离开龙窖山。《后汉书·南蛮西南夷列传》载："吴起相悼王，南并蛮越，遂有洞庭、苍梧。"这里指的苍梧是九嶷山及邻近的大庾、骑田、萌渚、都庞、越城五岭南北地区。《史记·五帝本纪》说舜帝"南巡狩崩于苍梧之野，葬于江南九嶷"。这些史载告诉我们影响自身文化传统的因素不只有一种。盘瓠集团南迁与越人接触甚至杂处交融，吸收了越人系统民族的一些因素。如蓝靛瑶支系至今成年女子中仍盛行染齿和拔眉习俗，"正是百越文化因素在瑶族中的遗留"[②]。但是瑶族的主体部分以盘瓠为图腾的古老文化盛传不衰，经商周千余年的发展，无数次的战争和整个社会的政治经济形势促使瑶族不断迁徙、流动、混杂和整合，到了战国晚期已基本形成瑶族众多支系的分布情况，自秦统一中国到汉代之末数百年里，瑶族基本没有大的变动。

据考古学文化考证，瑶族在汉代主要活动在今湖南、湖北、安徽、江西等地。汉代，湘江、资江、沅江流域一带，属于长沙武陵郡，居住在这一地区的人们史称"长沙蛮"、"武陵蛮"。流经武陵郡的沅江有五条较大支流，文献记载又把武陵郡的部分地区称为五溪，居住在五溪地区的人们又概称"武溪蛮"。《梁书·张缵传》、《桂海虞衡志》、《天下郡国利病书》等史籍中都记有湘江、资江流域和"五溪"地区早有瑶族居住，这一带正是"长沙蛮"、"武陵蛮"活动区。秦汉时期（公元前3—2世纪），瑶族主要集中在湘江、资江、沅江流域的中下游和洞庭湖地区。进入南北朝（5—6世纪），沅江流域的部分瑶族，向北迁移至长江、淮河之间的广大地区[③]，后又逐步向南返迁。瑶

---

① 黄纲正：《楚文化在湖南的发展历程》，载《楚文化研究论文集》，第1集，长沙，荆楚书社，1987。

② 黄贵权：《云南蓝靛瑶民俗上的百越文化因素探析》，见《瑶族文化研究》，昆明，云南人民出版社，1994。

③ 《魏书·蛮僚传》卷一〇一。

族民间流传"漂洋过海"的传说,是对这一次迁徙时渡江湖的追忆。

考古学文化多只追溯到秦汉时期的漂流不定,指出长沙(武陵)蛮包括了商周以来的以荆蛮为主体,汇集了蛮夷诸族的集团。随着时代的发展,各郡所辖范围略有变化,名称有所改动。长沙(武陵)蛮内众多的古代族群经过分化与融合,到南北朝时形成了"莫徭"这一族群。史书上开始记载"零陵、衡阳等郡,有莫徭者,依山险而居。历政不宾服,因此向化"①。莫徭为瑶族的前身已成定论。也就是说,"莫徭"并非单指瑶族先民,"它包括了当时居住在武陵、长沙一带的苗、土家、畲、俚、侩等族的一部分先民在内"②。还有人提出当时盘瓠蛮的分布远不止长沙、武陵地区,但南北朝以后的史书只称这些地区之一部分"盘瓠蛮"为"莫徭",称另一部分及其余地区所居者为"蛮左"。对此,有学者肯定"蛮左为苗族先民,莫徭当单指瑶族先民而言"③。

史书记载,隋唐时期(6—10世纪初),瑶族先民及瑶族主要居住在长沙、武陵、巴陵、桂阳、衡山、澧阳、熙平等郡,即湖南大部和广西东北部、广东北部等地区。④ 五代时(10世纪)资江的中、下游和湘、黔之间的五溪地区,仍有较多的瑶族居住。⑤ 到了宋代(11—13世纪),湘西南部的辰、沅、靖诸州以及湘南、桂北和粤北的韶州、连州、贺州、桂阳、郴州等地,都是瑶族的主要分布区。⑥ 这时期的广西靖江府(桂林)所属各县和融州(今广西融安、融水)等地区也有瑶族活动。⑦ 元明时期(13—17世纪),瑶族大量南迁,不断深入两广腹地,特别是明代,广东北部和广西已成为瑶族主要分布地区,当时广西的瑶族,已占全省人口3/10,有的地区高达7/10。⑧ 广东11个府的54个州县都有瑶族居住。⑨ 进入明末清初(17世纪),部分瑶族又由广东、广西分别迁入贵州和云南的南部地区。⑩ 这时瑶族已遍及南方6省区,故有"南岭无山不有瑶"之局面。

匍匐大地的河流,明亮辽阔的水域,像一个爱幻想的孩子,总向太阳升

---

① 《梁书·张缵传》。
② 李干芬:《瑶族族源探讨》,载《思想战线》,1980 (3)。
③ 徐祖祥:《三苗、荆蛮与瑶族来源问题》,载《贵州民族研究》,2001 (1)。
④ 《隋书·地理志·荆州》卷三一。
⑤ 《宋书·蛮夷列传》卷四九。
⑥ 范成大:《桂海虞衡志·志蛮》。
⑦ 周去非:《岭外代答》卷三。
⑧ 《粤西丛载》卷二六,《古今图书集成·方舆汇编·职方典》卷一四二六。
⑨ 《粤西丛载》卷二六,《古今图书集成·方舆汇编·职方典》卷一四二六。
⑩ 李宗昉:《黔记》卷三。

起的地方走去。长江、黄河分别由格拉丹冬雪峰和巴颜喀拉山发源,向沧海进发,并不是在源头就事先设计好了东进的路线,而是顺应地势,攀高就低,犹如顺天应人的智者,边开辟河床边前行。瑶族也是这样,由蚩尤部落分离为盘瓠后,开辟江汉平原,"窜三苗于三危"再南迁,"漂洋过海",并不是一开始就设计的,瑶族先民迁徙路线是"大体求存,定居则无",反正南迁就不会发生方向错误。这一过程中瑶族有了一种成熟的、饱经沧桑的悲壮,并以勇敢刚毅强悍不屈而又豁达乐观和惊人的忍耐力著称于世。于是,在他们的心目中不再有省与省、国与国的边界,情同长江水源从格拉丹冬雪峰流出后,顺应地势,左冲右突开拓河道而进入东海大世界,到达今越南、老挝、泰国、新西兰、澳大利亚等国家和地区。

(四) 千家峒的考说

千家峒到底在什么地方,由于岁月的无情变迁以及频繁的迁徙,千家峒的地理位置迄今还未找到准确的地域。瑶族民间传说很多,瑶学界争论不一。以张有隽、宫哲兵为代表,认为千家峒在湖南与广西交界的都庞岭地区[①],以黄钰、李本高为代表,他们不否认千家峒在都庞岭,但认为那只是元代的千家峒,不是最原始的千家峒,原始的千家峒应在浙江会稽山一带。[②] 令人敬佩的是宫哲兵为探讨千家峒,在十多年的人类学调查中,以县志、碑文、地图、地名、族谱和文物等资料,考证了千家峒在都庞岭地区,发表了《瑶族千家峒故地考》[③]、《论都庞岭千家峒是瑶族发祥地之一》[④]、《从县志与碑文考证千家峒在都庞岭——瑶族千家峒故地再考》[⑤]、《从地图、地名和族谱考证千家峒在都庞岭——瑶族千家峒故地三考》[⑥] 等专文,为千家峒的浮出做了非常重要的贡献。随着探讨的深入,人们聚焦于什么年代的千家峒,哪里是最早的千家峒。从已发表的专题文章来看有两处:一是湖南江永县大远瑶族乡千家峒,另一个是灌阳县韭菜岭千家峒。从考古学文化和瑶族迁徙历史来看,可以说

[①] 张有隽:《瑶族传统文化变迁论》,178页,南宁,广西民族出版社,1972;宫哲兵:《论都庞岭千家峒是瑶族发祥地之一》,载《广西民族研究》,1989(2)。

[②] 黄钰、李本高:《瑶族千家峒故地辨析》,载《民族论坛》,1987(4);黄钰《〈千家峒〉初考》,载《广西民族研究》,1989(2)。

[③] 宫哲兵:《瑶族千家峒故地考》,载《中南民族学院学报》,1985(4)。

[④] 宫哲兵:《论都庞岭千家峒是瑶族发祥地之一》,载《广西民族学院学报》,1999(1)。

[⑤] 宫哲兵:《从县志与碑文考证千家峒在都庞岭——瑶族千家峒故地再考》,载《广西民族学院学报》,1999(3)。

[⑥] 宫哲兵:《从地图、地名和族谱考证千家峒在都庞岭——瑶族千家峒故地三考》,载《广西民族学院学报》,1999(4)。

以上两处都不是瑶族发祥的千家峒。

1986年召开全国"瑶族千家峒故地座谈会"以后，大远瑶族乡改名为千家峒瑶族乡，1994年，湖南地图出版社编制的《湖南地图》有千家峒瑶族乡地名。新中国成立前后编制的各种灌阳地图，在韭菜岭下都标有千家峒地名。1998年5月"中国灌阳都庞岭瑶族发祥地研讨会"上，湖南江永的代表与广西灌阳的代表都据"图像为无言之史，谱牒为无文之书"来说明大远与韭菜岭是千家峒故地。大远的代表据《江永县志》第三十一篇第二章第三节中《千家峒》、《千家峒源流记》等古籍记载的千家峒的树名、山名、水名、田名等32处，在大远瑶族乡找到了30处来论证大远是千家峒。灌阳县有宫哲兵先生关于千家峒在都庞岭、韭菜岭的著文为最新权威和历代《灌阳县志》关于"千家峒"的内容，来肯定千家峒在灌阳县境内的韭菜岭。会前会后两地有关部门都在打千家峒瑶族文化旅游这张牌，各种新闻媒体刊发千家峒的有关重头文章，你方唱罢我登场，热闹火暴。关于瑶族千家峒的争鸣还会热闹起来。书写过瑶族历史的千家峒文化正在引起旅游部门的重视。可以这样说，一旦确认真正的千家峒，投资热也会来临。千家峒文化并同其他民族文化一起狂欢在21世纪的时空里。

对湖南江永县大远瑶族乡的千家峒和广西灌阳县境内的韭菜岭千家峒的二说，李本高先生持疑意见，而认同湖南临湘市龙窖山很可能就是瑶族南迁后的最早故乡"千家峒"。历史上，湖南是瑶族自北向南迁徙的通道，由北方经江汉平原进入湖南后，首先在龙窖山定居。前述考古学文化所印证的历史背景可以说明邓有志和李本高先生的这个发现的可能性。

我们从瑶族传统民间文献《过山榜》中也可推究瑶族故地千家峒可能最早在龙窖山。目前各地已搜集到和已知在民间流传的百多种《过山榜》的时间。目前所知最早的年号为"大隋元年"（581年），其次为唐贞观二年（628年）、宋绍兴三年（1133年）等，而以署"正忠景定元年"（1260年）为最多。① 容观复先生在《瑶族与古越族的关系——从〈评皇券牒〉看瑶族的早期历史》一文中，认为《评皇券牒》上记载的瑶族迁徙时所经过的地名是实在的，而不是因为瑶族受道教的影响而虚构出来的。认为："信奉盘瓠的瑶族是东瓯人的子孙，古越人的一支，闽浙江淮一带是他们的早期故乡。"《过山榜》中屡次提到的瑶族祖先在故地"千家峒"，不过是像汉族传说中的"桃花源"

---

① 刘耀荃、胡起望：《1949—1984年我国瑶族研究综述》，见《瑶族研究论文集》，19、18页，北京，民族出版社，1989。

一样纯属虚构。过去一般认为两广的瑶族是隋唐之际才从湖南迁入。① 如此说成立，广西灌阳韭菜岭千家峒说就不能成立了。李默先生回答人们的质疑，在《岭南瑶族来源问题的探讨》中，仍然坚持古代俚僚应包含瑶族先民在内，在秦汉时均已长住岭南的意见。② 这个意见与黄钰、李本高先生的千家峒说无二。《评皇券牒》记述着封建王朝赐给瑶族官爵的史实："贞观二年（628年），岁次己丑，孟秋月望十五，发天下榜文一道，准时付与王瑶子孙，永远存照为据。"③ 据此，湖南江永大远千家峒说也难以成立。《后汉书·南蛮传》、《史记》、《北史·蛮僚传》、《梁书·张缵传》、《蛮书》、《元和郡县图志》、《桂海虞衡志》等书都提到瑶族先民早期居留秦汉时的长沙、武陵郡，历史上瑶民的反抗斗争也发生在这些地区。临湘市龙窖山有可能是瑶族南迁后最早的故乡"千家峒"，与历史时间接近。"从瑶族的迁徙路线看，也是从长沙、武陵郡一带向西南迁移，而非由江浙入两广；从生活习俗看，盘瑶有'龙犬'的图腾崇拜，其他习俗均与'长沙、武陵蛮同'，但与古百越系统各族崇拜龙蛇不同。"④ 当然在临湘市龙窖山千家峒的消息发布前，包括黄钰、李本高等根据《后汉书·南蛮传》、《山海经·海内北经》郭璞注、《路史》引《玄中记》及瑶族民间流传的《过山榜》等文献记载，以及民间传说、迁徙遗迹等方面的考察，主张过瑶族先民古代的聚居地（千家峒）应是浙江的会稽。随着考古学文化研究的逐步深入，原持浙江会稽山千家峒说的人，想必会认同临湘龙窖山千家峒说。道理很简单，"元季兵变时"瑶族进居千家峒⑤，千家峒故地的历史便少了几百年，这是个问题。要更深一层去看，如果解决得草率，纷争到极端状态，那只能是钻牛角尖，对瑶族文化研究与建设都不利。那么受到损害的也必定是那种结论在先的"不可否认"的下笔者自己。因此，需要对自己的研究有一个比较客观、比较准确的历史定位，也就是说看清千家峒的历史背景，从历史背景上寻找千家峒。"瑶族千家峒在临湘市龙窖山"，在《中国文化报》2001年4月19日刊发后，给我们很大的震动和启发，即"龙窖山千家峒"与瑶族迁徙的历史背景联系在一起。从这种背景看，千家峒

---

① 刘耀荃、胡起望：《1949—1984年我国瑶族研究综述》，见《瑶族研究论文集》，19、18页，北京，民族出版社，1989。

② 李默：《岭南瑶族来源问题的探讨》，载《求索》，1983（4）。

③ 《广西瑶族社会历史调查》，第8册，180页，南宁，广西民族出版社，1985。

④ 刘耀荃、胡起望：《1949—1984年我国瑶族研究综述》，见《瑶族研究论文集》，19、18页，北京，民族出版社，1989。

⑤ 宫哲兵：《从县志与碑文考证千家峒在都庞岭——瑶族千家峒故地再考》，载《广西民族研究》，1999（3）。

在龙窖山了。如果我们说的不是"已定的"、"不可否认"的千家峒文化"遗迹",如千家峒不是地域名称,而是世世代代不同人们的研究的不断重新解释,那它就必然蕴涵着不同时代、受着各个层面影响的人们对千家峒文化现象的选择、保存和创造性诠释。排除这一切寻求本源,必然不会发现什么有价值的结果。

三、瑶人千家峒

瑶族民间流传着"千家峒"这个美丽而古老的传说和歌谣。传说中有《千家峒空桐木》、《包谷王》、《狗尾小米》、《魔芋王》、《背牛进洞》。歌谣中也有很多歌唱"千家峒"的,如《千家峒歌》、《十二姓瑶人游天下》等。"千家峒"古树参天,青山渺渺,土地肥沃,一春耕种,供食三冬,的确是一个美丽富饶的地方。20世纪80年代很多研究瑶族的专家、学者,为寻找瑶族的"千家峒"作出了很大的努力。现在,笔者也来谈谈瑶族的"千家峒"。

(一)有无瑶族"千家峒"

事实上有无瑶族传说中的"千家峒"呢?笔者的回答是肯定的。"千家峒"在瑶族迁徙过程中,曾是一个停居的地方,是存在的。

瑶族是一个没有本民族文字的民族,旧时对事物的发生和发展无法用文字记录下来,只能口碑传唱,世代相传,后来与汉族有了交流,才出现瑶族《过山榜》和古歌手抄本。瑶族古歌《十二姓瑶人游天下》中唱道:"姊妹忧忧无计奈,手拍胸前无路头,过山游落千家峒,落脚占破又开头";"青山脚底千家峒,山源宽宽好安身,停脚千家落多久,那样大难拢峒村"[①]。在历史上,瑶族是一个迁徙频繁的民族,其重要原因是历代统治者的残酷压迫和驱赶,以及自然灾害、战乱等原因,迫使瑶族抛弃历尽艰辛开垦出来的田地,从长江中下游南迁。瑶族古歌又唱道:"瑶人出世武昌府('出世'意即在这里居住过,又从这里迁出去叫'出世',另一意思是在这里繁衍了很多子孙后代,有了很大发展也叫'出世'),发入青山四处游,龙头山上耕种好,姊妹宽油世无忧。"[②] 这就说明了瑶族从长江流域南迁,逃进深山老林。这个老林就是"青山脚底千家峒"。瑶族《过山榜》和《世代流传祖居来历书》中提到"前日在千家峒,置有连州、行平、伏灵、伏江大庙"(广西金秀宠文府家存)。在清道光二十四年(1844年)湖南江华大源冲的邓元珠寻找"千家峒"

---

① 郑德宏、李本高整理译释:《盘王大歌》,下集,227~228页,长沙,岳麓书社,1988。
② 郑德宏、李本高整理译释:《盘王大歌》下集,227~228页,长沙,岳麓书社,1988。

未还，后来写了一封信托寄回江华深冲，其信名为《千家峒路引》。瑶族藏存的往事抄卷、古歌证明了"千家峒"的存在。

（二）千家峒的位置

在瑶族的古籍、传说、古歌中都没有比较明确具体地说明"千家峒"在什么地方（州、县），这就给后来寻找它带来了很大困难。

中央民族大学教授刘保元著的《瑶族文化概论》第二节"瑶族社会历史脉络"中提到，"远古时期瑶族先民'瑶民'与华夏族同居黄河流域，到了周代才由黄河流域迁至长江流域"①，成为后来被称为"蛮"部落群体中的一员。② "瑶民"在长江流域与"蛮"群体中的其他成员朝夕相处，友好往来……由于战乱及其他原因才大举迁徙。这段论述与瑶族古歌《十二姓瑶人游天下》中所唱很吻合。古歌唱道："瑶人出世武昌府，发入青山四处游，龙头山上耕种好，姊妹宽油世无忧。"瑶族古歌还唱道："云雾纷纷千家峒，千家对面是桃源"。③ 这个"桃源"位于长江南岸，一个是湖南的桃源县，另一个是湘赣边界炎陵县东的桃源峒。这就给我们提示了千家峒具体方位是长江南岸，湖北武昌以南，更具体地说就是湘北了。

（三）千家峒的特点

古歌中唱道："不使问，千家峒头苗不知，四方八角九井水，石岭平田唐姓开。"这是特点之一。何谓"九井水"？按照瑶语习惯，可作两种解释：一是九井即人工开挖的九口水井。二是河源、冲源、山谷之源，冒出来的泉水也叫井水，也就是九条河或九条冲的源泉叫九井水。古歌中又唱道："盘赵二姓住上洞，沈姓姊妹落七洞，李姓姊妹在西洞。"千家峒并非一个平坦广阔的田园，而是在大山中的"峒"。这个"峒"即今天说的一个大行政村，古时称为瑶峒。上洞、西洞、一洞至七洞，千家峒里分九个小洞，也就是今天说的九个小自然村。千家峒的特点之二就是九个居住点。"日头出早白石岭"、"云雾纷纷起眼看，青山石岭路难行"、"十二姓瑶人落峒中，安住立屋开耕种，斩破青山又起根"。"青山石岭路难行"，瑶人来到这古木深山之中，"斩破青山又起根"。千家峒不是平原之地，而是古木深山。瑶族先民来到这里，砍山开地重建家园，这是特点之三。特点之四是"青山石岭路难行"。山高路险，且有石崖（石级石梯路），人行可以牛行困难，所以"背牛进峒养耕田"。

---

① 刘保元：《瑶族文化概论》，南宁，广西民族出版社，1993。
② 何光岳：《南蛮源流史》，36页，南昌，江西教育出版社，1988。
③ 古歌，即是《盘王大歌》，以下所引古歌均同此。

（四）龙窖山——瑶人"千家峒"

"瑶人出世武昌府，发入青山四处游，龙头山上耕种好，姊妹宽油世无忧。"这首瑶族古歌告诉我们，"瑶人出世武昌府"，"出世"就是迁出、移徙之意，瑶人迁出武昌来到龙头山，"占破（斩破）青山又起根"（重新开始）重建家园。李本高考察临湘县龙源乡的龙窖山"千家峒"，从地理位置、峒的特点上看，基本上是相符合的。《十二姓瑶人游天下》这首古歌唱的瑶人从武昌迁徙首到的大山就是龙头山。我们知道瑶歌的手抄本，多为汉字记瑶音，瑶音套汉字或别字。如"长鼓"两个字在瑶歌词中不写"长鼓"而写"邓鼓"。又如"贵仙比能莲花朵"中的"比能"直译为"比像"，意译"好像"、"好比"。为什么写成"比能"，"能"就是瑶语的"像"音的近音，写不出"像"字就用"能"字。这就是说"龙窖山"写成近汉字"窖"音的"头"字，"龙窖山"写成"龙头山"。"窖"音（kao）与瑶语"头"音（tao）都是ao音。这样，龙龙相对，kao、tao连音，这恐怕不是巧合吧。

龙窖山在武昌之南、湖南之北，山中有白石亭，站在山上能够远望桃源。从地理位置、千家峒的特点诸方面看基本是符合的，龙窖山就是龙头山，龙头山大山中就是瑶人古时居址之一——千家峒。

以上仅仅是一点点粗浅的看法，提出来以便抛砖引玉，共同探讨。

四、瑶族南迁入湘第一站——龙窖山千家峒

千百年来，瑶族民间一直流传着关于"千家峒"的美丽传说。据此，瑶族同胞一代接一代地寻找"千家峒"；瑶族研究工作者也在翻阅浩瀚的史料寻觅记载"千家峒"的蛛丝马迹，有的还跋山涉水实地考察，以解瑶族历史之谜。经过有关专家、学者和民族工作者十余年的寻觅，终于在临湘市找到了瑶族南迁入湘的第一站——龙窖山"千家峒"。

（一）龙窖山"千家峒"的瑶族遗迹

瑶族离开龙窖山"千家峒"已有近千年历史，这里现无瑶人居住，但瑶族遗迹却处处可见。

1. 龙窖山"千家峒"地理位置与《千家峒歌》所载"千家峒"相似

《千家峒歌》[①]云："千家峒口在哪里？云雾纷纷看不见，青山有路难辨

---

① 郑德宏、李本高整理译释：《盘王大歌》，下集，163页，长沙，岳麓书社，1988。

清";"云雾纷纷千家峒,石山背后是峒头";"千家峒里雾腾腾"。《千家峒传说》①亦云:"千家峒在青山白云之间。"《十二姓瑶人游天下》②也说:"青山脚底千家峒,山原宽宽好安身。"龙窖山挺立在青山白云之间,最高山顶药姑山海拔1200余米,境内有七尖十岭十一山,联湘鄂两省,跨临湘、通城、崇阳、蒲圻4县市,蜿蜒百里,山实峻极,雄伟壮观。境内还有三大溪流和无数小溪,著名的龙湫(即瀑布,"湫"为多音字,一读为jiǎo,一读为qiū)亦在其内。山内自然资源丰富,尤以林竹药材最出名,是全国百家林业乡之一,是天然的药材库。

2. 峒中有洞

《千家峒传说》云:千家峒内峒中有洞。《千家峒歌》亦唱道:"千家峒口雾纷纷,十二姓瑶人落峒中。""冯姓兄弟进峒来,西洞洞中开田台","李姓姊妹在西洞","周姓兄弟住三洞","包姓兄弟住五洞","唐姓兄弟住七洞","盘赵二姓住上洞"。共九洞,即1~7洞加西洞和上洞。龙窖山虽然没有明显的九洞,但有九锁,即古塘、上下梅池、畲家山、朱楼坡、漆坡、鲁家山、晏家山、竹铺沟、金家坪。据当地人说,之所以名"锁",是因为每个村子口都有石块砌成的石拱门将村寨锁住。九锁很可能是后来居民安的,并非原洞名。但九锁与九洞相吻合,恰恰是原"千家峒"九洞的续名。

为什么"千家峒"内又有洞,笔者认为峒与洞的含义是不同的。"千家峒"的"峒"是一种社会政治组织,后一个洞是指比较平坦,有一定数量耕地,三面环山的居住地。千家峒的峒,主要特征是:一是地域与血缘相结合,以族为大聚居区域,以姓为小聚居点的社会组织。《千家峒歌》载:有的洞是两姓共居一洞,有的是一姓居住一洞,均由"千家峒"统管,即大峒管小洞,小洞组成大峒。二是大峒由峒长管理峒内事务,峒长通过民主选举产生,一般是德高望重的长者;小洞则由族长管理洞内事务。龙窖山的朱楼坡建筑雄伟壮观,所处位置在龙窖山中部,有羊肠小道与其他村寨相连,是其他村寨无法比拟的,笔者认为此处可能是"千家峒"的指挥中心,或是峒长居处。三是峒不属官管,无贡赋。宋人范致明就说:龙窖山瑶民"非市盐茶,不入城市,邑亦无贡赋"。四是主要生产资料——土地,为族姓所有。一姓或两姓占有小洞的土地,"自耕自食,自织而衣"。五是峒内仍处于"刀耕火种"阶段,以耕畲为业,食不足则采捕补之。当然,还有其他一些特征,如内婚制,

---

① 湖南省编辑组编:《瑶族〈过山榜〉·〈碑志〉·〈谱序〉汇编》(刻印本),13页,1980,此件存湖南省民族研究所。

② 郑德宏、李本高整理译释:《盘王大歌》,下集,228页,长沙,岳麓书社,1988。

传统习惯的管理方式,等等。总之,"千家峒"这种"峒"有如马克思所说,"它是原生的社会形态的最初阶段,所以它同时也是次生的形态过渡阶段。这就是说,它同时也是建立在公有制上的社会向建立在私有制上的社会过渡"。这再次证明了瑶族"千家峒"的历史久远和之所以被瑶民追寻的原因。

3. 井

《千家峒歌》唱道:"千家峒里妹知晓,四面八方九井水。"我们在龙窖山的古塘、鲁家山、竹铺沟三村考察时都发现了古井。井,都坐落在青山脚下,用石块砌成,井壁均是石块砌成并起了溜苔。古塘水井还立了"金华水师"牌位。据当地人说,以前每个山寨都有一口井,以后因为不用,有的被填了,有的自己垮了。龙窖山内山寨的"井"不仅与《千家峒歌》唱词相吻合,而且与唐代诗人刘禹锡所描述的"莫徭星居钻泉眼"相吻合。

4. 埠头

瑶族《千家峒传说》中说:千家峒内沿河(溪)有12个埠头。我们在朱楼坡考察时看到:一条溪流从山顶破寨而下,约有1500米长,溪流两边用石块砌成溪塝,塝再用长石板全部覆盖,形成一条通道,溪流两边坡上有石砌成的屋基。溪流两边每隔一定距离留一个缺口,用石块砌成石梯到溪底汲水、洗菜、洗衣等。据说原有12个,我们数了数现存9个。可能就是"千家峒传说"中的12个埠头吧。

5. 居屋

瑶族的居屋,一般认为是吊脚楼。龙窖山"千家峒",现在没有看到吊脚楼。但据现在的居民说:这里曾经有许多吊脚楼,朱楼坡原有48座吊脚楼,日本侵华时,被日本人炸掉了。在考察的过程中,我们在畲家山顶发现了10余座,在竹铺沟发现了7座用石块砌成的石墙屋,这些石墙屋多为单间,长方形,石墙高约3米,单门,朝东南开门,门很小,仅可进一人,多建在沿溪的坡上,有少数是双间的。最大一座石墙屋在胡家屋场。另外,我们在畲家山听村长说,他们那里曾经有过泥舂墙屋。从以上我们可以看到瑶族居屋的发展过程:石块墙屋—吊脚楼—舂墙屋。也证明瑶族在龙窖山居住时间的漫长。

6. 石门

瑶族《千家峒传说》中说:进千家峒只是一个很小的石门,仅能背一头小牛进去。考察中,我们在漆坡发现了一个石门叫关门石,据当地人说:此处挑担子都不能进去,要把挑担分成两次端进去。清代时,这里出了一个官,骑马都不能进,他很恼火,就把它炸掉了。龙窖山千家峒,不仅有天然的石门,人工用石块砌成的石门寨寨可见,如古塘有焰火门,朱楼坡有三道石门,其他村寨也都还有石门基脚。石门工程相当浩大，令人惊叹！

7. 石梯

瑶族《千家峒故事》中说：瑶民进千家峒要经过一段石梯。龙窖山千家峒亦有一段长长的石梯。沿鳜鱼港而进，过一座石板桥上山，这里有一段石梯，据老乡反映：原来360级，因修公路挖掉了100多级，我们数了数，现还有194级。上完石梯就进了漆坡的石门。这与《千家峒故事》所说是完全吻合的。

8. 瑶人坟

在古塘至朱楼坡约5里的羊肠小道边，我们发现了3处坟。两处仅1座，一处有3座。坟的正前方均用小石块砌成弧形，坟的后面均被泥土掩埋了，无法一个个分开。最大的一座坟是在畲家山，埋在半山上，坐东朝西，石块比前者要大，但墓形相似。据当地老者说，这些坟埋的不是他们的祖先，毫无疑问应是瑶人坟了。

9. 生产方式

瑶族自南迁以后就是一个畲耕族。耕畲不足，则以采、捕补之。《盘王大歌》唱道："四面山头放猎狗，湖南江口装猎枪。"瑶民在龙窖山"千家峒"就是以耕畲为主，以采、猎为辅生活着，用石块砌成的梯田比比皆是。宋人马子严在《岳阳甲志》中说，这里的瑶民"自耕而食，自织而衣"。同是宋人的范致明在《岳阳风土记》亦说：这里的瑶人"以耕畲为业，非市盐茶，不入城市，邑亦无贡赋"。不难看出，龙窖山千家峒确实是一个世外桃源。

10. 饮食

瑶族图腾崇拜盘瓠，视盘瓠为始祖和救世主，故禁食狗肉。这里虽无瑶民居住，但这里的居民禁食狗肉，很可能是瑶族禁食狗肉的遗风。在考察中，乡亲们告诉我们：在竹铺沟的对门山上有一个叫狗肉坑的地方。传说以前在这里居住的人是不吃狗肉的，但他们喂养了许多狗，狗死了以后就埋在对门山上，久而久之就把这里叫狗肉坑了。

瑶民爱喝茶，亦种茶。在畲家山的原始森林的石屋周围我们看到了许多茶叶树。据史载：龙窖山早在唐代太和年间就开始有茶，从明洪武二十四年（1391年）起，"龙窖茶"就列为"贡茶"，"岁贡十六斤，连续五百二十载"。这里"龙窖茶"很可能是瑶民留给当地的宝贵财富。《千家峒歌》唱道："爱吃香茶进山林，爱吃细鱼三江口。"这里所唱的山林，毫无疑问是龙窖山，所唱三江口就是龙窖山下的三江口。

11. 三江及三江口

瑶族《千家峒歌》中唱道："日头照见三江口，半暗青山半水清"；"要想吃鱼三江口"。《千家峒故事》也说，千家峒内有三条河相汇成三江口，瑶民在三江口射猎"寒鹏野鸭"。龙窖山溪流有无数，汇集成三条大溪，即鳜鱼港、梅池港、龙源港（当地叫溪、冲为港）。三港在龙源汇合成龙源河，再流经全境入龙源水库。龙源现有耕田200余亩，在1000多年前这里很可能是一片汪洋，因其山上有烂船坡地名，传说当地老百姓还在山上捡到过船钉。其三面环山，正是寒鹏、野鸭栖息之地。因其在龙窖山脚，正是千家峒瑶胞射猎之地。唐代诗人杜甫曾目睹了"莫徭"在洞庭湖射雁的情景，写下了《岁宴行》诗，诗中说："岁云暮矣多北风，潇湘洞庭白雪中。渔父天寒网罟冻，莫徭射雁鸣桑弓。"杜甫是不是就在龙窖山脚下看到瑶民射猎？这是非常有可能的。

12. 白石岭

白石岭这一山名是"千家峒"的重要标志之一。《千家峒歌》云："日头出早白石岭，千家峒头百样青"，"日头出早白石岭，半边着日半边阴，日头照见三江口，半暗青山半水清"，"日头出早白石岭，水过龙门白石中"，"日落白石岭背藏，姊妹齐齐过莲塘"。说明千家峒的瑶胞分住白石岭的东西两边。我们在龙窖山考察时，在鳜鱼港的山口处亦发现了白石岭，现山下建有白石亭电站，由于该地"亭"和"岭"读音相近，故名白石亭。该岭距三江口十多公里，山极陡峭，正坐落在龙窖山的中间地带，将龙窖山分成东西两部分，西边有朱楼坡、漆坡、畲家山、鲁家山、晏家山等，东边有上下梅池、古塘和竹铺沟等自然村。与《千家峒歌》所记瑶民居住情况相吻合。

另据当地群众反映：还有一些无人居住的村落遗迹，如许家嘴、金家冲、徐妈铺、涂家冲、王家坡、千家坪和胡家屋场等，以及一些名字古怪的地名，如猪圈沟、扫帚坡、筷子嘴等。这些很可能是千家峒瑶民居住过的村落，还有畲家山下沿溪的石砌平台等，均有待进一步考证。

上面所记瑶族遗迹，瑶族特点鲜明，工程浩大得令人惊奇。事实证明瑶族在龙窖山千家峒，住了相当长的时间，应该是瑶民最鼎盛的时期。传说鲁家山村组，当时有500棍护寨青年，朱楼坡村组有108棍护寨青年。可见其人口繁盛。由此观之，"千家峒"绝不止千家。所言之"千家"就是"多家"而已。正因为是瑶族的鼎盛时期，瑶民才在这里用自己的聪明才智创造了最辉煌灿烂的文化，特别是石块文化；才把这里建设成瑶民最理想的家园，才使这里成为瑶民世世代代向往，前仆后继寻觅的精神乐园。

（二）龙窖山与瑶族历史迁徙

瑶族是一个历史悠久的民族，早在炎黄时代就与苗族先民组成了蚩尤部落联盟（蚩为苗族自称，尤为瑶族自称），并与炎帝和黄帝战于涿鹿之野，后被炎黄联盟打败，被逼南迁。春秋战国时期，苗瑶先民再次联盟在"左洞庭，右彭蠡"，建立三苗国。龙窖山当时属巴陵，很可能有一部分瑶族先民进入龙窖山。秦汉时，瑶族先民加入荆雍州蛮，龙窖山时属荆州，龙窖山居民应属荆雍州蛮。后史籍又出现长沙、武陵蛮，龙窖山主要属长沙郡，应属长沙蛮。三国时，龙窖山属吴，《三国志·吴书·黄盖传》载："武陵蛮夷反乱，攻守城邑，乃以盖领太守……自春讫夏，寇乱尽平，诸幽邃巴、醴、由、诞邑侯君长，皆改操易节，奉礼请见，郡境遂清。"其中的"由"就是今瑶族先民。两晋南北朝时，史籍出现了湘州蛮的记载。《南齐书·蛮传》云："齐武帝永明湘州蛮陈双、李答寇掠郡县。"湘州是晋怀帝时分荆、湘中诸郡所置。龙窖山在其中，时瑶族先民应为湘州蛮。不过，这时只是少数的瑶族先民在龙窖山居住，而大量的瑶族先民进入龙窖山应是南朝元嘉之半。《南史·荆雍州蛮》载："自元嘉之半（元嘉是424—454年，之半应是439年之后）匿弥广，逍盘结数州，扰乱邦邑。于是命将出征，恣行诛讨。自江汉以北，庐江以南，搜山荡谷，穷兵罄武，系颈囚俘，盖以数百万计。至于孩年龀齿，执讯所遗，将卒申好杀之愤，干戈穷酸惨之日。"在这种惨无人道的镇压和驱赶中，瑶族先民荆雍州蛮才被迫离开江汉之浒，到洞庭湖沿岸的龙窖山。若此种说法成立，那么，瑶族先民进入龙窖山千家峒的历史，至今已有1560余年了。

梁至隋唐，这一带出现了"莫徭"的称谓。《隋书·地理志》云："长沙郡又杂有夷蜒，名曰莫徭，自云其先祖有功，常免徭役，故以为名。……武陵、巴陵……熙平皆同焉。"龙窖山当时属巴陵，毫无疑问其居民为莫徭。所以唐代诗人杜甫能在洞庭湖（龙窖山下的三江口当时属洞庭湖）看见"莫徭射雁鸣桑弓"。唐时，这里正式出现"瑶"的族称。唐人李吉甫在《元和郡县图志》中说："'潭州'，春秋时黔中地，楚之南极。……自汉至晋并属荆州，（晋）怀帝分荆湘中诸郡置湘州，南以五岭为界，北以洞庭为界，汉、晋以来，亦为重镇。今按其俗，杂有夷人，名徭。自言其先祖有功，免徭役也。"时龙窖山属潭州，由此可见，龙窖山是最早出现瑶之称谓的地方之一。龙窖山千家峒是与瑶族历史相吻合的。

在瑶族民间，广泛流传着瑶族先民"漂洋过海"的故事。瑶族人民珍藏的《评皇券牒》也有详细的记载。瑶族先民"漂洋过海"的地方到底在哪里？瑶族史学工作者众说纷纭。在龙窖山千家峒的考察中，我们发现许多事实可以证明，瑶族先民"漂洋过海"就是漂洞庭湖和长江。瑶族人民珍藏的《评皇券牒》云："开辟年间居住武昌府，下湖南海岸之时。"这里的湖南海岸，有两种解释：一是湖的南边，当时这里是云梦泽，湖的南面就是龙窖山。二是洞庭湖沿岸,即龙窖山。瑶族人民的诗歌总集《盘王大歌》也唱道:"大船漂荡三江口,扎石累累断江流";"湖南江口撑船行,撑船行到三江口,风来打破入人乡";"日正中,蚺蛇过海变蛟龙,蚺蛇摆尾搅动岭,湖南江口来相逢"。《千家峒歌》亦云:"瑶人出世武昌府,漂洋过海到千家。"前面我们已经说过三江口就在龙窖山脚下,上面所引三江口、湖南江口应是指龙窖山下的三江口。"蚺蛇摆尾搅动岭"的岭,应是前面所叙的白石岭,白石岭就在三江口不远。再说,瑶族先民从江北往南迁,比较狭窄的地方是今京广线通过的地方,而龙窖山正处于过江后的回流水之处,极易于靠岸,也是必经之处。

瑶族南迁入湘后,在龙窖山千家峒住了500年左右。然后因战争举族南迁。《千家峒歌》唱道:"蒋大官人发大兵,姊妹众会商量计,齐齐退下外当行。"《十二姓瑶人游天下》亦云:瑶族"人逢乱世难躲开,朝廷发兵进峒来。蒋大官人发兵到,廿七营马围上来。层层官兵人马众,姊妹众齐难挡拦。齐齐商量出峒走,千家峒里抛荒凉"。逃离龙窖山千家峒的时间,至迟在北宋元符之后,因为《岳阳风土记》的作者是在元符年间(1098—1100年),在此任宣德郎谪监岳州酒税时,曾目睹过瑶人。

瑶人逃离龙窖山千家峒,是分陆路和水路逃离的。《千家峒歌》唱道:"日出日行月出行,姊妹行水又行岸。"水路逃离的一支瑶民迁徙的第一站是桃源峒。《盘王大歌》中唱道:"不使问,不使问明出处乡,当初住在千家峒,仙人抄手着云边。千般言语且莫唱,且唱桃源出世边,桃源不离千家峒,撑船过海雾纷纷。南岸过了抄夹看,千家峒口对桃源。"从龙窖山下的三江口,撑船过海往南,正是湖南的桃源县桃源洞。然后再往汨罗、长沙,沿沅江、湘江溯江而上。所以新化、安化的梅山蛮在宋代又称莫瑶。长沙至今还有"大瑶山"地名。陆路一支,则是越岭过湖北通城,再转入江西,然后再过梅山关进入广东珠玑巷。《千家峒歌》云:"日出日行月出行,姊妹行水又行岸,行来广东乐昌府,珠玑巷中又落根。"

龙窖山千家峒,是瑶族先民南迁过江入湘的第一个落脚点。历史悠久,瑶族遗迹亦很多,我们仅是作了初步的考察。要真正弄清其真面目,还有待更多的有识之士、专家学者进一步考察,以揭开瑶族历史上的千家峒之谜。

五、关于千家峒问题(摘录)[①]

千家峒,在瑶族的历史中占有重要地位,直到现在,不管是中国或者是

[①] 邓有铭:《关于瑶族历史几个问题的探析》,2001年湖南临湘瑶史研讨会论文。

已到国外的,信奉和崇拜始祖盘瓠的瑶族都在传颂着千家峒。千百年来,瑶民为了寻回这块宝地,一代一代地寻觅,甚至不惜流血牺牲。大瑶山的肖成朝及李有望、冯成荣、肖志富(肖成朝之子)就是在1941年的回千家峒运动中,被国民党蒙山县政府所杀害。其小儿子肖志县现在还住在金秀瑶族自治县忠良乡十八家屯。邓有铭20世纪80年代在金秀任职时,曾访问了他。他说:"那时候我也参加了这个运动,原约好8月1日到忠良集中,然后经由蒙山回千家峒,因天下大雨,洪水暴发,延误时间,结果被国民党蒙山县政府发现,把我父亲和哥哥肖志富及李有望、冯成荣抓走,后被害死。"就是在"文化大革命"的极"左"时期,也还有瑶族群众去寻找千家峒。可见千家峒在瑶族群众心中的位置了。近年来,瑶族研究工作者掀起一个研究千家峒的热潮,这是值得高兴的事。但是,对于国内外瑶族心目中都有重要位置的千家峒,这个史实应该充分研究,慎之又慎,就是要按费孝通先生所说的,"瑶胞寻根千家峒,史实有待百家争"去做。可是,近年来,有的学者做了一定的调查,就宣称找到了千家峒,也不广泛征求广大瑶族学者的意见,就利用报纸、电台、电视向外公布,大造舆论,引起了国内外学者的关注,许多瑶族研究工作者对此持有异议,广大瑶族同胞和瑶族干部也很反感,这不能不引起严重的注意。

  现在瑶族民间中流传千家峒的地方很多,湖南说有,广西说有,广东甚至海南也说有。那么到底最早居住了十二姓瑶人的千家峒在什么地方呢?史料记载很少,现仅从瑶族民间传说和瑶族保存的《千家峒传说》作些分析。瑶族民间流传着这样一段话,说瑶族原住武昌府,后被逼迁徙,"漂洋过海"到了千家峒,该峒在青山白云之间,四面高山,仅有一个洞口可出入,只能背着小牛进去。里面则是一坦平洋,土地肥沃,气候温和,雨量充沛,种一年可吃三年。这里不属官管,不纳粮,不抓兵,不派款,人们过着自由自在的生活。《千家峒歌》也这样唱道:"瑶人出世武昌府,漂游过海到千家,云雾暗渐千家峒,十二姓瑶人落峒中。安住立屋开耕种,斩破青山又起根。云雾纷纷起眼照,青山石岭路难行,云雾暗渐千家峒。石岭脚下是峒头,漂游行来千家峒。斩败青山种落地,日头出早照青山,千家峒口雾纷纷,云雾飞散日当照,牯牛犁田早出门。日头出早白石岭,半边着日半边阴。日头照见三江口,半暗青山半水清。日头出早白石岭,千家峒头百样青。"传说的故事很长,《千家峒歌》歌词很多,这里只引了一小段。从这个小段就可以看出十二姓瑶人"漂洋过海"以后,就到了千家峒。这个千家峒坐落在云雾纷飞的青山石岭脚下,峒内有三条河流汇成三江口,峒中有洞,十二姓瑶人各有其所,地域广,进出千家峒只有一个小口,里面有万亩良田,山林茂密,土地肥沃。这和陶渊明写的《桃花源记》所记述的只有一个小洞进去，里面开阔，有很多良田，峒中人们安居乐业，自给自足，没有外界干扰，过着安定理想的生活是完全吻合的。综上，从瑶族民间传说、《千家峒歌》和陶渊明的《桃花源记》所述，经过综合比较分析，我认为十二姓瑶人"漂洋过海"后，在洞庭湖沿岸一个叫三江口的附近住下，这也谓瑶族最早的千家峒。这个千家峒，实际就是陶渊明《桃花源记》所说的地方。《盘王大歌》这样唱道："湖南江口撑船行，撑船来到三江口（三江口，即今岳阳北面，洞庭湖水入长江处），风来打破落人乡。"从这一首歌也可以看出，瑶族离开家园"漂洋过海"后，就在三江口这个地方安营扎寨了。由此可见，瑶族最早的千家峒，应该在洞庭湖沿岸，岳阳以北和临湘市之间的某一区域是比较合适的。

　　现在好几个地方都说其为千家峒，这也没有什么奇怪，这也正好说明千家峒这一名称在人们心目中的印象很深。应该注意的是，十二姓瑶人被官军围剿，被迫分路离开千家峒以后，除一部分到桂南、海南、云南等地外，其主体仍在湖南、广西、广东，主要还在南岭山脉周围来回迁徙，你来我去，你去我来，时间也很长，找到几个较好的集中地叫作千家峒，这不奇怪。比如广西灌阳县的大榕，现属三个村委会所管辖的地方，有山、有河、有较好的田，一支瑶族曾在那里生活较长时间，明朝的时候，瑶族被迫离开此地，有人说那里就是千家峒。邓有铭认为这不是历史上的千家峒，而是某支瑶族的集散地。《千家峒古本书》中也比较详细地记述了一支瑶民在一个叫千家峒的地方居住过的情况。但一比较，与原来的千家峒太远。首先是时间差得很远，它说的是元朝大德九年的事。其次从地点和特点上看，完全不一样，不是三江口，不是一个洞口进去，没有大塘，没有上万亩良田，不要讲养活一千家人，就连两百家人都难以养活。最后从姓氏上看，没有十二姓，只有九姓，而且与十二姓差别也大。因此，它不能与瑶族的原始千家峒同日而语，它只不过是部分瑶族迁徙过程中的一个集散地罢了。

第三章 龙窖山与瑶族历史

一、龙窖山自古以来就是瑶族先民的祖居地

龙窖山,是湖南省临湘市境内最高的山,素有"邑之镇山"之称。据宋人范致明在《岳阳风土记》中载:"龙窖山在县(今临湘市)东南,接鄂州崇阳县雷家洞、石门洞,山极深远。"同为宋人的马子严则在《岳阳甲志》中写道:"龙窖山在巴陵北,山实峻极,上有雷洞,有石门之洞。"巴陵即今岳阳市。明代弘治《岳阳府志》载:"龙窖山在县(临湘县)东一百里,跨临湘、通城、崇阳、蒲圻四县境,上有龙湫,因名。"龙窖山又名箬姑山、药姑山。清同治《通城县志》载:"药姑山,东源图,北界临湘,一名龙窖山,上有龙潭、仙姑坛。旧传李氏姊妹三人,衣箬修炼于此。坛址犹存,山顶云气常聚,晴明可望黄盖湖,为岳州祖龙。"龙窖山又是若干山峰的总称。清同治《通城县志》引旧志云:"临湘东过楚门界为断峰山、白石仓、白云山、药姑山、箭杆山,总名龙窖山。"龙窖山总面积约200平方公里,东部为湖北省崇阳县的双港乡、沙坪乡、台山乡(今属肖岭乡),南部为湖北省通城县的药姑山林场、大坪乡、北港镇,西为湖南省的龙源乡、壁山乡、文白乡和羊楼司镇,东北是湖北省赤壁市羊楼洞镇(即赵李桥镇)。龙窖山就像一条巨龙一样潜伏在湘鄂交界之地。龙头为湖北省的崇阳县与赤壁市。在湘鄂交界处有龙头山。龙脊则在湖南临湘与湖北崇阳交界的箭杆山、白云山、断峰山,内有龙潭洞,以及只容一人侧身进入山内的龙阙。龙脊长达百余里。龙尾则在湖北通城与湖南临湘交界的楚门界,直指一望无际的洞庭湖。用堪舆语言来说,是一个风水宝地。

龙窖山,属于幕阜山余脉。《禹贡》分九州时,属荆州,秦时属长沙郡;汉高祖五年(公元前202年)置下隽县,龙窖山属下隽县;西晋太康元年(280年)析下隽县置巴陵县,龙窖山北部属巴陵县,南部属长沙郡;南朝宋元嘉十六年(439年)分长沙郡置巴陵郡,龙窖山属巴陵郡;隋开皇五年

(585年)，下隽县并入蒲圻，龙窖山即随之；唐天宝元年（742年）又将蒲圻分置唐年县（后改崇阳县），龙窖山跨蒲圻、崇阳二县；宋至道二年（996年）升巴陵县的王朝场为王朝县（后改为临湘县），龙窖山部分属之；宋熙宁五年（1072年）升崇阳县的通城镇为通城县，故而龙窖山跨两省的临湘、蒲圻、崇阳、通城四县。龙窖山不仅横跨两省四县，而且山实峻极，山内有山，山内有溪（河），沟壑纵横，土地肥沃，物种多样，是十分适合人类生活的优越环境之一。

自尧至宋瑶族先民居焉。尧时，古三苗国中就有瑶族先民有苗，即尤苗，就在龙窖山居住。《史记·五帝本纪》云："三苗在江淮荆州数为乱。""放驩兜于崇山，以变南蛮，迁三苗于三危以变西戎。"这里的江，是指长江，淮，在此读作汇。《禹贡》云："南入江，东汇泽为彭蠡。"荆州，《禹贡》载："荆及衡阳，惟荆州。"孔安国曰："北据荆山，南及衡山之阳。"这就是说，三苗国中之民在长江、洞庭湖、彭蠡湖之间的广袤地区"作乱"，受到尧（其实是禹）的镇压，并将其分化流放。龙窖山正在洞庭湖沿岸，说明三苗国中的有苗（尤苗）早在此居住过，即使尧将其分流，也不可能使其全部灭亡。《战国策·魏策》吴起云："昔三苗之居，左彭蠡之波，右洞庭之水。"《韩非子》亦载："三苗之不服者，衡山在南，岷江在北，右洞庭之波，左彭蠡之水。"《史记·正义》："洞庭湖名，在岳阳巴陵西南……彭蠡，湖名，在江州寻阳县东南五十里，以天子为北，故洞庭在西为右，彭蠡在东为左。"龙窖山正好在两湖之间。毫无疑问是三苗的聚居地之一。

有苗、尤苗，不仅在此居住过，而且还在此建立了"三苗国"。笔者按：此国非今国家之概念，仅是侯国，或比侯国更小的"国家"概念而已。也有史学工作者认为是最早的奴隶制国家。《通典》云："潭州（治所在今长沙市）古三苗国之地。自春秋以来为黔中地。"又云："岳州（治所在今岳阳市），古苍梧之野，亦三苗国之地。"《元和郡县图志》亦云："岳州，本巴丘地，古三苗国也。"《太平寰宇记》也载："潭州（长沙郡，治所在今长沙市）禹贡荆州之域，三苗地。"又说："岳州（治所在今岳阳市），南邻苍梧之野，古三苗国也。"《名义考》："三苗建国在长沙，而所治则在江南荆场。"《崇阳县志》亦云："下隽，为上古三苗国地，系禹贡荆州域，春秋时属于楚。"龙窖山属下隽，毫无疑问是三苗国之域。

东汉时，"长沙、武陵蛮"同时登上中国历史舞台。南朝宋范晔在《后汉书·南蛮传》中云："昔高辛氏有犬戎之寇，帝患其侵暴，而征伐不克。乃访募天下，有能得犬戎之将吴将军头者，赐黄金千镒，邑万家，又妻以少女。……下令之后，盘瓠遂衔人头造阙下，群臣怪而诊之，乃吴将军首也。……乃以女配盘瓠。盘瓠得女，负而走入南山，止石室中。所处险绝，人迹不至。……经三年，生子一十二人，六男六女。盘瓠死后，因自相夫妻……名渠帅曰精夫，相呼为姎徒。今长沙武陵蛮是也。"① 我们知道，长沙一词，见诸《史记·越王勾践世家》卷四十：楚威王时（公元前339—前329年）齐国使者劝越王攻楚，提到"复雠、庞、长沙，楚之粟也；竟泽陵，楚之材也"。指出早在春秋战国时，长沙就是鱼米之乡，是楚国的主要粮食供给基地。当时的长沙属于黔中郡。秦灭楚，"分黔中郡以南之沙乡为长沙郡，以统湘川"②。此时的长沙郡辖今岳阳市、长沙市、株洲市、湘潭市、衡阳市、郴州市、永州市、邵阳市，以及鄂、赣、粤、桂与湖南相邻的部分地区。西汉改长沙郡为长沙国，先后封吴芮、刘发为长沙王。其辖境比长沙郡稍有缩小。东汉废国复郡，其辖地基本上恢复了原长沙郡所辖地域。而现常德以西的常德市、益阳市部分、张家界市、湘西土家族苗族自治州、怀化市的大部分、娄底市的少部分，以及贵州与湘相邻的部分则为武陵郡，故当时的湖湘的少数民族称为"长沙、武陵蛮"，这是因郡而得名。据伍新福先生研究："长沙蛮乃是以盘瓠蛮逐渐分离出来的瑶人集团。"③ 毫无疑问，武陵蛮则应是苗人集团了。很可能此时苗瑶开始分离为独自的民族集团。而龙窖山在长沙郡内，其所居之民属长沙蛮是没有疑义的，即瑶族先民也。

　　东汉末年至三国，以及以后的魏晋南北朝，史籍均未有长沙蛮之记载。可能是因为行政区域之变化使然。因为长沙郡已由其他行政区域名称所代替，故在其境内的少数民族也就不名长沙蛮了。不过，这不等于长沙蛮已消失，而是以另一称谓出现。《三国志·吴书·黄盖传》云："武陵（此时应包括部分长沙郡地）蛮夷反乱，攻守城邑，乃以盖（黄盖）领太守……自春讫夏，寇乱尽平，诸幽遽巴、醴、由、诞邑侯君长，皆改操易节，奉礼请见，郡境遂清。"有专家认为，上述巴乃指巴人，醴乃指俚人，由乃指由人（瑶人），诞乃指诞人。笔者认为这是对的。以此而论，古"由"通"邮"、"尤"，瑶族自称"尤棉"，"尤"是自称，"棉"是人称。长沙蛮已被由人所替代，也可以说恢复了瑶族的自称。到西晋末年，长沙郡改称湘州，晋怀帝时（307—313年）"分荆州湘中诸郡县置湘州，南以五岭为界，北以洞庭为界"。此"湘州"地域与秦汉时的长沙郡相当。故生活在湘州境内的少数民族（可以说是瑶族先民）就以州为名曰"湘州蛮"。《南齐书·蛮传》云："武帝永明三年（485

---

① 《后汉书·南蛮西南夷列传》卷八六。
② 李吉甫：《元和郡县图志》卷二九。
③ 李本高：《湖南瑶族源流》，40页，长沙，岳麓书社，2000。

年），湘州蛮陈双、李答寇掠郡县。刺史吕安国讨之，不克。四年（486年）刺史杨世隆督众征讨，乃平。"湘州蛮，从其居住区域看，与长沙蛮是一脉相承的，都是盘瓠之后。龙窖山此时属湘州，毫无疑问，其居民也是湘州蛮了。

　　南北朝梁时，巴陵（今岳阳）还出现了马营蛮称谓之民族。《梁书·安成王秀传》载：梁武帝天监七年（508年），"巴陵马营蛮缘江寇害，后军司马高江产以鄀州军伐之，不克。江产死之，蛮遂盛。秀遣防阁文炽率众讨之，燔其林木，绝其蹊径，蛮失其险，期岁而江路清"。这里所指马营蛮，很可能是"漂洋过海"后的瑶族，他们刚"漂洋过海"来到龙窖山还一无所有，所以联合龙窖山之土著民族，沿江掠抢。后被"燔其林木，绝其蹊径"，只好收兵往深山深处开垦山林落业。

　　马营蛮之称谓，有可能是汉语译瑶音。"马"是瑶语的"棉"汉译，瑶族叫人为"棉"，翻译成汉语应为尤人的军营。马营蛮，后又称"莫徭"。《梁书·张缵传》云：大同九年（543年）张缵"为使持节、都督湘（州）、桂（州）、东宁三州诸军事，湘州刺史……州（指湘州）界零陵、衡阳等郡，有莫徭蛮者，依山险而居，历政不宾服，因此向化。"《隋书·地理志》亦云："长沙郡又杂有夷蜒，名曰莫徭，自云其先祖有功，常免徭役，故以为名。"以上所说的"莫徭"，是因其先祖有功而得名。所谓有功，就是指盘瓠卫国立功之事。莫徭与长沙蛮是一脉相承的。伍新福先生说："莫徭就是瑶。"从读音看，"莫徭"亦是汉语记瑶音。"莫"就是瑶语"我们"的汉译，"莫"与"我们"都是双唇音，一为浊音，一为鼻音而已。瑶族自称"尤"或"尤棉"，"莫徭"，就是"我们尤人"的汉译。伍新福先生的结论是对的。直到唐代，洞庭湖还有"莫徭"的活动。唐代诗人杜甫就曾在洞庭湖畔亲眼目睹了莫徭的渔猎生活。他在《岁宴行》诗中写道："岁云暮矣多北风，潇湘洞庭白雪中。渔父天寒网罟冻，莫徭射雁鸣桑弓。"杜甫看到的莫徭，很可能就是龙窖山上下来的瑶民。宋人的《岳阳风土志》载："岳州常赋之外，与他州名额不同者，茶、笼竹、箭杆竹……"笼竹和箭杆竹都是龙窖山的特产，现有箭杆山专产此竹。笼竹、箭杆竹能作为一种常赋，可见其不仅质地优良，而且稀少，很可能是某种器物制作的原料。据说莫徭所使用的"桑弓箭矢"即是用此种箭杆竹所制成。这从一个侧面证明了莫徭很可能就是龙窖山之瑶族。

　　唐代中叶，潭州出现了瑶人之称谓，这是瑶族成为一个独立的民族实体的称谓。唐代李吉甫在《元和郡县图志》中载："（晋）怀帝分荆州湘中诸郡置湘州，南以五岭为界，北以洞庭为界，汉、晋以来，亦为重镇。今按其俗，杂有夷人，名徭。自言先祖有功，免徭役也。"① 从上面文字看潭州地域与湘州、长沙郡基本相同。境内居民杂有徭，徭与盘瓠蛮、长沙蛮、湘州蛮、莫徭是一脉相承的，也就是说徭人是从盘瓠蛮、长沙蛮、湘州蛮、莫徭演化而来的。临湘龙窖山属潭州管辖，故其境内之居民也应杂有徭人，或者说完全是徭人。

历经隋、唐，至宋龙窖山仍是瑶民的重要居地。宋代乐史撰《太平寰宇记》云：潭州长沙郡"有夷人曰莫徭，自言先祖有功，常免徭役，性犷悍，时谓难理。"宋代范致明在《岳阳风土记》中亦载："龙窖山在县（今临湘市）东南，接鄂州崇阳县雷家洞、石门洞，山极深远，其间居民谓之鸟乡，语言侏离，以耕畲为业，非市盐茶，不入城市，邑亦无贡赋，盖山徭人也。"宋代马子严在《岳阳甲志》中也载："龙窖山在巴陵北，山实峻极，上有雷洞，有石门之洞，山徭居之，自耕而食，自织而衣。"《大明一统志》曰："龙窖山，在临湘东南百里，跨临湘、通城、崇阳、蒲圻四县境，上有龙湫，因名。又有雷洞，洞有石门，山徭居之。"以上所引，均来自宋明时期有关记载。据此笔者认为，明代龙窖山已基本无徭人了，即使有也融合于汉族了。可从以下几个方面证明：第一，明隆庆《岳阳府志》云："龙窖山，在县（临湘）东百里，跨临湘、通城、崇阳、蒲圻四县，上有龙湫、雷洞之门。《风土记》云'山极深远，其间居民谓之鸟乡，语言侏离，以耕畲为业，非市盐茶，不入城市，邑亦无贡赋，盖山徭人也。'按：宋以前有之，今不然矣。"此载，前部分是照抄风土记，关键是"按"之后，明确地记述明代龙窖山已无瑶族。而且元代也没有，只有宋以前（应包括宋）有之。第二，清康熙《通城县志》亦云："元以前，通城为汉徭杂居地，后因战乱，渐入湖南。"这里的"元以前"应是指宋。宋代通城有瑶，元代则没有了。第三，据龙窖山现居民的家谱记载，迁入龙窖山最早的居民是张姓居民，他们的祖公于1368年迁入，最迟迁入的是晏姓居民，于1868年迁入。这些居民绝大部分来自江西，少数为山东等地居民。据父老传说，他们的祖公迁入龙窖山时，这里已无居民。这就肯定了明代龙窖山已无徭人了。即使有少部分徭人，也已融入到汉族中去了。

二、龙窖山是瑶族反抗斗争的重要基地

龙窖山瑶民及其先民自古以来就有反抗压迫、剥削和不合理社会现象的

---

① 李吉甫：《元和郡县图志》卷二九。

光荣传统。《史记·五帝本纪》就曾记载瑶族先民有苗的反抗斗争史迹："三苗在江淮荆州数为乱。"按：此江应为长江。《释名》曰："南入江，共也。"后来泛指大江。淮，在此读汇。《禹贡》："南入江，东汇泽为彭蠡。"上述所记三苗，是说三苗在长江、洞庭、彭蠡之间，数次反尧舜。乱者，反抗也。有苗为什么要反抗呢？郭璞注《山海经注》云："尧以天下以让舜（按：实际是舜篡权），三苗之君非之。帝杀之，有苗之民，叛入南海（此乃指长江以南的洞庭湖和彭蠡），为三苗国。"舜、禹篡权后对有苗更是采取武力征讨的办法，有苗被逼奋起反抗。尤其是禹时，征讨与反征讨之战，非常惨烈。《墨子·非攻》载："昔三苗大乱，天命殛之，日妖宵出，雨血三朝，龙生于庙，犬哭于市；夏冰，地坼及泉，五谷变化，民乃大振。高阳乃命禹于玄宫，禹亲把瑞令，以征有苗，四电诱抵。有神人面鸟身，若瑾以待。搤失有苗之祥，苗师大乱，后乃遂几。"从这段话我们不难看出，禹动员了一支庞大的军队去征讨三苗民，而三苗之军也非常强大，他们尽力抵抗禹军的征讨，两军对阵，杀得天昏地暗，双方都死伤惨重。后来禹军得到了所谓神人的帮助才战胜了三苗。从此，三苗集团瓦解。《国语·周语》云："黎、苗之王，夏、商之季，永世为隶，不夷于民。"意思是说，九黎、三苗之民在夏、商之时被打败后，部分变成了夏人的奴隶，部分融入夏族，余下部分则入深山菁林中隐匿起来，或往南迁徙另觅佳地。他们过着原始的刀耕火种生活。临湘龙窖山很可能就是他们隐匿的深山之一。

汉代，三苗、有苗等族称谓史籍不见记载。但是在其所居区域却出现了"长沙蛮"。因该区域名曰长沙郡，故其区域之少数民族名"长沙蛮"，以郡名得族名。前文我们已述，长沙蛮即瑶族先民，在此不赘笔。此时，瑶族先民之反抗斗争也未止息。《后汉书·臧宫传》云，汉光武帝建武十九年（43年）癸卯，左中郎将臧宫击武溪之贼至江陵降之。① 江陵（今武昌）与龙窖山只是一江之隔。此武溪蛮毫无疑问是指长沙蛮。《后汉书·南蛮西南夷列传》亦云：永寿三年（157年）冬，"武陵蛮六千余人寇江陵，荆州刺史刘度、谒者马睦、南郡太守李肃皆奔走……于是以右校令尚为荆州刺史，讨长沙贼，平之"②。此寇江陵的蛮绝不是武陵蛮，故有讨长沙贼之说，长沙贼即是长沙蛮。《后汉书》又说："延熹三年（160年）七月，长沙蛮掠益阳。""永和元年（136年）武陵澧中、溇中蛮，以增租赋，杀乡吏起事。"

三国时，龙窖山属于吴。龙窖山的瑶族先民"由人"也未停止反抗斗争。

---

① 《后汉书·臧宫传》卷一八。
② 《后汉书·南蛮西南夷列传》卷八六。

《三国志·吴书·黄盖》载："武陵蛮夷反乱，攻守城邑，乃以盖领太守。时郡兵才五百人，自以不敌，因开城门，贼半入，乃击之，斩首数百，余皆奔走，尽归邑落。诛讨魁帅，附从者赦之。自春讫夏，寇乱尽平。诸幽邃巴、醴、由、诞邑侯君长，皆改操易节，奉礼请见，郡境遂清。"① 一些学者考证，这里巴，即巴人；醴，即俚人；诞，即疍民；由，即瑶人。瑶人自称尤，尤与由同，前面已叙，瑶乃长沙蛮之后。其主要居住地在长沙郡，龙窖山在其内。此由人即包含龙窖山之瑶人。

晋代，"漂洋过海"后的瑶民进入龙窖山与原居此地的瑶族先民汇合，其实力大大增强，故其反抗斗争规模更大，斗争愈烈。《晋书》载：孝惠帝太安二年（303年），新野王歆为政严急，失蛮夷心，义阳蛮张昌聚党数千，欲为乱。时江夏大稔，民就食者数千口，张昌因之诳惑百姓，更姓名曰李辰，募众于安陆石岩山，诸流民及避戍役者多往从之。太守弓钦遣兵讨之，不胜。昌遂攻郡，钦兵败，与部将朱来，伺奔武昌。歆遣骑督靳满讨之。满复败走。昌遂据江夏，造妖言云："当有圣人出为民主。"得山都县吏丘沈，更其名曰刘尼。诈云汉后，奉以为天子。曰："此圣人也。"昌自为相国，诈作凤皇、玉玺之瑞，建元神凤。郊祀、服色悉依汉事。江沔间所在起兵以应昌。旬日间众至三万。皆着绛帽，以马尾作髯。诏遣监军华宏讨之，败于高章山。后河间王颙遣雍州刺史刘沈将军万五千人讨之。昌自樊城，歆拒之，众溃。歆为昌所杀。诏刘弘为镇南将军。六日，弘以南蛮长吏庐江陶侃为大都护、参军进据襄阳。张昌并军围宛，败赵骧，宰杀羊伊。张昌党石冰寇扬州，败刺史陈薇，诸郡尽没。又攻江州，副将陈贞等攻武陵、零陵、豫章、武昌、长沙皆陷之。临淮人封云起兵寇徐州，从应水。于是荆、江、扬、豫、徐五州之境，多为昌所据。刘弘遣陶侃抵昌于竟陵，刘乔遣其将李杨向江夏。侃等屡与昌战，大破之。前后斩首数万级。昌逃于下俊山（下隽山，即龙窖山）。其众悉降。永兴元年（304年），荆州兵擒斩张昌，同党皆夷三族。② 张昌者，本义阳蛮也。因不满新野王镇南大将军司马歆为政严刻，蛮夷并怨而起，旬月由众至三万。跨带荆、江、徐、扬、豫五州。"诏以宁朔将军、领南蛮校尉刘弘镇宛，弘遣司马陶侃、参军蒯恒、皮初等率众讨昌于竟陵，刘乔又遣将军李杨、督护尹奉总兵向江夏。侃等与昌苦战累日，大破之，纳降万计，昌乃与沈窜于下俊山。明年秋，乃擒之，传首京师，同党并夷三族。"张昌领导的蛮夷起义，乃是晋时规模较大的蛮族起义。张昌本人乃是义阳蛮族，而

---

① 《三国志·吴书·黄盖传》卷五五。
② 《晋书》卷一〇〇。

义阳蛮是荆、雍州蛮的组成部分之一。可见，义阳蛮与瑶族先民荆州蛮有着千丝万缕的联系。文中说张昌起义得到了江、沔间蛮族的积极响应和参加。江、沔间是瑶族先民在"漂洋过海"前的主要居住地之一。沔水就是以瑶族的自称丐而得名。再说张昌的部将先后攻克了武陵、武昌、长沙、零陵等，这些地方都是瑶族先民长沙蛮、湘州蛮、零陵蛮和莫瑶的主要聚居地，不可能没有他们的参加。值得指出的是，张昌被陶侃打败后逃于下俊山（下隽山）。而下俊山正是龙窖山。《读史方舆纪要》云："下隽城，汉县，属长沙国，后汉属长沙郡，晋因之。太安二年（303年），陶侃等屡破江南贼张昌。昌逃于下隽山（下俊山），盖县境之中。"①临湘县境内能容纳数万军民，而且又具备生存条件，能拒官兵围剿的山，只有龙窖山。所以，下隽山很可能是指龙窖山。当时的龙窖山居民是从江汉流域"漂洋过海"的瑶民以及昔时三苗的后裔。他们是荆、雍州蛮的组成部分之一，这与张昌的族属是相同的，他们接受张昌避难也是情理之中的事。清乾隆《崇阳县志》载："摩旗峰，相传红花太子，疑即晋太安中，草寇张昌之党。按史张昌以丘沈为主子，后改名为刘尼。其众皆以绛缠头，攒之以毛。及败，昌与丘沈窜下隽山。其所据为槐头岩，故曰红花也。"② 说："摩旗峰，（县）西五十五里，龙窖山支。相传有红花太子结累山上，被困而死。其墓曰红花坛。"以上也可佐证龙窖山瑶族参与了张昌的反抗斗争。

南北朝时，龙窖山仍然是瑶民反抗斗争的大本营之一。《南齐书·柳世隆传》载："湘州蛮动，遣柳世隆以本军总督伐蛮众军……世隆至镇，以方略讨平之。"③《梁书·安成王秀传》载：梁武帝天监七年（508年），"先是，巴陵马营蛮为缘江寇害，后军司马高江产以郢州军伐之，不克。江产死之，蛮遂盛。秀遣防阁文炽率众讨之，燔其林木，绝其蹊径，蛮失其险，期岁而江路清，于是州境盗贼遂绝。"这次蛮族起义在长江边，而龙窖山正是长江以南的第一山。此蛮名曰马营蛮，很可能是汉语记瑶音而得族名。如江华瑶族自治县的湘江乡，原是以瑶语命名为"棉塔松"，而汉语则译成"麻江河"，后改名湘江。"马营"，很可能是"漂洋过海"后的瑶族称谓。这次起义是瑶民"漂洋过海"后落业龙窖山最大规模的起义，他们杀死了后军司马高江产。但同时，他们也付出了惨痛的代价，其居地被朝廷军队"燔其林木，绝其蹊径"，不仅使瑶寨失去了天然屏障，而且破坏了家园的生存条件，被逼更向大

---

① 《读史方舆纪要》卷七七。
② （清乾隆）《崇阳县志》卷三。
③ 《南齐书·柳世隆传》卷二四。

山深处迁徙或逃往他方。这次起义虽然被封建朝廷镇压了下去，但其反抗精神却激励着瑶民披荆斩棘，奋勇向前。

隋唐时，龙窖山瑶民反抗斗争仍未止息，《新唐书》载："朗州武陵人雷满者，本渔师，有勇力。时武陵诸蛮数叛，荆南节度使高骈擢满为裨将，将镇蛮军从骈淮南。逃归，与里人区景思猎大泽中。啸亡命少年千人，署伍长，自号'朗团军'，推满为帅，景思为司马。袭州，杀刺史崔翥。诏援朗州兵马留后。岁掠江陵，焚庐落，却居人。俄进武贞军节度使。"朗州（今常德市地），素为蛮人聚居地，故有"武陵诸蛮数叛"之说。此诸蛮应包含有龙窖山之瑶民即莫徭，他们不仅数叛，而且加入雷满领导的反抗斗争。

宋代是瑶民的鼎盛时期，湖湘大地从北至南，从东到西，从洞庭湖沿岸，湘、沅流域至五岭山脉均为瑶民聚居地。正因为如此，引起了封建朝廷对瑶民的关注。宋王朝虽然对瑶民采取了一些让步政策，但瑶民并未得到实惠，仍然被逼不断迁徙。就是如此，地方官吏也未放过瑶民。他们对瑶民"任意歧视，动辄杀戮，挑起事端"。朝廷派驻瑶区的砦官又经常派人到瑶寨"略其财物"，土豪官户亦乘机任意侵占瑶民耕地，"以夺其业"，从而使部分瑶民失去土地，难以生存。加之当地官府对瑶区实行封锁政策，禁止汉民"与蛮人贸易"、"禁运食盐入山"、"禁止与蛮人交通"等，瑶民苦不堪言。再加之名目繁多的赋税，瑶民不堪重负，从而使民族矛盾和阶级矛盾都非常尖锐。在此种情况下，瑶民纷纷举起义旗，与封建王朝展开了殊死斗争。据史载：从宋太祖开宝八年（975年）起，至度宗咸淳七年（1271年）止，近三百年间，瑶人起义就从来没有间断过，此起彼伏，前仆后继。这种持续反抗封建朝廷的斗争是其他少数民族所少见的。龙窖山瑶民和其他地方瑶民一样反抗斗争从未止息。据清康熙《临湘县志》引旧志云："南宋高宗建炎四年（1130年）有寇犯湘汨。"湘是湘江，汨是指汨水。汨水之汨是瑶族称谓"丏"而得名。据考证湘江之瑶民就是从汨水河流域"漂洋过海"而来的。故此寇湘、汨者必是瑶民。而且是龙窖山之瑶民。因为只有龙窖山的瑶民离汨水最近，也只有龙窖山的瑶民才与汨水流域的瑶民有密切联系，也只有他们才能联合起来攻击湘、汨。值得指出的是，宋高宗绍兴（1131—1162年）初，龙窖山瑶民参加了钟相、杨么等领导的农民大起义，谱写了一曲瑶汉联合反抗封建朝廷的赞歌。清同治《通城县志》载："宋高宗绍兴初，杨么倡乱，勾诱衡、宝、永、郴山猺恣肆虏掠。迨岳忠武平杨么，而山猺残孽窜伏大山密菁通城地界相连之龙窖山为窟穴。"清康熙《临湘县志》亦载："钟相、孔彦丹、曹大星、刘超、彭筠、杨么巨盗，相继荼毒。"从以上所引，我们知道杨么等领导的起义联合了衡（今衡阳市）、宝（即宝庆，今邵阳市）、永（今永州市）、郴（今郴州市）的山瑶。衡、宝、永、郴与杨幺起义的岳阳相隔数百里，杨幺等与以上四地的山瑶素昧平生，也没有往来，他们怎么会"勾诱"四地山瑶呢？唯一的解释是杨幺领导的起义，其中一支义军是龙窖山的瑶民，或者说大部分是龙窖山的瑶民，或者说龙窖山瑶民领袖在起义军中占有重要位置。因为只有龙窖山的瑶民与四地山瑶同族同宗，只有他们才能迢迢千里把四地瑶民请来共同反抗封建朝廷。而杨幺被岳忠武打败后，义军中的绝大部分山瑶都逃到了龙窖山躲避。这不仅证明龙窖山瑶民积极参加了杨幺等人领导的反抗斗争，而且证明了龙窖山是瑶族南迁入湖南后的第一站，也是人们传说中的早期千家峒。此时千家峒民众大概由三苗（有苗）、长沙蛮、"漂洋过海"的瑶民、衡、永、宝、郴四地的山瑶组成。后来这部分瑶民因战争、自然灾害等原因，又进行了第二次"漂洋过海"，即瑶族歌谣中所说的"撑船过海"，然后沿湘江、沅江继续往南、往西南迁徙，从而形成了"南岭无山不有瑶"的格局。

三、瑶人出世武昌府

新世纪第一次瑶学研讨会在湖南临湘市召开，重点研究瑶族的"漂洋过海"、"迁徙路线"及"千家峒"问题。通过考察临湘市龙窖山瑶族故居及专家、学者的论证与辩述，对瑶史研究多年悬而未果的学术问题，取得了突破性的进展，露出了新的端倪。为了论证这一主题，现就"瑶人出世武昌府"的提出，武昌府的历史渊源，龙窖山与武昌府的关系，进而推断龙窖山是瑶族早期千家峒等问题，进行初步探讨，旨在瑶史研究的深层运作中，献份绵薄之力。

（一）《评皇券牒》中追忆的"武昌府"

瑶族的来源是多元的，其原始居地、迁徙时间、迁徙路线，亦各不同。[①]因此，带来瑶史研究的众说纷纭，也给瑶族历史蒙上了神秘的面纱。"瑶人出世武昌府"就是瑶族迁徙追忆中众多的原始居地之一。

《瑶民榜文》载："始祖太公，赵朝三开劈年间，居立（住）武昌府，下湖南海岸，出会稽山白云之地安居。十二姓瑶民为大德三年（1299年）妻子寻朝（找）无食，在湖南海岸网鱼，失落火种，烧去房屋。……送到（去）广西投（逃）生。"[②]

---

① 李默：《关于瑶族迁徙和漂洋过海史事探讨》，2001年湖南临湘瑶史研究会论文。
② 黄钰辑注：《评皇券牒选编》，439页，南宁，广西人民出版社，1990。

《万福攸同·兰桂腾芳》、《十二姓瑶人来路总图》也载："始祖太公赵朝三，自居开辟年间，原在武昌，下湖南海岸出会稽山白云之地安居。十二姓瑶人，为大旱三年，妻子寻朝无食，在湖南海岸捕鱼失错！放火焚烧南海万里江山，百姓奏报上司，主上倒本回拘十二姓瑶民。……风调雨顺漂过湖海岸，一路来到广西平乐府。"①

《瑶人出世根源》，是湖南零陵地委统战部黄耀祖的祖父（76岁）保存的一本瑶族文献。该书前半部是《过山榜》，后半部的标题是《又开出十二姓瑶人根源书来》。瑶人根源是"五（武）昌府龙头山"，"然后漂洋过海"，"然后到广东落（乐昌）府天林山好耕种"。②

《千家峒歌》云："不用问，瑶人根底妹难答。瑶人出世武昌府，漂洋过海到千家。"③

《十二姓瑶人游天下》云："瑶人出世武昌府，满目青山到处游，龙头山上耕种好，老少乐业世无忧。"④

无须赘言，在以上追忆中可以获悉：

一是瑶族先祖曾经居住在武昌府，后因天灾人祸迁徙到广西平乐府，广东落府（乐昌）天林山。

二是瑶族先祖曾经居住武昌。《过山榜》记载：开天盘古出世住在东京道，东岳昆仑……李大护出世在西京道，西岳昆仑。⑤ 在唐代，武昌隶属江南西道，与李大护出世在西道也是吻合的，只是在西道中加了个"京"字。在追忆中，特别是用汉字记瑶音，多字少字常有之。这也确认了唐代武昌已有瑶族先祖的记载。

三是瑶人根源"五（武）昌府龙头山"。根据郑德宏先生研究，"龙头山"就是"龙窖山"。在瑶语中"窖"（kao）音与"头"（tao）音都是ao音。龙龙相对，kao、tao连音，恐怕就不是巧合。⑥ 瑶族先祖才"龙头山耕种好，老少乐业世无忧"。

四是武昌龙头（窖）山祖居有瑶族李、赵、黄姓等族姓。所以岭南瑶族部分李、赵、黄姓等盘瓠后裔，也应出世于"龙窖山"。

五是武昌府距湖南海岸（洞庭湖）不远，才能有大旱三年，妻子寻找无

---

① 《瑶族〈过山榜〉选编》，47页，长沙，湖南人民出版社，1984。
② 宫哲兵：《千家峒运动与瑶族发祥地》，武汉，武汉出版社，2001。
③ 郑德宏、李本高整理译释：《盘王大歌》，下集，162页，长沙，岳麓书社，1988。
④ 郑德宏、李本高整理译释：《盘王大歌》，下集，217页，长沙，岳麓书社，1988。
⑤ 黄钰辑注：《评皇券牒选编》，340页，南宁，广西人民出版社，1990。
⑥ 郑德宏：《谈瑶人千家峒》，2001年湖南临湘瑶史研讨会论文。

食,在洞庭湖捕鱼,引发大火,"漂洋过海"到广东逃生的事实。

六是武昌府是明代设置的,明代以前只设置武昌郡、县,从未设置武昌府,故此,以上《评皇券牒》应为明代追忆的版本。

(二) 武昌府的历史沿革

"武昌"之名起源于三国。《三国志·吴书·吴主传》云:"(黄初)二年(221年)四月,刘备称帝于蜀。(孙)权自公安都鄂,改名武昌,以武昌、下雉、寻阳、阳新、柴桑、沙羡六县为武昌郡……八月,城武昌。"楚鄂地又在何处?《史记·楚世家》载:"熊渠曰:'我蛮夷也,不与中国之号谥'。乃立长子康为句亶王,中子红为鄂王,少子执疵为越章王,皆在江上楚蛮之地。"通过考古调查发掘,楚鄂王城在今阳新、鄂州、武昌、大冶四县市交界的大冶市高河乡胡彦贵村。① 现存鄂王城城址。《元和郡县图志》鄂州武昌条:"孙权故都城在县东一里余,本汉将灌婴所筑,晋陶侃、恒温为刺史,并理其地。"武昌城的文献史料记载与考古发掘资料完全一致。

西晋时期,武昌仍为郡治所在,统武昌、柴桑、阳新、沙羡、鄂、官陵等县。并于元康元年(291年)由属荆州改属新设的江州。这时,寻阳县已归属庐江郡。永兴元年(304年)又自武昌郡分出柴桑县与寻阳县合置寻阳郡。东晋,帝王偏安江南,武昌的地位再度上升。陶侃、庾亮、庾翼等重臣先后为荆州、江州刺史,对武昌城发展多有建树。

南朝时期,荆州与江州之间又别立郢州,州治设在夏口(今武昌),武昌郡亦属郢州。刘宋时期,武昌郡的辖县减为武昌、阳新、鄂三县,昔日武昌要位,已由夏口取而代之。

隋唐时期,隋朝又改郢州为鄂州,并撤武昌郡,废鄂县入武昌县,隶属鄂州。唐朝亦属江南西道之鄂州,降为一般的县治。

宋明时期,宋置荆湖南北路,统二十四州郡,鄂州属荆湖北路。按宋史,至道二年(996年)改武清军为武昌军。明朝朱元璋招降陈友谅,改武昌路为府,统一州九县。蒲圻、通城、崇阳均属武昌府。②

(三) 龙窖山隶属武昌府的辖地

随着社会的变革,封建王朝的更替,武昌府经历了一个由兴盛到衰落,郡地—县地—府地的历史演变过程。其辖管的地域也由广袤到狭窄,构成武昌府历史沿革的一部缩影。但是与湖南临湘县(北宋设县)毗邻的湖北通城、

---

① 蒋赞初:《六朝武昌城初探》,见《中国考古学会第五次年会论文集》,1985。
② 《蒲圻县志·沿革》。

崇阳、蒲圻三县，自南北朝以后一直为武昌辖地，龙窖山为四县的分界线，抑或共管区。这就为瑶族追忆先民出世武昌府龙头（窖）山，提供了历史的依据。

一是地方文献载有史实。《岳阳风土记》载："龙窖山在县（临湘）东南，接鄂州崇阳县雷家洞、石门洞，山极深远。"[①] 北宋时期《岳阳风土记》已明确记载龙窖山与鄂州、崇阳县交界。弘治《岳州府志》、康熙《临湘县志》也载："龙窖山，在县一百里，跨临湘、通城、崇阳、蒲圻四县，上有龙湫因名，又有雷洞，洞有石门，山瑶所居。"明、清时期岳州、临湘的地方文献准确地描述了"龙窖山"为四县共管。康熙《通城县志》载："龙窖山，县北三十里，有巨壑，云气常聚。"同治《崇阳县志》云："龙窖山，县西七十里，五华山来界，临湘土人呼雷师岭，北麓有桃花坳、桃树湾，水出桂口。"通城、崇阳两志也录入了"龙窖山"的方位、称谓，其管辖的权限。

二是历代区划的统一。龙窖山范围内的临湘、通城、崇阳、蒲圻四县，秦代隶属长沙郡。汉魏时期，同属长沙郡下隽县地（今岳阳、临湘、通城、崇阳），县治在今通城县西北。唐代隶归江南西道。宋代划归荆湖北路所辖。明代通城、崇阳、蒲圻为武昌府辖地，临湘为岳州府辖地。通过一千多年的历史演变，四县地基本上还同在一个行政区划内。

三是封建制度造成的"飞地"。在封建王朝统治时期，省、县毗邻的区划界限内，往往在本省、县内存在外省或外县的土地、山林。对于这样的地产，当地百姓习惯称之为"飞地"。"飞地"主要受封建社会制度的影响，在边界上随着人口迁徙、异动和土地的买卖，带来地产的异动。由于封建社会制度的存在，"龙窖山"的归宿，也就可能随着山主的异动而异动。

四是商品集约交换频繁决定其归宿。龙窖山的山瑶"非市盐茶，不入城市"。但是，龙窖山的先民还是有频繁的商品交换，用生产的竹木、茶叶，猎取的山禽野兽到集市换取生产、生活必需品。集市的远近与繁荣，山路的崎岖与平坦是集约市场的关键。根据地方志记载，龙窖山距临湘县治100里，而距通城县治30里，距崇阳县治70里，距蒲圻县素有"小汉口"之称的羊楼洞茶叶加工集散地不到20里。故此，龙窖山瑶族先祖频繁地在通城、崇阳、蒲圻等集市进行农副产品、盐及生产工具的交换。所以在历史的追忆中把龙窖山记在武昌府的名下也应在情理之中。

（四）从文献、文化遗存中求证瑶人出世龙窖山

龙窖山既为岳州府（郡）的辖地，也为武昌府（郡）的辖地。既然如此，

---

① 范致明：《岳阳风土记》，吴官校。

"瑶人出世武昌府"能否成为史实，只能从历史文献和历史文化遗存中寻求论证。

1. 从历史文献中寻求论证

临湘唐虞时期，属三苗国地。夏、商、周隶属荆州域，蛮荒地也。西汉为长沙国，东汉为长沙郡，均杂居着大量少数民族，史称"长沙蛮"。据《后汉书·郡国志四》载："长沙郡辖十三城：临湘（今长沙）、攸、茶陵、安城、酃、湘南、连道、昭陵、益阳、下隽（今岳阳、临湘、通城、崇阳）、罗、醴陵、容陵"。又据《后汉书·南蛮列传》载，长沙蛮与武陵蛮一样，均为盘瓠之后。龙窖山隶属长沙郡管辖的下隽县地，期间杂居的"长沙蛮"理应为"盘瓠种"。

三国时，在湖湘间，依山而居，被统治阶级污称为"山寇"、"山贼"的"长沙山民"应属"盘瓠种人"。①《三国志·吴书·孙坚传》载：汉灵帝中平三年（186年），"时长沙贼区星自称将军，众万余人，攻围城邑，乃以坚为长沙太守。到郡亲率将士，施设方略，旬月之间，克破星等"。从龙窖山依山而居的特点及分布的地域而论，龙窖山的山民应为"长沙山民"之列的"盘瓠种"。

晋代干宝《晋记》中云："武陵、长沙、庐江郡夷，盘瓠之后也，杂处五溪之内。盘瓠凭山险阻，每每常为害。"荆州刺史陶侃击王贡于巴陵（今岳阳）时，王贡诱五溪蛮径武昌，侃使郑攀、陶延趣巴陵斩降万余，此庶几善战者，使敌人自至利诱之也。②又东晋成帝咸和四年（329年）三月，长沙郡公、荆州刺史陶侃"以江陵偏远，移镇巴陵，遣谘议参军张诞讨五溪夷，降之"。上述可见，因巴陵"盘瓠蛮"兴盛，朝廷移镇防范，重点打击。同时，也反映晋代龙窖山存在"盘瓠蛮"的史实。

南北朝时，《梁书·安成王秀传》载：梁武帝天监七年（508年），"先是，巴陵马营蛮为缘江寇害，后军司马高江产以郢州军伐之，不克。江产死之，蛮遂盛。秀遣防阁文炽率众讨之，燔其林木，绝其蹊径，蛮失其险，期岁而江路清，于是州境盗贼遂绝。"其一，"马营蛮"是"湘州蛮"的一部分。其二，郢州与湘州相连，龙窖山是两州的界山，后军司马高江产率郢州军，剿围便捷。其三，江产攻而不克，死后，防阁文炽率众强攻，燔其林木。龙窖山现存的朱楼坡青石工程就是防止"燔其林木"的历史见证，从而证实龙窖山瑶族在南北朝时的兴盛。

---

① 吴永章：《瑶族史》，成都，四川民族出版社，1993。
② 《岳州府志·军政考》。

《隋书·地理志》载："长沙郡又杂有夷蜓，名曰莫徭，自云其先祖有功，常免徭役，故以为名。"

其分布除长沙郡地外，"武陵（治今常德）、巴陵（治今岳阳）、零陵（治今零陵）、桂阳（治今郴县）、澧阳（汉今澧县东南）、衡阳（治今衡阳）、熙平（治今广东连县）皆同焉"[①]。可见龙窖山居住的长沙蛮、湖湘山民、马营蛮与莫徭有着不可分割的渊源关系。

《元和郡县图志·江南道五》载："（晋）怀帝分荆湘中诸郡置湘州，南以五岭为界，北以洞庭为界，汉晋以来亦为重镇。今按其俗，杂有夷人，名徭。自言先祖有功，免徭役也。"此书成于唐宪宗元和八年（813年）。可见濒临洞庭湖的龙窖山"夷人"，也是在史书上第一次出现"瑶人"的湘州之内。杜甫在大历三年（768年）流寓岳州时吟作"岁云暮矣多北风，潇湘洞庭白雪中。渔父天寒网罟冻，莫徭射雁鸣桑弓"的千古绝唱是其印证。

宋代范致明在元符年间（1098—1100年）以宣德郎谪监岳州酒税时撰写的名著《岳阳风土记》载："龙窖山……其间居民谓之鸟乡，语言侏离，以耕畲为业，非市盐茶，不入城市，邑亦无贡赋，盖山徭人也。"南宋马子严撰修的《岳阳甲志》也翔实记载了"龙窖山在巴陵北，山实峻极，上有雷洞，有石门之洞，山徭居之，自耕而食，自织而衣"。这是宋代最有权威，记载甚详的文献史料。反映了龙窖山在宋代抑或以前就居住有瑶族先民的史实。

同治《崇阳县志》云："龙窖山……临湘土人呼雷师岭。""临湘土人"其含义有二：一是指在龙窖山历代的土著居民；二是指少数民族的蛮夷之人。这一"土人"称呼正好论证了龙窖山的居民绝对不是汉民族的汉人，而是历代杂居的少数民族"蛮夷"。龙窖山居住的少数民族又只有瑶族。因此，县志上直呼的"临湘土人"，应该是指宋代或宋以前龙窖山祖居的瑶族先民。

2. 从龙窖山历史文化遗存中寻求论证

瑶族历代就杂居在诸民族之中，创造出具有本民族特色的多元文化。龙窖山瑶族也经历了一个漫长的融合过程，显示出独有的文化特征。

一是原始山寨的存在。在龙窖山随地可以找到，两山相夹，形成关隘，当地百姓俗称"夜合山"。意为每夜两山关合，白天开启。过了关隘即为较开阔的溪峒，在溪峒的水港两边垒石建成山寨。目前，保存较为完整的有鲁家山寨、漆坡山寨、古塘山寨、畲家山寨、黄花山寨、殷家冲山寨、李家门山寨、桃花坳山寨等。

[①] 吴永章：《瑶族史》，成都，四川民族出版社，1993。

二是居住遗址的存在。通过实地调查考察,在海拔千米的龙窖山中的畲家山、竹铺沟、胡巴坑、老屋湾、胡家屋场等地的山顶、山腰、山坡、山沟里都有一排排的石头房屋遗址。畲家山乌鸦尖最为典型。乌鸦尖共有石屋10多间,从上到下排列有序,每间石屋面积为3.3米×2.9米左右。房门开在正南倚东墙。墙体宽为45~60厘米。随着生产力的发展与提高,其间居民从山顶往山下搬迁,在山腰、山沟较平坦的地方,出现了舂墙屋。龙窖山瑶族先民的居住方式经历了石头屋—吊脚楼—舂墙屋的演变,其经济生活相应也经历了采实猎毛—刀耕火种—畜耕农业三个阶段。

三是防御工程的存在。以朱楼坡残存的一条1500米的青石工程为例。其工程就近采石,在沟巷两边垒砌石壁,最高处约10米,最矮处也有2米以上,再在石壁上加盖长4~5米的青石板近4000块,形成人工山洞。山洞上面为石板街道,两边依山建有多座吊脚楼。在山洞最下边设石拱门。拾级而上,现残存九道石门(埠头),石门中砌青石级上下,平时可供瑶民汲水、浣衣衫,进出山寨劳作。残留的吊脚楼毁于日寇兵燹,山洞大门毁于清朝顺治庚子年(1660年)大水。根据《梁书》记载,天监七年(508年)防阁文炽率众围剿巴陵蛮"燔其林木,绝其蹊径"的史实,朱楼坡的青石工程应为大山区能御"燔山火攻"的唯一防御工程。

四是祭祀遗址的存在。龙窖山的石窝山有10座呈中轴线对峙石头垒砌的平台。在10座平台中央竖立一根高75厘米、底径50厘米、顶径25厘米的六边形石柱。石柱顶部残留长12厘米、宽6厘米、深20厘米的榫槽。根据张劲松先生研究,"在原始宗教中,祭坛中央或仪式场中中央树立的神树、神杆、神石和图腾柱以交通天地人神"①。此处是龙窖山瑶族先民原始的祭祀天地的遗址,确信无疑。此外,还在畲家山乌鸦尖石屋群中发现一座用石块砌成的长70厘米、高50厘米、深47厘米的原始石庙。

五是瑶人墓葬的存在。龙窖山在山寨相连的小道上有多处瑶人坟墓。通过考古试探,墓葬长1.5米、宽60厘米,坐东向西,前高后低似麻蝈(青蛙)形。墓前用小石块垒砌,在垒砌的石块中横置一块长约60厘米、厚10厘米的头龛石。龙窖山的瑶人墓葬,应属于唐代瑶族盛行"岩葬"之风。

六是古井、古塘的存在。龙窖山每座山寨都建有古井。最具特色的是鲁家山寨古井、竹铺沟古井、古塘山寨古井。这与《千家峒歌》中"四面八方九井水"的记载相一致。高山修塘也是龙窖山又一大特色,现存古塘、乌珠

---

① 张劲松:《中国史前符号与原始文化》,57页,北京,北京燕山出版社,2001。

塘、黄花塘。这些都充分反映了龙窖山瑶族生产力的发展以及征服大自然的能力。

七是古代地名的印证。龙窖山有许多具有神话传说及民族特色的古地名。"烂船坡",相传盘古时期,洪水淹天,兄妹为避洪水驾船来到龙窖山,洪水退后,船就停在山中,后来烂掉了,还有铁钉。这与瑶族盘瓠神话完全一致。"狗肉坑",在石窝山附近。相传,因当地居民不食狗肉,狗死后,全埋于此坑,故名"狗肉坑"。这与瑶族的图腾崇拜、"图腾忌,不能食"相一致。"筷子山"、"筷子嘴"这两个地名与瑶族发祥地"会稽山"有着渊源关系。因"会稽"音 kuai ji,"筷子"音 kuai zi,会稽山与筷子山发音相近,再加上方言的发音,在流传中误把"会稽山"传讹为"筷子山"。"会稽山"在瑶族历史上是不可玷污的圣地,其内涵还待今后研究考证。

3. 从龙窖山瑶族迁徙的时空中寻求论证

龙窖山瑶族的存在已成定论,毋庸置疑。但是,龙窖山瑶族的始居时间,目前,瑶史研究专家仍未形成一致意见,有所分歧,待今后的研究佐证,其向南迁徙的时间则是较为准确的。

康熙《临湘县志》载:宋高宗建炎四年(1130年),有寇犯湘沔。"钟相、孔彦舟、曹大星、刘超、彭筠、杨么巨盗相继荼毒。"绍兴年间连续大雨、大旱。这一次次的"寇犯"、"荼毒"、"连雨"、"大旱",也是龙窖山瑶族迁徙的主要原因。

康熙《通城县志》载:"元代前,通城为汉、瑶杂居地,后因战乱,瑶民渐入湖南。"元代前,龙窖山瑶族因为战乱,才被迫逐渐向南迁徙。

《元史·顺帝五》载:"辛酉,以湖广行省参政事卜颜不花,右丞阿儿灰讨瑶贼,复湖南潭、岳等处有功。卜颜不花升散阶从一品,阿儿灰升正二品。"从《元史》记载中获悉,元代,在岳州地域(龙窖山在内)仍然还居住有瑶族居民,随着元兵的征讨,有的继续南迁,有的可能就融入了当地汉民族之中。

通过对龙窖山现代居民的调查,查阅了张、周、汤、鲁、肖、刘、钟、涂、沈、李、胡、杨、但、晏等15姓的族谱,求证迁徙龙窖山的年代,发现最早迁徙到龙窖山的张氏始祖忠公,于明洪武元年(1368年)从江西迁徙到龙窖山来苏畈。这也从另一个侧面论证了,在明代以前龙窖山瑶族已几乎全族离开龙窖山。

龙窖山瑶族从北宋庆历年间就开始迁徙,一直延续到南宋、元代。隆庆《岳州府志》"按宋以前有之,今不然矣"已是史实。

龙窖山瑶族迁徙的地点与《评皇券牒》记述也是完全一致的。《评皇券牒》载:"自开辟年间,原在武昌府,下湖南海岸,出会稽山白云之地安居","然后漂洋过海","然后来到广东乐昌府、广西平乐府落根。"

一是瑶族先祖始居武昌府。前文已论述,龙窖山为武昌府的属地,历代龙窖山就居住有瑶族先民。故此,始居武昌府的瑶族先民,应为始居武昌府龙窖(头)山。只是在明代的追忆中,求大(武昌府)而弃小(龙窖山)罢了。

二是下湖南海岸,应为下洞庭湖。《国语·楚语》云:"赫赫楚国,而君临之,抚征南海,训及诸夏,其宠大矣。"顾铁符先生认为,当时人对江南的地理不清,总以为江南就是"南海",所以"南海"也就指"江南"。① 湖南的"海"也只有洞庭湖。这里所指的"南海"也就是洞庭湖。洞庭湖烟波浩渺,经历了历代的变迁,到唐宋时期湖面又扩大了,到清代,因荆江四口分流南注,湖泊"返春",湖面扩展至逾6000平方公里。②

三是龙窖山又濒临洞庭湖。武昌府距洞庭湖近500里之遥,瑶民不可能随时到洞庭湖岸捕鱼,只有近在咫尺的龙窖山瑶族才有大旱三年,妻子寻找无食,下湖南海岸捕鱼,而放火焚烧南海万里江山,被迫漂洋过洞庭湖,向南迁徙的史实。

龙窖山瑶族从龙窖山下洞庭湖岸再一次撑船过"海",顺汨罗、长沙,沿沅江、湘江溯江而上。所以新化、安化的梅山蛮在宋代又称莫瑶,长沙至今还有"大瑶山"地名。③

龙窖山瑶族除"漂洋过海"横渡洞庭湖向南迁徙外,另一支则从陆路越岭过湖北通城,再过江西,然后再过梅山关,赶往广东珠玑巷。《千家峒歌》唱道:"日出日行月出行,姊妹行水又行岸,行到广东乐昌府,珠玑巷中又落根。"

(五) 结　语

龙窖山地跨临湘、通城、崇阳、蒲圻。明代龙窖山隶属岳州府,亦属武昌府。龙窖山早在北宋以前就始居着一支"自耕自食,自织而衣"的山瑶民族,创造了灿烂的龙窖山瑶族文化。龙窖山瑶族后因战乱及天灾人祸,从宋朝开始下洞庭湖,"漂洋过海"及翻山越岭,陆续地迁徙到广东乐昌府、广西平乐府。《阮通志》亦云:"瑶本盘瓠之种,由楚省蔓延之新宁、增城、曲江、乐昌、乳源、连州等七州县",形成"南岭无山不有瑶"的格局。

---

① 顾铁符:《江南对楚国的贡献与楚国的开发江南》,见《湖南考古辑刊》,第一辑,1982。
② 窦鸿身、姜加虎:《洞庭湖》,北京,中国科技大学出版社,2000。
③ 李本高:《瑶族南迁入湘第一站——龙窖山千家峒》,载《湖南文史拾遗》,2001(3)。

《评皇券牒》中记述"瑶人出世武昌府",根据武昌府的历史渊源,龙窖山与武昌府的关系及龙窖山瑶族存在的史实,完全可以确信,"瑶人出世武昌府",就是出世于龙窖山。龙窖山是瑶族的名山圣地,龙窖山是瑶族早期千家峒。

四、龙窖山是瑶族南迁"漂洋过海"的终点

在瑶族民间中,不仅瑶族人民珍藏的汉文文献《评皇券牒》(又名《过山榜》、《龙凤批》等)、《盘王大歌》和一些经书记述有"漂洋过海"的历史事件,而且广泛流传着"漂洋过海"的传说。对于这一历史事件和传说,瑶史专家历来有不同的看法:一种认为这一历史事件纯属子虚乌有,是瑶族民间虚构的。另一种认为确有其事,这是瑶民由北往南迁徙过程中,经历的一次历史事件。笔者认为第二种说法比较符合瑶族的迁徙史实。

据考证,瑶族在漫长的由北往南的迁徙过程中,确实经过了无数的艰难险阻,逢山过山,逢水过水,谱写了一曲民族的迁徙史。的确,在南迁中有"漂洋过海"之事件。最早的瑶族先民(有苗),在尧舜之时,就被迫从江北的丹水之浦过长江、洞庭,然后在洞庭湖、彭蠡湖沿岸建立了"三苗国"。这可能是瑶族先民的第一次"漂洋过海"。秦汉时期,部分瑶族先民南蛮、盘瓠蛮,从汉水流域渡过长江、洞庭湖到达当时的黔中郡、武陵郡、长沙郡而成为武陵蛮、长沙蛮。这可能是瑶族先民的第二次"漂洋过海"。晋时,部分瑶族先民沮、漳蛮,从汉水流域漂长江过洞庭,到达龙窖山。这可能是瑶族先民从北往南迁徙时的第三次"漂洋过海"。宋时部分瑶民离开龙窖山过洞庭,沿湘、沅二水往南迁,这可能是瑶族迁徙过程中的第四次"漂洋过海",瑶族民间叫"撑湖过海"。还有沿广东海岸南迁也叫"漂洋过海"。清代部分瑶民从广东南部过海南岛,也叫"漂洋过海"。20世纪70年代,东南亚诸国的瑶民迁到美洲、欧洲、澳洲等,他们称此行动为"漂洋过海"。纵看以上几次漂洋过海与龙窖山千家峒有关系的只有第三、第四次,瑶族民间传说的"漂洋过海"故事也与之吻合。瑶族人民珍藏的汉文文献《评皇券牒》(又名《过山榜》)载:"交过寅卯二年,官仓无米,深塘无鱼,灌木生烟,瑶人吃尽万物,无得投靠,正来正月漂洋过海,一千里路途,过了三个月船行不到岸,水路不通行。子孙思量无奈何,又怕着吹落大海龙门。思着对(盘)王,前有杀死(斩杀高王),后必有救生。在落难船中,求叩五旗兵马,祖宗家先,许下歌堂宝书良愿。一朝一夕,船行到岸,马行到乡。"《盘王歌》亦唱道:"阴阳反叛得旱天,三年无雨润阳春,王瑶子孙无计奈,漂洋过海天外行。八月十五苦不尽,齐齐来到大海边,十二姓瑶人无去路,漂洋过海到东京。"《瑶民

榜文》也载:"始祖赵朝三,开辟年间,居住武昌府,下湖南海岸。"《千家峒歌》亦唱道:"细声问,细问瑶人出处乡?当初出世哪地当?漂洋过海落谁乡?不用问,瑶人出处苗贱知,瑶人出世武昌府,漂洋过海到千家(即千家峒)。"从以上所引,我们得到了以下讯息:一是瑶族"漂洋过海"的原因是"阴阳反叛";二是"漂洋过海"的起点:长江、洞庭湖以北;三是"漂洋过海"的终点是千家峒。而此千家峒就是坐落在东京即岳阳、岳州或巴陵,即湖南海岸。就是我们所说的龙窖山千家峒。"瑶人出世武昌府",我们知道:武昌古为鄂州,也叫鄂城。《集解》引《九州记》云:"鄂,今武昌。"鄂,即古鄂州,属楚,秦属南郡,汉为江夏郡。三国魏黄初二年(221年),孙(孙权)自公安都鄂,改名为武昌郡。隋废郡,改置鄂州。隋炀帝初又改名江夏郡,唐复置鄂州,宋因之。元置鄂州路,后改为武昌路。明初改名武昌府。楚鄂王城在今湖北阳新、鄂州、武昌、大冶交界的高河乡境内。三国时的武昌郡辖武昌、下雉、寻阳、阳新、柴桑、沙羡6县。晋时,武昌郡统武昌、柴桑、阳新、沙羡、鄂、官陵等县。这些辖区绝大部分在长江、洞庭湖以北。"漂洋过海"应是漂长江过洞庭了。那么"漂洋过海"的登岸处在哪里呢?按瑶族民间之传说和记载,瑶族此次"漂洋过海"是"到南海八万乡登岸"、"漂洋过海到东京"、"下湖南海岸"、"漂洋过海到千家(即千家峒)"。以上"南海"、"东京"、"湖南海岸"、"千家峒"到底在哪里?首先,我们看"南海"。《东周列国志》第二十三回云:"齐桓公闻楚王任贤图治,恐其争霸中原,欲起诸侯之兵伐楚,问管仲。管仲对曰:'楚称王南海,地大兵强,周天子不能制。'"同书第二十四回亦说:"齐桓公率七国之师,望南而进,直达楚界时,楚大夫屈宪与管仲对话。屈宪说:'齐、楚各其国,齐居于北海,楚于南海,虽风马牛不相及也。'管仲答曰'……尔楚国于南荆,当岁贡包茅,以助王祭……'""楚王南海目无周。"《国语·楚语》亦云:"赫赫楚国,而君临之,抚征南海,训及诸夏,其宠大矣。"从以上引文,我们可知"南海"即指楚国,或指江南。顾铁符先生在《江南对楚国的贡献与楚国的开发江南》一文中说:"南海,就是指江南。"① 具体说就是长江、洞庭湖以南,就是岳阳地区了。再说"东京",京者,人力所为,绝高丘地也。《尔雅·释丘》云:"绝高之为京。"《诗·大雅》云:"迺陟南冈,乃靓于京。"国都也名京,《诗·大雅》"裸将于京。"圆形的大谷仓也名京,《管子·轻重》云:"有新成囷京者二家。"注:"大囷曰京"。"京"在此作高冈解,其含义与"陵"同。陵者,

---

① 顾铁符:《江南对楚国的贡献与楚国的开发江南》,见《湖南考古辑刊》,第一辑,1982。

亦为非人力所为的山丘，即土山也。《诗·小雅·天保》云："如冈如陵。"《书·艺》亦云："荡荡怀山陵。"故"东京"也可以理解为"东陵"。而东陵就是巴陵。王夫之在《书经稗疏》中说："东陵者，巴陵也。"为什么叫"东京"、"东陵"，笔者的理解是因地域在洞庭湖之东而得名。《禹贡》载："岷山导江，东别为沱，又东至于澧，过九江，至于东陵。"沱，指沱水，澧，指澧水，九江指洞庭湖，都是指水从西往东流。吴敏树先生在《巴陵·东陵说》一文中说："导江过九江至于东陵，后只皆不知其处，以九江乱地也。自知九江即洞庭，而东陵为巴陵审矣。"巴陵即今岳阳之古名。可见"东京"即是指今岳阳也。"湖南海岸"，这个好理解，湖南只有洞庭湖可以称为海，湖南海岸就是洞庭湖沿岸了。至于"千家峒"到底指哪里？笔者知道在瑶族往南迁徙的过程中，确实在"千家峒"中居住过相当长的一段时间。就目前已知千家峒也有多处，如道县、灌阳的韭菜岭千家峒，江永大远的千家峒，湘赣边境的千家峒，以及郑宗泽先生提出的古代蒲姑国的千家峒等。以上前几个千家峒均在湘东南、湘南，古蒲姑国在山东，均离瑶民"漂洋过海"的长江、洞庭湖迢迢几百里甚至上千里，不可能是瑶族"漂洋过海"的登岸处。那么，瑶族"漂洋过海"后登岸的千家峒在哪里呢？答曰：在湖南临湘市与湖北通城、崇阳、蒲圻（赤壁市）交界的龙窖山。理由是：龙窖山在洞庭湖的东南岸，瑶族"漂洋过海"是从荆州始的。据汪松桂先生介绍：秦汉以降，长江荆州段从湖北枝城到岳阳的城陵矶，由于诸多地理原因，出现了荆江四口涌入洞庭湖，即松滋口入洞庭湖者为松滋河，太平口入洞庭湖者为虎渡河，藕池口入洞庭湖者为藕池河（分三支），调弦口入洞庭湖者为华容河。这四条河涌入洞庭湖给瑶民"漂洋过海"登岸创造了条件。因为瑶民从湖北的漳、沮流域南迁至荆州就要过长江，然后沿着以上四条河进入洞庭湖。瑶民称此事件为"漂洋过海"。瑶民进入洞庭湖后，首先遇到的登岸处是城陵矶，但因城陵矶一坦平洋，没有瑶民刀耕火种的自然条件，因此瑶民未登岸，继续顺水漂流，直至将到黄盖湖，看见了蜿蜒百里山实峻极的龙窖山，故而停船，沿微水逆流而上进入龙窖山。而龙窖山确实具备了瑶民生存的条件。据考证，龙窖山总面积约为200平方公里，群山起伏，溪河纵横，林木葱葱，山高坡陡，土壤肥沃，气候宜人，而且离城邑较远，地域比较封闭。这正是瑶民理想的落脚之地，因此在龙窖山"斩败青山又落根"。因此说龙窖山瑶民千家峒是"漂洋过海"的终点。

瑶族"漂洋过海"始于长江以北，是不是今日所有瑶族的行动呢？回答是否定的。今瑶族按语言分有盘瑶支系、布努瑶支系和拉珈支系等，后两个支系无"漂洋过海"之说，盘瑶支系也是部分瑶民有此说法。据考证，参与此次"漂洋过海"的瑶族，主要以沮、漳蛮为主，包括自称为奴、沔中、蛮、山蛮等的。这是构成盘瑶的主要一支。晋时，湖北汉水流域布满了今瑶族的先民盘瓠蛮。这些盘瓠蛮又称为沮、漳蛮、山蛮、沔中蛮、奴等。《资治通鉴》云："二水（指沮、漳二水）上下皆蛮所居也。"史称为"沮、漳蛮。"①晋孝武帝太元元年（376年），"秦兵寇南方，扰之。山蛮三万户降秦"②。胡三省注："襄阳以西，中庐、宣城之西山，皆蛮居之，所谓山蛮也。"唐杜佑云："沔中蛮，至晋时，刘、石乱后，渐得北迁，陆浑以南，满于山谷。"③《魏书·蛮传》亦云："蛮之种类，盖盘瓠之后。其来自久，习俗叛服，前史俱之。在江淮间，依托险阻，部落兹蔓，布于数州，东连寿春（今安徽寿县境内），北接汝颍（河南境内的汝水与颍水），往往有焉。其于魏氏之时，不甚为患，至于晋末，稍为繁昌，渐为寇暴矣。自刘、石乱后，诸蛮（含长江南岸的蛮族）无所忌，故其族类，渐得北迁，陆浑（今河南嵩县北）以南，布满山谷。苑（今河南南阳）、洛（今河南洛阳）萧条，略为丘圩矣。"④

作者把蛮都看成是盘瓠之后，就是一族，虽说不够准确，但其中包含有瑶族先民盘瓠蛮确是可信的。常璩在《华阳国志·巴志》中载："巴东郡，东接建来（巫山），南接武陵，西接巴郡，北接房陵，多为奴、夷、蜑之蛮民。"这里的奴蛮民，就是瑶族先民。古"奴"字读成"又"（you），与"由"、"尤"读作you相同，故奴蛮民即由人或尤人，今瑶人也。奴是"又"加女旁，以显示女子的地位，显然是处在女子地位高于男子地位的原始社会阶段。

为什么说以上沮、漳蛮、沔中蛮、山蛮、奴是瑶族先民呢？第一，我们知道沮水又名摇水。《吕氏春秋·本末览》载："沮江之水，名摇水。"摇，读作yáo，与瑶族自称尤，读作you读音相同。沮，在古时同徂，读作尤，故沮江即名徂江或尤江。可见，沮水是以瑶民的自称尤命名的。瑶族自古就有以其语言命名河流的习惯，瑶语名水曰汶，《述异记》云："泰山郡水皆名汶，故该地之河有北汶、嬴汶、柴汶、牟汶、语汶等。境内徂来山亦名尤徕山。"考证瑶族历史，这里曾住居过瑶族先民，故而留下用瑶语命名的河与山。沮、漳流域亦有类似的情况。竹山县有麻河，麻河是汉语记瑶音。"麻河"瑶语读"棉塔"，意即瑶人河。又罗山县有尤河，公安县有油水，五峰县有尤河，均以今瑶族的自称命名。以上均可以佐证沮、漳蛮是瑶族的先民。第二，汉水

---

① 《资治通鉴》卷九九、卷一〇四。
② 《资治通鉴》卷九九、卷一〇四。
③ 《通典》卷一八七。
④ 《魏书·蛮传》卷一〇一。

的上游名沔水，《尚书·禹贡》云："浮于潜，逾于沔。"注"汉［水］上［游］曰沔"。瑶族自称尤或尤棉，尤为自称，棉为"人"之意。"棉"在甲骨文中写成"丂"，后又演化成丏，若言水则加"氵"为沔。丏与夏一样，既为人称，又为族称。而为族称者只有瑶族。所以沔中蛮即是瑶族的先民。正因为他们曾在沔水流域居住过，所以留有以其命名的沔水、沔阳、沔县（1964年改为勉县）、勉城等水名地名等，从侧面佐证了沔中蛮乃是今瑶族的先民。第三，沮、漳蛮、沔中蛮、山蛮、奴等均为盘瓠之后。今瑶族亦图腾崇拜盘瓠，把盘瓠视为自己的始祖，自称盘瓠子孙，二者是吻合的。第四，史籍载，部分瑶民是从"江汉之浒"迁来。《隋书·职方·风俗》载：荆州风俗，颇同扬州，其人率多劲悍决烈。诸郡（包括巴陵、长沙等）多杂蛮左，承盘瓠之后，故服章多以班布为饰。其相呼以蛮，则为深忌。自晋氏南迁之后，多衣冠之绪，稍尚礼仪经籍，大抵敬鬼重祠祀。《读史方舆纪要》亦云：湖南新化县（莫瑶的主要聚居地之一）"汉长沙、益阳县地，自晋以来，皆为蛮地"[①]。今有瑶人也自称"瑶人出世武昌府"，或自称荆、雍州蛮之后。所以说江南部分瑶民是江北沮、漳蛮、沔中蛮、山蛮、奴之后。二者一脉相承。总之，由于沮、漳流域和沔水流域居住着瑶族先民的一部分，他们在战争频仍、环境恶劣的条件下，被迫往南迁徙"漂洋过海"另觅家园。《评皇券牒》云："寅卯二年，天大旱七岁，官仓无粮，深塘无鱼，蕉木生火烟，瑶人吃尽万物，无得投靠。十二姓瑶人姊妹商量，要出家园。"又说："阴阳反乱，十二姓瑶人抛家园。"所谓阴阳反乱，乃是指阴阳不合，天崩地裂。用现代语言来说就是地震，或指山洪暴发。阴阳乃是古代人们解释天地万物的两个哲学概念。古人认为，世间万物皆由阴阳构成，或者说皆分阴阳。《易经·疏》云："天下万物，皆由阴阳，或生或成，本其所由之理，不可测量之谓神也。"以上两项指的天灾。天灾逼迫瑶民离开家园往南迁徙，始有"漂洋过海"。瑶族"漂洋过海"的原因除天灾外，还有人祸，即"漂洋过海"故事所说的"马鹿反乱"，这是一种比喻，实指封建统治阶级的"穷兵黩武"。据考证，瑶族"漂洋过海"事件发生在晋末晋惠帝时。晋惠帝当政后，其实权落入了贾皇后之手。贾皇后专横霸道，为所欲为，从而造成了历史上有名的，历时八年之久的"八王之乱"[②]。经过此次浩劫，当时"天下慌乱，百姓饿死"[③]。并导致西

[①] 《读史方舆纪要》卷八〇。
[②] 《廿二四史劄记》卷八。
[③] 《晋书》卷四、卷二〇。

北民族大量涌入中原，怀帝被俘身亡，愍帝自杀的"永嘉之乱"。① 封建统治阶级的"穷兵黩武，民思所息肩者，十室九空"②。而此时瑶族先民所居的沅水、沮水、漳水流域，正是各方争夺的中心地带。《资治通鉴》载：晋烈宗孝武太元元年（376年）"三月，秦兵寇南乡拔之，山蛮三万降秦"③。桓玄拥兵强占楚地，"桓玄承籍世资，素有豪气，既并殷、扬，专有楚地"④。桓玄强占荆楚后，"禁断江路，商旅俱绝。公私匮乏，以稃橡给士卒"⑤。本来封建统治阶级的争战，已给瑶族先民造成了极大的痛苦，而今又"禁断江路"使物资匮乏，人们所需的生活必需品都没有了，真是苦不堪言。与此同时，桓玄还大肆征伐蛮族。《宋书·州郡志》云：武宁郡"晋安帝隆安五年（401年），桓玄以沮、漳降蛮主"。这里的蛮主就是瑶族先民首领。后桓玄真正成为该地区的直接统治者。《资治通鉴·晋纪》载："桓玄通过武力平荆、雍州，晋王朝乃诏加桓玄管都荆、司、雍七州，后将军、荆州刺史、假节，进都八州及扬、豫八郡，复领江州刺史。"桓玄为了巩固自己的统治地位，采取了徙民的办法。《资治通鉴》云：桓玄"移沮、漳二千户于江南，立武宁郡"，"桓温平蜀，汉江陵，以临湘西界，水陆纤险，行径裁通，南通巴巫，东南出州治，道带蛮蜑，田土肥美，立为汶阳郡，以处流民"。桓玄所移的沮、漳蛮就是瑶族先民。二千户，若以一户五人计，应有上万人。这就使瑶民"漂洋过海"有了可能。加之桓玄之后桓温的"安蛮"，使蛮（含瑶族先民）与蜑杂居，为瑶族先民"漂洋过海"创造了条件。因为瑶民是山居民族，不习水性，更不会撑船过海，而蜑民是水居民族，他们不仅习水性，而且是撑船的能手。《赤雅》卷上载："蜑人神宫画蛇以祭，有云龙种，浮家泛宅，或往水浒，或往水栏，捕鱼而食……能辨水色，知龙所在。"正因为瑶蜑杂居，在杂居间瑶蜑建立了兄弟情谊，故而"漂洋过海"时请蜑家大哥监造船只和撑船。瑶族《盘王大歌·放猎狗》载："船成了，蜑家师傅来试船。又请大哥（蜑家大哥）来指点，踏上船头船尾行。……船下水，又请蜑家大哥出来撑……蜑家使船不用桨，不用竹篙船自行。"这也从侧面佐证了瑶民"漂洋过海"是漂长江、洞庭湖。也有说是漂云梦泽的。其实二者并无矛盾，可以说是同名异说而已。因为江（长江）、汉（汉水）以北和江汉之间的湖泊一般称为云泽，长江、荆

---

① 《晋书》卷四、卷二〇。
② 《资治通鉴》卷一〇四。
③ 《资治通鉴》卷一〇四。
④ 《资治通鉴》卷一四〇。
⑤ 《资治通鉴》卷一一二。

州以南的湖泊至洞庭湖则统称为梦泽。古时云泽、长江、梦泽是紧密相连的，碧波浩渺，一望无际。所以，漂长江过洞庭亦可能为漂云泽和梦泽。其终点都是临湘龙窖山。

五、龙窖山是瑶族入湘后南迁的起点

瑶族先民"漂洋过海"后进入龙窖山千家峒，并开始开发建设龙窖山千家峒。《千家峒歌》唱道：① "千家峒口雾腾腾，十二姓瑶人立寨村，定居起屋开田地，从头开山种阳春。"冯姓"西洞洞中把田开"，黄姓"半种青山半种田"，邓姓"一份青山两份田"，李姓"二成青山又田塘"，胡姓"门前田塘屋后山"，周姓"山窝里面开田园"，包姓"青山脚底开好田"，唐姓"洞中田塘唐姓开"，沈姓"青山平田好种春"，盘、赵二姓"门前田塘片片连"。瑶族十二姓盘、沈、包、黄、李、邓、周、赵、胡、冯、雷、唐（还有不同版本的十二姓）。《千家峒歌》似乎没有雷姓的踪迹。但《十二姓瑶人音郡歌》却记录了雷姓在千家峒的实况："雷姓之人本土人，雷姓也共千家峒，江南郡名是角音。"正由于十二姓瑶人的辛勤劳作，始有瑶族中的世外桃源——千家峒。《千家峒歌》唱道：千家峒内峒中有洞，冯、李二姓住西洞，盘、赵二姓住上洞，周姓住三洞，胡姓住四洞，包姓住五洞，唐姓住六洞，沈姓住七洞，黄、邓二姓虽无具体洞名，但按照瑶族十二姓的排名先后，他们应排在前面，故他们可能住一或二洞，而雷姓上面所说是角音，按宫、商、角、徵、羽五音排位，角音在中间，故雷姓应该住中洞或一洞。这就是瑶族民间中所说的"九洞"，每洞有一口井，即"九"口井，每姓有一埠头，共有十二个埠头。境内青山渺渺，田塘无限扩，青山宽来平田广，阳春勾头无万千，五谷黄禾无沙数，一年耕来吃三春。《千家峒歌》唱道：瑶人"落脚千家峒六十年，开山耕种好年成"。然而，瑶族先民经过千辛万苦开发、建设起来的千家峒却遭到了兵祸、天灾。瑶人被迫退出千家峒往南继续迁徙。《千家峒歌》云："京差进峒要官粮，将大官人发大兵，姊妹众会商量计，退出宝峒往外行。""龙头山上本是好，马鹿反乱透心忧。"《十二姓瑶人游天下》唱道："二十四年长毛反，长毛反乱世无安，十二姓姊妹心忧急，拖儿带女外乡行。""瑶人退出千家峒，青山凹岭踏路行。""落住峒中六十年，开山耕种好年成，官府公差把峒进，逼交皇粮送京城。""人逢乱世难躲开，朝廷兵勇进峒来，蒋大官人发兵到，廿七营马围峒来，层层官兵人马众，姊妹众齐难挡拦，众人商量离

---

① 郑德宏、李本高整理译解：《盘王大歌》，下集，171~176页，长沙，岳麓书社，1988。

峒走,千家大峒又抛荒。"以上所言之千家峒就是今临湘市龙窖山。龙头山是龙窖山的支山,在龙窖山的中段,在湖北崇阳县治西60里,是桃花山支,桃花山位于崇阳县西70里,桃花山又名五华山,今名五花尖,五山(花)尖在龙源乡箭杆山背面。龙源乡朱楼坡《沈氏族谱》中沈丈晓亭老先生事略云:"龙头山势陡峻,行数十里渐次平衍,有田数顷,泉甘土肥,大有盘谷之胜,溪流曲折,村人夹两岸而居,酒店数家,山民必经之道也。沈丈晓亭居之。"所以说,龙窖山瑶族千家峒是瑶民入湘后继续往南迁徙的起点。

　　此次瑶民退出千家峒继续往南迁徙,其迁徙路线既有水路,又有陆路。《千家峒歌》唱道:瑶民迁徙"日也行来夜也行,姊妹行水又行岸。"《十二姓瑶人游天下》亦唱道:"瑶人退出千家峒,跋山涉水开路行。"瑶人退出千家峒往南迁徙,又行水又行岸,这是由龙窖山千家峒的地理位置和地形地貌所决定的。龙窖山前是洞庭湖,从龙窖山顺微水而下,亦可进入洞庭湖。漂过洞庭湖,然后沿湘水和资水往湘南或湘西南迁徙,进入南岭山脉和雪峰山脉。其起点是龙窖山千家峒,终点是桃源洞、长沙湖广和广东、广西,各有分离地点,是"南海小南渡"。这也是一次"漂洋过海"行动。瑶民为了与上次"漂洋过海"相区别,取名为"撑船过海"。《评皇券牒》云:"十二姓瑶人……计议要到广西逃生……来到洞庭湖内,半载不得过海……就在洞庭湖内,叩许栾猪良愿,风调雨顺,漂过湖海岸。"从这里我们清楚地知道,瑶民今日的"还盘王愿"祭祀活动,始于第二次"漂洋过海",非是第一次"漂洋过海"所形成的。《过山根》云:"一年三百六十日,愁愁意意在船中……坐在船中全靠圣(指盘王圣帝),五旗兵马(东南西北中神兵)保人丁,七七四九船到岸,烧包化纸(还盘王愿)谢圣恩。"这次"漂洋过海"的第一站是桃源洞。《盘古歌》唱道:"不使问,不使问明出处乡,当初住在千家峒,撑船过海雾纷纷,南岸过了抄夹看,千家峒口对桃源。"瑶民在桃源住了七年,又往南迁徙。"桃源洞里住七岁,山猪马鹿满山间,耕种阳春群兽吃,年年苦种没收成,吃不饱肚住不安,姊妹商量出桃源。"出桃源后,瑶民不再是以一族迁徙,而是一姓或几姓瑶民共同迁徙了。《过山榜》云:十二姓瑶人"漂洋过海",各分眷内,就在南海(洞庭湖)小南渡各写路途下山落业。他们迁徙的路线是分成两路:一路溯湘江而上,或是沿湘江两岸往南,往长沙湖广到了南湾石宝山。在此又分成两支,一支往湘东南。《十二姓瑶人游天下》唱道:"凤仙传报古根言,抛了桃源向哪边?""正月初四移步起,黄塘龙渣又落根。""黄塘龙渣落寨村,开山耕种八十春。"黄塘、龙渣均在湘东南的炎陵县境内。瑶民在黄塘、龙渣居住了八十年后,大部分瑶民又往南迁徙,经桂东、汝城到广东。《千家峒歌》唱道:"日出日行月出行,姊妹行水又行岸,行来广东乐昌府，珠玑巷中又落根。"珠玑巷在今广东南雄县。还有一部分则进入了天林山。《十二姓瑶人游天下》云："离船上岸到广东，乐昌宝地且安身，天林山上开山种，砍败青山下阳春。"在南湾石宝山分路迁徙的另一支瑶民溯湘江而上到了衡阳，在衡阳又分成两支。一支由常宁过祁阳、零陵到道州、宁远、江永、江华、蓝山，再到广西恭城、富川、桂林、全州、贺州和广东连州、连山。还有一支则到资兴、桂阳、郴州、宜章、临武等地，从而形成了"南岭无山不有瑶"的格局。

　　而沿沅水而上的一支瑶民，首先到了梅山地区。梅山地区包括湖南新化、安化两县。宋人刘挚在《直龙图蔡居墓志铭》中载："潭、邵间，所谓一下梅山，其地千里。"梅山"地东起宁乡县（今湖南宁乡）司徒岭，南止湘乡（今湘乡市），西抵邵阳（今邵阳市）白沙寨（在今绥宁境内），北界益阳（今益阳市）四里河"①。其地跨益阳、长沙、娄底、邵阳、湘潭五市。然后再迁至沅陵、怀化、黔阳、绥宁、通道、城步、新宁、东安过广西、贵州等。正因为如此，湖南成为宋代瑶族的大本营。据史载：宋代，今湖南划分为荆湖北路和荆湖南路两大行政区域，荆湖北路辖今岳、澧、常、鼎、辰、沅六州（今岳阳、常德、益阳、娄底、怀化等市），居住在这些地区的瑶民史称湖北瑶。《宋史·张颉传》云"湖北瑶叛"②，就是指的上述六州之瑶人。而潭、邵、郴、永、道等州和桂阳监、武冈军则属荆湖南路，辖今长沙、湘潭、株洲、衡阳、邵阳、永州、郴州等市。居住此处的瑶民称湖南瑶。《宋史·仁宗本纪三》云："（庆历）六年十月，诏发兵讨湖南瑶贼。"③此所谓"瑶贼"是指宋庆历时期以唐和为首的湘、粤、桂边界的瑶民的反抗斗争。总之，宋时，湖南从北到南、从东到西都几乎有瑶民居住。宋代马子严在《岳阳甲志》中说："龙窖山在巴陵北，山实峻极，上有雷洞，有石门之洞，山徭居之。"这是洞庭湖周围有瑶之记载。宋代曾公亮在《武经总要前集》中说："溪洞州在辰、鼎、澧三州之界外，皆盘瓠余种。"宋代魏泰在《东轩笔录》中云："澧州的澧阳和鼎州的辰阳等地各有蛮夷保聚。"湘中北有瑶，刘挚在《忠肃集》中亦说："（潭、邵间梅山）马氏以来，徭民居之。号莫徭。"证明湘中西有瑶。《宋史·蛮夷列传二》载："邵阳有瑶人之扰。武冈（军）所属三县（武冈、绥宁、临冈），悉为瑶人所有。"④湘南也有瑶。湘南即衡阳以南，包括今

---

① 《资治通鉴》卷四四〇。
② 《宋史·张缵传》卷三三二。
③ 《宋史·仁宗本纪》卷一一。
④ 《宋史·蛮夷列传二》卷四九三。

郴州、永州和衡阳市南直至广东北部，瑶族势力特盛。《宋史·蛮夷列传》载："蛮僚者，居山谷间，其他自衡州常宁县属于桂阳（监）、郴、连、贺、韶四州，环行千里，不事赋役，谓之瑶人。"① 所有湖南这些瑶人，包括广东北部、广西东部、贵州东部的瑶人，绝大部分来自于五溪或说湖广溪峒。具体说就是都与龙窖山千家峒瑶族有关。顾炎武《天下郡国利病书》云："瑶本盘瓠种，产于湖广溪峒间，即长沙、黔中、五溪蛮。后滋蔓，绵延数千里，南粤寨寨有之。至宋始称蛮瑶。其在邑者，俱来自别境。"②《皇清职贡图》亦云："盘瓠种，由楚省蔓延粤东之新宁、增城、曲江、乐昌、乳源、东安、连州等七州县。"《瓯东杂志》也云："粤有瑶种，古长沙、黔中、五溪之蛮。生齿繁衍，播于粤东西，自云盘瓠之后。"这是说广东之瑶人来自湖南。广西瑶人绝大部分也来自湖南。《桂海虞衡志》云："瑶本五溪盘瓠之后，其壤接广右者，静江之兴安、义宁、古田、融州之融水、怀远县皆有之。"又说："瑶本盘瓠之后，其地山溪高深，介于巴蜀湖广间，绵亘数千里。"明代田汝成在《溪峒纪闻》、清代檀萃在《说蛮》中均有类似的记载。贵州之瑶族也是湖南迁去的。《评皇券牒》载："我们始祖各姓，一下陕（广）西，二下云南，三下贵州。奉明公又迁桂林省（今桂林市）。"

　　以上是龙窖山千家峒瑶民离开千家峒时走水路的一支瑶族南迁的情况。现在我们再看看瑶族离开千家峒走陆路南迁的一支的情况。《盘王大歌》唱道："人生乱世不安宁，人无安处又旱天，王瑶子孙无计奈，愁忆过山又过岭。"《评皇券牒》亦载：部分瑶民曾"浮游江西"，"又至江西南盈山"。这就是说，瑶民离开龙窖山千家峒时，部分瑶民是爬山越岭往南迁徙的。他们沿着幕阜山南下至罗霄山，再到万洋山，到万洋山后又分成三路：第一路进入湖南的桂东，与水路迁徙的一支在此汇合；第二路进入大庚岭沿诸广山南下进入广东南雄的珠玑巷，与水路迁来的一支在此汇合；第三路稍偏东，沿武功山到福建与广东的潮州府。《评皇券牒》云："瑶人三个翁（对祖先的称谓），一支下南海……"此"南海"不是我们上面所说的洞庭湖，而是指福建南部与广东东部沿海。《盘王大歌》唱道：瑶民"大船到岸马行乡，游落广东潮州府"。《评皇券牒》还列举了瑶民在此地居住过的山名、河名，如天堂山（在福建省建宁府）、九龙江（在福建省南部漳州东北）、凤凰山（在广东省潮州府饶平县西），也佐证了瑶民曾在此居住过。这支瑶民沿着海岸线南下直到雷州半岛。据史载：广东潮州、海丰、东莞、广州、肇庆、恩平、阳江、电

---

① 《宋史·蛮夷列传二》卷四九三。
② 《天下郡国利病书》卷一一〇。

白、高州、化州等地均有瑶族居住过，这些瑶族很可能就是沿"南海"南下的这支瑶族。这支瑶族到了雷州半岛后，又分三路迁徙：第一路北上至粤西北和粤北，与从湖南入粤的瑶民汇合，有的还越岭上湖南。第二路则往广西迁徙，从而形成"南岭无山不有瑶"的格局。《评皇券牒》云："古先祖系肇庆投宿……又至湖广长沙府郴州四十八山为十三山；又至恭城府正为十四山；又至酃县（今炎陵县）万阳山为十五山；又至桂林府东八百山为十六山；又至桂阳道（今郴州）府（汝）城县大龙江西南营为十七山；又至及南宁府紫微山为十八山。"总之，迁徙到南岭的瑶族，你来我去，你走我来，反复迁徙，居无定处，最后才往广西南宁及以南迁徙。第三路到达雷州半岛的瑶民，还有一部分分别于清乾隆年间"漂洋过海"到了海南岛，经过历史的变迁成了今日海南之苗族。北京故宫博物院藏《营中朱批奏折民族事务类案卷·广西总督延巴三奏折》载："乾隆四十六年（1781年）农历三月十九日，有廉州府钦州如昔司居怀村盘、李、赵、邓四姓瑶人男女108口渡海入澄迈县垦荒。"

从以上所述，我们不难看出，宋代，不管是湖南、广东、广西、江西、福建、贵州等哪个省的瑶族，绝大部分与湖南临湘龙窖山千家峒的瑶族有着密不可分的渊源关系。所以说，龙窖山瑶族千家峒是瑶族入湘后继续往南迁徙的一个新起点。

六、龙窖山瑶族与"漂洋过海"

瑶族是一个古老的、受压迫很深而又极富反抗精神的伟大民族，也是一个国际性的民族。研究瑶族历史渊源，揭开其神秘的帷幕，已在海内外方兴未艾，日臻繁荣，蔚为大观。史学专家认为，在中国历史上，任何一个民族其发展的过程，同时存在着三个方面：一是融合，二是迁徙，三是部分保留下来。[①] 瑶族的历史是一部民族迁徙史。千百年来，"离平原，越丘陵，入溪谷"，"入山唯恐不深，入林唯恐不密"，过着"居无定处"的游徙生活。笔者试图根据瑶族迁徙的历史，结合地方文献资料及部分文物考古资料，就龙窖山的定位，龙窖山瑶族及瑶族在迁徙中的重大历史事件——"漂洋过海"，进行初步探讨。语焉未详之处，敬请专家、学者斧正。

（一）龙窖山、龙窖山瑶族

龙窖山位于湖南省临湘市东南的龙源乡，地跨湘鄂两省的临湘、通城、

---

① 江应樑：《说濮》，载《思想战线》，1980（3）。

崇阳、赤壁（蒲圻）4县市。在临湘境内的面积为74平方公里，可耕水田山地1660亩，山林面积10.5万亩。由龙溪港、梅池四合港、马坳港经三关（麦园关、龙阙关、马坳弄关）九锁（未详考）汇成龙源大港（古称三江口，现已筑龙源水库大坝），再经板桥（陆城古城）入微水下洞庭湖。龙窖山是幕阜山余脉，横亘数十里，最高峰海拔1261.6米，山高壑巨，云雾缭绕，山清水秀，百药丛生，四季花开，引蝶招蜂，是古代游徙民族狩猎山伐的天然场所。

1. 龙窖山方位的确认

《岳阳风土记》云："龙窖山在县（临湘原县治陆城，以下均同）东南，接鄂州崇阳县雷家洞、石门洞，山极深远。"[①]《岳阳甲志》载："龙窖山在巴陵北，山实峻极，上有雷洞，有石门之洞，山猺居之，自耕而食，自织而衣。"[②] 从宋代两部地方志记载的史实确认，"龙窖山"在临湘的东南，巴陵以北，不会有误。其证有四：

(1)《岳阳风土记》、《岳阳甲志》所载可证。《岳阳风土记》是北宋范致明在元符年间（1098—1100年）以宣德郎谪监岳州酒税时所撰写。他在岳阳为官，撰写岳阳所辖临湘龙窖山的地理位置应该是非常准确的。而《四库提要辨证》也称该书是"不分门目，随事载记，书虽一卷，而于郡县沿革，山川改易，古踪存亡，考证特详"。《岳阳甲志》为南宋马子严所撰，宋朝的官员记叙宋朝的事实理应考察翔实，不会误笔。故此，两书为之铁证。

(2) 弘治《岳阳府志》、康熙《临湘县志》所载可证。弘治《岳阳府志》云："龙窖山在县东一百里，跨临湘、通城、崇阳、蒲圻四县，上有龙湫因名，又有雷洞，洞有石门，山猺所居。"康熙《临湘县志》载："龙窖山县东南百二十里，跨临湘、通城、崇阳、蒲圻四县，上有龙湫因名，又有雷洞、石门。"明清两代在修志时慎重考察，落笔翔实，能准确地记载"龙窖山"的方位，不可有误，通过实地调查，确实又有"雷洞、石门"之说。

(3)《通城县志》、《崇阳县志》所载可证。康熙《通城县志》载："龙窖山，县北三十里，有巨壑，云气常聚。"同治《崇阳县志》云："龙窖山，县西七十里，五华山来界，临湘土人呼雷师岭，北麓有桃花坳、桃树湾，水出桂口。"因龙窖山地跨临湘、通城、崇阳、蒲圻四县，故两志记载与《岳州府志》、《临湘县志》正吻合。通过实地考察，崇阳境内龙窖山北麓的桃树坳、殷家冲、杨家门等地保留有瑶族"石头文化"的古寨址。

---

① 范致明：《岳阳风土记》，吴官校。
② 马子严：《岳阳甲志》。

(4) 通过实地考察,在湖南东北部与之相邻的湖北通城、崇阳、赤壁(蒲圻)及其他地方,再没有一处叫"龙窖山"的了。龙窖山确实无别处再寻。

2. 龙窖山瑶族溯源

既然"龙窖山"已确认在临湘市境内,其间居住的"山瑶"民族又于何年迁徙而至的呢?这是讨论的关键所在。不知是史料记载的遗漏,还是文献的轶传,关于"山瑶"抑或"莫瑶"这支民族迁徙龙窖山的时代,确实无从考证。但有幸在宋代的方志中记载有"山瑶"居住的史实。本文只能依据已有的史料和部分考古调查资料进行反推,实属无奈。

(1) 文献记载的史实。

《岳阳风土记》云:"龙窖山……其间居民谓之鸟乡,语言侏离,以耕畲为业,非市盐茶,不入城市,邑亦无贡赋,盖山瑶人也。"《岳阳甲志》又云:"龙窖山……山瑶居之,自耕而食,自织而衣。"宋代的范致明、马子严等人,撰修志书时,准确地录入了龙窖山及所居住的一支特殊的民族——"山瑶"。与《评皇券牒》"日共青山对坐,夜与百鸟共栖。刀耕火种,斩畲养活,上不纳粮,下不纳税"① 相一致。

唐代诗人杜甫的《岁宴行》:"岁云暮矣多北风,潇湘洞庭白雪中。渔父天寒网罟冻,莫瑶射雁鸣桑弓。"② 形象地描写了"莫瑶"用桑条制成的弓箭射猎群雁的情景。考杜甫行踪,于大历三年(768年)离开夔州后,在二月到达荆州(今湖北江陵县),因生活没有着落,到秋天迁往公安(今湖北公安县东北),岁末又从公安出发南行到岳州(今湖南岳阳市),流寓近三个月。大历四年春,继续南行入洞庭湖,溯湘江而上,到达潭州(今湖南长沙市)。沿途作有《暮归》、《江汉》、《晓发公安》、《岁宴行》、《登岳阳楼》、《南征》等著名诗章。他在岳州流寓三个月时间,完全有可能听到或亲眼目睹龙窖山"莫瑶"在皑皑白雪中射雁鸣桑弓的动人情景。

唐代李吉甫《元和郡县图志》云:"潭州自汉至晋并属荆州,怀帝分荆湘中诸郡置湘州,南以五岭为界,北以洞庭为界,汉晋以来,亦为重镇。今按其俗,杂有夷人,名瑶。自言先祖有功,免瑶役也。"案其文可析,一是晋怀帝于307年置湘州,界定龙窖山在湘州的版图之内;二是当时的巴陵是多民族杂居之地;三是唐代元和年间历史上第一次出现了"瑶"民族的称呼。所以,龙窖山居住有"瑶民"是完全可能的。

---

① 黄钰:《评皇券牒集编》,188页,南宁,广西人民出版社,1990。
② 聂石樵、郑魁英选注:《杜甫选集》,上海,上海人民出版社,1983。

《隋书》也载有"长沙郡又杂有夷蜒，名曰莫徭"①。阐述了隋唐时期在长沙郡的辖区内杂居着一群"莫徭"。当时，巴陵属长沙郡所辖，龙窖山又属巴陵所辖，而且在湘北地区没有第二个地方叫龙窖山。所以长沙郡杂居的"莫徭"，也应为龙窖山的"山徭"。

晋代荆州刺史陶侃袭击王贡于巴陵。时王贡诱五溪蛮径武昌，侃使郑攀陶延趣巴陵斩降万余，此庶几善战者，使敌人自至利诱之也。②这里所指"五溪蛮"应为"长沙武陵蛮"。瑶族先民是秦汉时期"长沙武陵蛮"的一部分，③秦汉时期巴陵左为烟波浩渺的长江和洞庭湖，其右幕阜群山，崇山峻岭，龙窖山又在其中，中间有一条通往武昌的通衢（现为京广铁路、107国道）。时王贡招诱的"五溪蛮"很可能就是居住在崇山峻岭的龙窖山"莫徭"。其理由有二：其一，王贡不可能招诱万余"五溪蛮"从武陵郡漂洋过洞庭湖到巴陵再径向武昌。如果可能，荆州刺史陶侃也会把这支声势浩大的队伍斩杀于武陵郡地，何必来巴陵斩降；其二，龙窖山的"五溪蛮"（今长沙武陵蛮）在巴陵境内，王贡招诱方便，到达武昌也便捷，无须渡长江过洞庭。所以陶侃使郑攀等将士在巴陵斩降万余的也应是龙窖山的"山徭"。

晋代龙窖山就居住着一支具有规模的"长沙武陵蛮"。根据瑶族迁徙的规律分析，龙窖山的"长沙武陵蛮"必须经历一个较长的繁衍生殖过程，而龙窖山这座特定山峦，又为其得以生存发展提供了相对稳定的定居生活环境。所以秦汉时期龙窖山就始居着一支"长沙武陵蛮"是毋庸置疑的。

一是从楚顷襄王二十一年（公元前278年）秦白起拔郢后，"楚襄王兵散遂不复战，东北保于陈"，楚国的贵族和大小官吏除一部分向东迁徙到陈外，还有一部分从水路来到江南，组织联合抗秦。洞庭湖西岸已突出地居于抗秦的前沿阵地，江南各族人民奋起反击秦军，夺回江旁十五邑，"黔中郡反归楚"④，使秦的"弱楚"谋划受挫。故南方老人南公说："楚虽三户，亡秦必楚。"⑤这时江南的土著居民（长沙武陵蛮）也应加入反秦的统一战线。

二是秦灭楚（公元前223年）时，秦国军队自西向东入侵楚地，楚国灭亡。江南各民族是秦军打击的重点对象，杂居在楚人中的"群蛮"相应遭到秦国军队的沉重打击，部分"群蛮"有可能从西向东漂洋过洞庭湖。

---

① 《隋书·地理志下》，北京，中华书局，1983。
② 《岳州府志·军政考》卷六。
③ 《民族知识手册·民族简介》，北京，民族出版社，1983。
④ 司马迁：《史记·秦本纪》，北京，中华书局，1987。
⑤ 司马光：《资治通鉴·秦纪二世皇帝二年》，北京，中华书局，1987。

第三章

三是"光武中兴武陵蛮夷特盛"①。东汉初期，马援建武十七年（41年）任伏波将军，封新息侯，在进击武陵"五溪蛮"时，病死军中。《常德府志》、《岳州府志》均载："武威将军刘尚发长沙南郡武陵兵击蛮精夫相单程等，遂据险屯聚。"②刘尚乘船溯沅水而上，轻敌深入，进攻时，找不到"群蛮"的进攻目标；撤退时，却遭到"群蛮"的致命打击。《后汉书·马援列传》卷十四载："建武二十四年（48年），武威将军刘尚击武陵五溪蛮夷，深入，军没。"此时，汉光武帝正值"光武中兴"，肯定不能容忍"群蛮"的"野蛮"行径，而且又损兵折将，在刘尚进军失败后，必定又会重新组织更大规模的军事行动进行打击报复。"谒者宗均置吏以司之，群蛮遂平。"③居住在崇山峻岭中的"群蛮"（长沙武陵蛮）必然在这次报复中再来一次大的迁徙。

秦灭楚后，抑或东汉初期，"长沙武陵蛮"中的一支氏族，已漂洋过洞庭，迁徙到龙窖山中，过着"日头出早照青山，千家峒口雾纷纷，云雾飞散日当照，牯牛耕田早出门。黄蜂含糖归结苑，姊妹回头过篱巷"④的原始型、封闭型的崇山峻岭中的田园生活。

北宋晚期至南宋初期，临湘也是天灾人祸为患。据康熙《临湘县志》载，宋高宗建炎四年（1130年）有寇犯湘沔。"钟相、孔彦舟、曹大星、刘超、彭筠、杨么巨盗，相继荼毒"，"绍兴三年（1133年）五月连雨，四年四月连雨至五月，坏田圩，害蚕麦稻，五月大饥，六年大旱"。这一次次的"寇犯"、"荼毒"、"连雨"、"大旱"也是迫使龙窖山瑶族先民向外迁徙的主要原因。可以说是又一次"漂洋过海"，瑶民自己说是撑船过海。

龙窖山的瑶族先民逢多次的"寇犯"、"荼毒"、"连雨"、"大旱"。为了逃避征讨，躲避天灾人祸，龙窖山的瑶人先民开始了再次迁徙。其中一支从龙窖山走出崇山峻岭，穿越通城、崇阳境内的开阔地带，继续向东南迁徙到达今江西、福建、广东交界的崇山峻岭之中，仍然过着"刀耕火种，采实猎毛，吃尽一山则他徙"⑤的原始生活，最后发展成为中华民族大家庭中的"畲族"。因为，龙窖山有座山叫畲家山，为"漂洋过海"后的第一居住地（千家峒），古寨址、石头屋仍然保存尚好。囿于对祖居地畲家山的怀念和敬仰，故取名为"畲民"。在南宋末年史书上开始出现"畲民"和"輋民"。有很多专家认

---

① 《瑶族〈过山榜〉选编》，长沙，湖南人民出版社，1984。
② 《常德府志》、(明隆庆)《岳州府志·军政考》卷六。
③ 杜佑：《通典·盘瓠种》，长沙，岳麓书社，1995。
④ 郑德宏等释译：《盘王大歌·千家峒歌》，162页，长沙，岳麓书社，1988。
⑤ 《惠州府志》，卷十四。

为,"畲瑶同源"①,其时间、空间与畲族的族谱系也正好吻合。另一支则从龙窖山走下,分水陆两路向南迁徙。陆路支顺沿岳阳、汨罗、长沙、浏阳迁徙到湘东南的崇山峻岭之中;水路一支又一次漂洋过洞庭湖,溯湘江、资水、沅水而上,到达湘南各地。所以,《阮通志》载:"瑶本盘瓠之种,由楚省蔓延粤之新宁、增城、曲江、乐昌、乳源、连州等七州县",形成"南岭无山不有瑶"的格局。南宋以后,龙窖山的瑶族人走山空,证实了《岳州府志》"按宋以前有之,今不然矣"②的史实。

(2) 历史留下的事实。

马克思、恩格斯早就说过,征服者并不一定能把被征服者的文化彻底摧毁,而可能变为被征服者。瑶族历代就杂居在诸民族之中,形成了一种多元文化的混合体。龙窖山的瑶族也不例外,经历了一千余年"沧海桑田"的变迁,产生了诸多繁缛的文化现象。本文撷其一二所见之。

石头屋—吊脚楼—舂墙屋,龙窖山瑶族居住方式的革新。通过实地调查考察,在海拔千米的龙窖山中的畲家山、竹铺沟、胡巴坑、老屋湾、胡家屋场等地的山腰、山坡、山沟里都有一排排石头房屋遗迹,以畲家山乌鸦尖最为典型。畲家山乌鸦尖共有石屋10间,从上到下分两行排列有序,编号1号的石屋面积为3.3×2.9米,墙体宽45厘米,残高70厘米;5号石屋的面积为3.7米×3米;6号石屋的面积为3.8米×3.3米,墙体宽50～60厘米,北面石墙残高1.7米。所有石屋的门均开在正南倚东墙,门宽70～75厘米,整个墙体用乱石块垒砌,未见灌有泥浆的痕迹。竹铺沟的石屋出现套间,这是瑶族先民最原始的居住方式。随着生产力和生产关系的提高和改善,龙窖山瑶族先民从山上往下搬迁,这时的居住方式——吊脚楼出现了。在畲家山、古塘、朱楼坡、漆坡、高冲鲁家等地均有吊脚楼的遗存,这是瑶族先民对江汉平原云梦泽的干栏式建筑到龙窖山吊脚楼式建筑的创新和重塑,具有防潮湿、防毒蛇猛兽的功能。其后,在吊脚楼建筑的基础上,因地制宜进行改造革新,又出现了舂墙屋,就是整个墙体用规范的木合装上晷和了泥土,再用木杵舂捣而成,具有坚固高旷、冬暖夏凉的优点。在畲家山、高冲鲁家、漆坡等地均有发现。随着居住方式的革新,龙窖山瑶族先民的经济生活也应经历采实猎毛—刀耕火种—畜耕农业三个阶段,这与《盘王大歌》、《千家峒歌》中记叙完全一致。

朱楼坡古建筑的宏伟,是龙窖山瑶族繁荣昌盛的展示。龙窖山有朱楼坡、

---

① 《民族知识手册·民族简介》,北京,民族出版社,1983。
② 《常德府志》、(明隆庆)《岳州府志·军政考》卷六。

畲家山、漆坡、胡巴坑、竹铺沟、古塘、黄花山、梅池等一批古寨址，湖北崇阳县境内有殷家冲、李家门、桃花坡等古寨址。每座古寨址的寨门，必定选在两山相夹，形成关隘之地，当地群众传为"夜合山"，意为每夜两山关合，白天开启。两山中修有一座石板桥或单孔券拱桥。建筑宏伟、气势磅礴的要算朱楼坡古寨址。朱楼坡古寨址全长约1500米，在水港两边垒砌石壁，最高处约10米，为了防止坍塌，每边用块石垒砌成三叠，呈"川"状，最矮的石墙也有2米多高，上面盖有长4～5米的青石板，如果每块青石板的宽度按40厘米计算，最少需要铺设4000余块青石板。沿途石壁上，在经过山沟或地面建筑群之间，都建有规范的下水道设施。垒砌的石壁加盖青石板后，上面是通道，下面为一座人造的山洞，在山洞的最下边设有第一道洞门，为券拱石门，是进出山寨的唯一通道，"一人当关，万人莫开"。拾级而上，依山势地形距离不等砌有九道门（埠头），石门中砌有石级上下，平时可供瑶民汲水、浣衣衫、进出山寨劳作，战时是抵御进攻、防止火攻的军事设施。在青石洞两边山坡上建有参差不齐的吊脚楼、舂墙屋，别有风趣。可惜残留部分吊脚楼已毁于日寇兵燹，山洞毁于清代顺治庚子年山洪大水，现残存不到千米。

朱楼坡遗址建筑宏伟，在瑶族原始千家峒时代的生产力条件下，开山凿石，绝非几人、几十人乃至数百人所为，也绝非一年两年所能竣工，它是经历了几代人乃至几十代人的艰苦奋斗、持久作战的成就。因为整个遗存没有文字可考，只能对此略加推论。

一是整个工程所用石料均为近山采石。这些石块和采石坑遗址中，不见铁器的雕琢痕迹，可见用木楔打尖石块的痕迹，是最原始、最落后的采石方法。

二是经过调查考证，龙源乡现有居民均在明代陆续迁居龙窖山。据张氏族谱记载，迁湘始祖张则忠于洪武元年（1368年）从江西迁龙窖山来苏畈；汤氏族谱记载，迁湘始祖汤仁智于洪武二十三年（1390年）迁居梅池；沈姓族谱记载，迁湘祖沈天显于嘉靖十八年（1539年）迁居朱楼坡。所有迁居龙窖山的氏族均没有记载修建朱楼坡古寨的史实。在明代也没有哪个姓氏有能力建筑朱楼坡山寨。

三是根据古树轮的剖析，朱楼坡古建筑也应为明代以前的建筑。在朱楼坡毁圮的石拱门前的石壁上生长着一株铁稠树，树高19.47米、胸径70.4厘米，市林业局专家考证，树龄为241年。可证古寨址的洞门应毁于清顺治庚子年（1660年）。因为，只有在洞门废弃后，才有铁稠树生长的条件，所以从一个侧面证明，古寨址不可能经历明代艰辛的创建，就过早地毁于清顺治年间。

四是根据山寨的分布,朱楼坡山寨居龙窖山之中,建筑上比周围的高家冲、漆坡、畲家山、古塘、梅池山寨更为坚实宏伟,又是通往蒲圻、崇阳、通城的通衢。朱楼坡山寨应是当时龙窖山瑶族的政治中心。

五是朱楼坡山寨古朴无华,讲求实用的建筑风格以及与古寨相伴的经济生活方式,充分地反映出龙窖山瑶族进入了龙窖山的繁荣昌盛时期,其建筑的时代也应为北宋期间。

古墓葬、古水井排列,是龙窖山瑶族习俗的体现。《盘王过山榜文书》载:瑶民"命(死)葬在坡石地,择选择万(灵)神、万(卧)虎、麒麟口、狮仔(子)口、龙头、龙身、龙衣、龙尾之地,任其葬之"①。《评皇券牒》又云:王瑶子孙游山之处,养生病死,无论老虎口、麒麟口、狮子口、龙头口、龙尾、龙爪,任从择葬之。② 根据瑶族先民的葬俗,在龙窖山的朱楼坡、园家港、畲家山发现了几处瑶族无名的墓葬。朱楼坡关山嘴(夜合山)左侧的采石场前有 3 座古葬。墓葬坐东向西,头向 65 度,墓葬前高后低似麻蝈(青蛙)形,墓上无封土,通过探孔,预测每座葬长约 1.5 米、宽约 60 厘米,墓前用小石块垒砌,在垒砌的小石块中,安放一块长 70 厘米、厚 10 厘米的头龛石,可能是作为墓葬的标志抑或祭祀之用。园家港的古墓群,也择在山腰的通道旁。在长 8 米的山道旁有近 10 座古墓,墓地坐北向南,头向 5 度,其形制与关山嘴古墓一致。畲家山菜兰坡古墓在山腰的水沟旁,用石块垒砌成长 3.9 米、高 3 米的石塂,整个墓地呈正方形,长宽约 5.2 米,塂上封土残高 45 厘米,墓葬坐东向西,头向 70 度,在封土堆上用石块砌有长 60 厘米、宽 25 厘米、高 30 厘米的斜洞,洞内的石块上有烟炱痕迹,也可能是祭拜所用。据探孔预测为多人合葬墓。因为没有进行正式发掘,所有墓葬的年代无法确认。在隋、唐时期,巴陵其丧葬,无衰服,不复魄,始死,置尸馆舍,邻里少年,各持弓箭,绕尸而歌,以箭扣弓为节。其歌词说平生乐事,以致终卒,大抵亦犹今之挽歌,歌数十阕,乃衣衾棺敛,送往山林,别为庐舍,安置棺柩。亦有于村侧瘗之,待二三十丧,总葬石窟。③ 晋代张华在《博物志》中指出:"楚之南有啖人之国,其亲戚死,朽其肉弃而之,然后埋其骨,乃为孝也。"1982 年衡阳市博物馆在发掘周子头村两周时期遗址时,有一排排

---

① 黄钰:《评皇券牒集编》,164~188 页,南宁,广西人民出版社,1990。
② 黄钰:《评皇券牒集编》,164~188 页,南宁,广西人民出版社,1990。
③ 《隋书·地理志下》,北京,中华书局,1983。

的小墓，长 1.2 米、宽 40 厘米，有 50 余座。① 龙窖山古墓形制、葬俗与巴陵的丧葬、衡阳市的小墓存有共同之点，又有许多不同之处，显示了龙窖山瑶族先民特有的丧葬风俗。

古水井也是瑶族先民最具特色的建筑。《千家峒歌》中就有"四面八方九井水"的记载。根据文献记载，相传凿井技术是与禹同时的伯益发明的。《淮南子·本经训》云："伯益作井，而龙登玄云，神栖昆仑。"以目前考古发掘的成果来看，南方流域最早的水井是在河姆渡遗址中发现的；中原地区的水井是从龙山文化时期开始的，距今已有 4000～6000 年的历史。水井的出现，是人类社会生产力发展到一定阶段的产物，是人类征服大自然的又一个里程碑。②

在龙窖山的古寨址中，都能见到形式别样的古井。高冲鲁家古寨址的虎形山下就有两口古井，其中一口古井用石块垒砌，由石阶上下，井口长 90 厘米、宽 70 厘米，四周石壁上布满青苔；还有一口古井不知何年废弃。据村民反映，这两口古井就是老虎的两只眼睛，很有灵气。竹铺沟古寨址中有一口三角形古井，用石块垒砌在一块大石头下，底长 95 厘米、高 80 厘米，井底淤积，残深 75 厘米。古塘古寨址中有一口井，井口长 1.74 米、宽 1.4 米、深 1.1 米，在井台高 1.2 米处安放长 1.74 米、宽 70 厘米的条石，在中央砌有神龛，至今还供奉"金华水师之灵位"。龙窖山除古井外，高山修"塘"也有特色。目前，还幸存有古塘、乌珠塘、黄花塘。与《千家峒歌》中的"莲塘水面白净朵，手更莲子四行香"是相互印证的。这些古塘古井的存在，充分反映了龙窖山瑶族生产力的发展、征服大自然的能力及饮食习俗的进步。

祭祀遗迹的分布说明龙窖山瑶族祭祀之风的盛行。人类学家、原始宗教学科研究奠基人之一的爱德华·泰勒在《原始文化》一书中指出："森林常常是宗教崇拜的地方"，"对于许多部落来说，它是一个神圣的处所"，"唯一的庙宇"。③ 就"好山恶都"的瑶族先民来说，崇山峻岭、山林深处是唯一的，也是最好的祭祀场所。《评皇券牒》云："评皇敕赐……盘瓠为始祖盘王……许男女敬奉……广受之（子）孙祭祀，永当敕赐之高盟。"又《过山榜》云："……御驾盘古大王，盘十七郎，盘十九郎，贤会（圣僧）和尚圣帝，如今后代……子孙，祖居青山，逢节启叩，祭祀此神也。"故此，在龙窖山瑶族先民

---

① 冯玉辉：《东周时期湘江上游楚文化及楚的版图》，见《楚史与楚文化研究》，《求索》杂志社，1987。
② 方酉生：《我国水井起源的探讨》，载《江汉考古》，1986（3）。
③ [英] 爱德华·泰勒著，连树声译：《原始文化》，上海，上海文艺出版社，1992。

居住过的地方留下了诸多的祭祀遗迹。一是畲家山乌鸦尖石屋群中央的乱石堆上砌有一座长70厘米、高50厘米、深47厘米的小神庙。这座别致的神庙无论是方位的设置、规模、形状，还是其用途，都不可能为现代居民所为，应为瑶族先民，最原始的祭祀盘王的庙宇。二是在"石窝"的山腰上有一处成中轴线对峙的8座石头平台，最下边两座平台呈椭圆形，高4.4米、长3.2米、宽2.1米，中间4座为高2.3米，最上边两座平台为长方形，高也在4米以上。在最上两座平台与5、6号平台之间，竖立一根圆锥形石柱，高75厘米、底径50厘米、顶径25厘米。在平台15米处，有一圈长20米的石头围堤。根据平台的摆布、建筑规模、石柱设立等现象分析，此处应为瑶族先民最大的祭祀平台，除祭祀盘王祖先外，可能还是龙窖山瑶族祭祀天地之处。三是在竹铺沟1号石屋内摆设有一处三角形的石台，底长90厘米、高55厘米，石座高40厘米，这也是祭祀祖宗家先之处。四是畲家山的菜兰坡墓葬上用石块砌的斜洞，园家港、关山嘴古墓前的头龛石均为祭祀之用。以上遗迹充分展示了龙窖山瑶族盛行祭祀之风。

梯地种茶，龙窖山瑶族耕作方式的演变。在龙窖山废弃的古寨址、石屋场周围的山坡上，都能看到一层一层用石头垒砌的梯地。梯地上种有古老的茶树。据《临湘县志》载：唐大和年间（827—836年）龙窖山的先民开始培育茶树。《太平寰宇记》云："后唐清泰三年（936年）潭州节度使析巴陵县置王朝场（临湘原县治地），以便人户输纳出茶。"① 这与《岳阳风土记》"非市盐茶，不入城市"相印证。充分揭示了龙窖山瑶族在鼎盛时期的耕种方式，同时也能证实龙窖山瑶族开创了龙窖山种茶的先河。明代龙窖山开始制造龙凤团茶，产制烘青、细青茶。从洪武二十四年（1391年）始，岁奉贡茶16斤。龙窖山茶名扬天下，也得益于龙窖山瑶族，从而进一步证实龙窖山瑶族已由采实猎毛、刀耕火种落后的经济形态向种、养、加工综合型的经济形态发展的演变过程。

综上所述，龙窖山瑶族东汉初期以降为初创时期，唐代至北宋早期为鼎盛时期，北宋庆历年以后至南宋为衰落时期。在这漫长的历史长河里，龙窖山瑶族创造了璀璨的龙窖山瑶族文化，留下了永恒的追忆。

（二）"漂洋过海"路线的探讨

自秦以后，由于"蛮，种类繁多，语言不一"②，所以追溯其去向甚为困

---

① 乐史：《太平寰宇记》。
② 《宋史》卷九十七。

难，而且经过多年的民族迁徙、融合、混杂，求之过细，反易失真。但大致而言，汉代的"长沙、武陵蛮"①，魏晋时的"荆州蛮"、"雍州蛮"②，以及活动在今湘西一带的"五溪蛮"③，他们都自称盘瓠子孙，是近代苗、瑶语族各民族的先民。④ 关于瑶族的族属问题，暂且不参与评说，不予赘述。要解决"漂洋过海"的路线，有必要从瑶族的原始迁徙、洞庭湖历史变迁及临湘古代水文资料等方面进行探讨。

1. 瑶族的原始迁徙略考

据何光岳先生考证、李本高先生研究的成果，瑶族为蚩尤部落之后裔。炎黄部落联盟战败蚩尤后，将其一分为二。一支为蚩部落（苗族先祖），另一支为尤部落（瑶族先祖）。《评皇券牒》云："评王与高王争战，评王屡败，于是出榜招贤，臣僚俱无承认，惟……盘瓠扯下王榜，漂洋过海斩杀高王，后评王许三公主与之为妻。盘瓠与三公主婚配后，着鼓乐送入会稽山。"这段传说应承炎黄蚩尤战争之后，尤部落以"龙犬"为图腾的一支氏族援助评王而夺得高王天下，受封于会稽山。

杜尔根在《宗教之原初形态》中说："始祖之名，仍然是一种图腾。……氏族的图腾起源及始祖的由来，似乎只有一个。"以某种动物作为图腾的人们，一般来说是不食其肉的。⑤《左传·文公元年》楚太子商臣"以官甲围成王，王请食熊蹯而死，弗听，丁未，王缢"。对于这段文字，姜亮夫先生释为：且楚人不食熊掌，熊掌者，齐、鲁以为美食，而楚君乃愿食熊蹯而死。图腾忌，不能食，此其遗义之证。⑥ 瑶族以"龙犬"为图腾，崇拜盘瓠为始祖。民俗学者认为，原始部落的图腾崇拜物，往往反映出本部族的习俗习性，所以瑶族不食狗肉，在龙窖山就留下了"狗肉坑"遗址。

其后又经历了尧舜时代的征战，盘瓠氏族经过多次迁徙后，有一支可能在春秋战国时期迁徙到"江汉之浒"。《左传·桓公九年》云："巴子使韩服于楚，请于邓为好，楚子使道朔，将巴客以聘邓，邓南鄙鄾人攻而夺之币（师）。……夏，楚使斗廉帅师救鄾，三逐巴师，不克。……邓师大败，鄾人霄散。"据李本高先生考证，鄾与尤读音相同，鄾亦尤人所建之国。⑦ 也就是

---

① 《后汉书·南蛮西南夷列传》。
② 《宋史》卷九十七。
③ 梁载言：《十道志》，见《汉唐地理书钞》（影印本），1961。
④ 童恩正：《从出土文物看楚文化与南方诸民族的关系》，见《湖南考古辑刊》，第三辑，1986。
⑤ 马世之：《略论楚族先民的图腾崇拜》，见《楚史与楚文化研究》，《求索》杂志社，1987。
⑥ 姜亮夫：《三楚所传古史与齐鲁三晋异同辨》，载《历史学》，1979（4）。
⑦ 李本高：《瑶族评皇券牒研究》，长沙，岳麓书社，1995。

瑶族先民所建的国家。又据何光岳先生考证，邓，侯爵，在今湖北襄阳县西北20里的邓城，公元前678年被楚文王所灭，鄾亦作优，子爵，邓之附庸，在今湖北襄阳县东北15里的张家湾与邓同被楚所灭，子孙以优为姓。① 随着楚国的强大与扩张，"江汉之浒"的蛮夷小国被多次征讨，已证明以"龙犬"为图腾的盘瓠部落加入了"蛮夷集团"，抑或在战国晚期，其中一支已经踏过了云梦古泽，加入长江以南、洞庭湖西岸的"群蛮集团"（长沙、武陵蛮）。江应樑先生在《说濮》中阐述："在中国历史上，任何一个民族，其发展的过程同时存在三个方面，一是融合，二是迁徙，三是部分保留下来。这些留下来的族属，有的保有原有的族名，有的另用一个新的族名。"② 所以，在江南鄾国之名再也不复存在，只保留其先祖遗留下来的风俗与精神。《春秋大事表·四裔》南蛮表引言说："故其时，蛮夷之在今湖南境内者……往往不能举其号，第称蛮曰，群蛮，濮曰，百濮以概之，盖其种类实繁，其地为今某州某县亦难可深考。"但从社会发展的进程来看，江南无论如何落后于江北。因此，江南的蛮是群蛮，濮是百濮，可能是事实。③ 所以，"无君长总统，各以邑落自聚"，"无屯聚，见难则散归"的原始型、松散型是瑶族先民的管理模式。楚恭王时，他没有注意到民族地区的特点，只根据先辈楚武王以来兼并小国的经验去打江南，直到进入江南后，才发现要征伐，找不到其主力所在；要行成，又不知道其有没有政治中心。因此"后车千乘"声势浩大的南征，结果却扑了个空。时至东汉初期刘尚、马援讨伐"五溪蛮"，临沅溯沅水而上，也没有找到"五溪蛮"的政治、经济、文化中心。结果伏波将军马援兵马受阻，病死军中；威武将军刘尚发长沙南郡武陵兵击蛮，精夫相单程等遂据险屯聚，④ 最后也是兵败沅水。

东汉时期，在湘西和鄂西地区，也是天灾不断。据巴东县西襄口三峡大队第一生产队老屋场橘园内东汉纪年墓砖文"永元十二年（100年），三月十二日黄雅南"的考古发掘报告，在与纪年墓第一次清理发掘的一批墓葬中，这批古墓葬破坏十分严重，坍塌、位移、扭转、挤压、振动……各种力量造成的情形，不可归纳为人为或材料结构的原因，只能是地震所为。其严重破坏的墓葬都早于纪年墓。⑤ 证明在永元十二年以前鄂西地区曾发生了强大的地

---

① 何光岳：《楚国灭国与移民》，见《楚史与楚文化研究》，1987。
② 江应樑：《说濮》，载《思想战线》，1980（3）。
③ 顾铁符：《江南对楚国的贡献与楚国的开发江南》，见《湖南考古辑刊》，第一辑，1982。
④ 《岳州府志·军政考》卷六。
⑤ 林奇：《巴东纪年墓与三峡地震》，载《江汉考古》，1983（4）。

震。《水经注》卷三四："江水历峡东经（过）新崩滩。"注云："此山汉和帝永元十二年崩，晋太元二年又崩，当崩之日，水逆流百里，涌起数十丈，今滩上有石，或园如箄，或方似屋，若此者众。……新崩滩在秭归。"正好也与墓葬资料相一致。充分反映鄂西乃至洞庭湖西岸的广大地区在东汉早期，曾多次发生过地震。

时至秦汉时期，下限东汉初期，生活在洞庭湖西北地区的"长沙、武陵蛮"其中的一支盘瓠氏族由于难以忍受残酷的民族战争、部落之间的兼并，抑或"阴阳反乱"、"马鹿反乱"等天灾人祸，不得已在落后的生产力与生产关系条件下，经历了第一次瑶民族生死存亡的"漂洋过海"，即漂长江过洞庭的伟大历史创举。

2."漂洋过海"到东京之考

《盘王大歌》[①]、《瑶族〈过山榜〉选编》[②]、《评皇券牒集编》[③] 等研究瑶族历史的文献资料均多次记叙"漂洋过海到东京"的事实。因此，"漂洋过海"也成为瑶族重大历史事件学术讨论的焦点。要研究这个重大历史事件，重点是解决"漂洋过海"中的实质问题。

一是"漂"与"海"之义。漂者，浮也。顺水而行为漂，从上游向下游为之漂，顺风行船者也为漂。"海"，亦可指大湖。《禹贡》"江、汉朝宗入海，九江孔殷。"清代王柏心在《睿虎渡口导江流入洞庭湖》释："九江，即今洞庭湖，以九水所入得名。"《禹贡集解》谓："言九江孔殷，正与见其（洞庭湖）吞吐壮盛，浩无津涯之势，决非寻常分派小江之可当。"入海者，应为洞庭湖。《国语·楚语》云："赫赫楚国，而君临之，抚征南海，训及诸夏，其宠大矣。"顾铁符先生认为，当时人对江南的地理不清楚，总以为江南就是"南海"，所以，"南海"也就是指"江南"。[④]《国语·楚语》又云："奄征南海，以属诸夏。"据韦昭的说法，"南海"即群蛮所居地方，主要应指湖南地区。[⑤] 而湖南最大的海又在什么地方？无须赘言，只有烟波浩渺八百里的洞庭湖。《过山榜·万福攸同·兰桂腾芳》云："……十二姓瑶人为大旱三年，妻子寻朝（找）无食，在湖南海岸，橹（捕）鱼失错！放火焚烧南海万里江山。"[⑥] 进一步证实，"南海"所指的就是洞庭湖。

---

① 郑德宏、李本高整理译释：《盘王大歌·千家峒歌》，下集，长沙，岳麓书社，1988。
② 《瑶族〈过山榜〉选编》，长沙，湖南人民出版社，1984。
③ 黄钰：《评皇券牒集编》，南宁，广西人民出版社，1990。
④ 顾铁符：《江南对楚国的贡献与楚国的开发江南》，见《湖南考古辑刊》，第一辑，1982。
⑤ 伍新福：《略论楚国对湖南的开拓》，见《楚史与楚文化研究》，1987。
⑥ 《瑶族〈过山榜〉选编》，47页，长沙，湖南人民出版社，1984。

二是"东京"之说。《说文解字》云:"京,人所为绝高丘也。"《尔雅·释丘》:"绝高为之京。"《三国志·魏书·公孙瓒传》:"为围堑十重,于堑里筑京,皆高五六丈。"陵,大阜也,大陆山无石者。《诗·小雅·天保》:"如冈如陵"。既然京、陵均可指山丘,两字应互可用。《禹贡》:"岷山导江,东别为沱,又东至于澧,过九江,至于东陵。"王夫之《书经稗疏》曰:"东陵者,巴陵也。"吴敏树《巴陵·东陵说》:"导江,过九江,至于东陵,后人皆不知其处,以九江乱之地。自知九江即洞庭,而东陵为巴陵审矣。"三国时成书的《水经》明确记载:"九江地在长沙下隽县西北",指今长沙岳州洞庭湖。东陵与巴陵所处位置是完全一致的。如果"东陵"、"巴陵"不误,正好巴陵地处洞庭湖东岸,与《盘王大歌》"漂洋过海到东京"的"东京"是相吻合的。

秦汉以降,长江荆江段从湖北枝城到岳阳城陵矶,由于诸多的地理因素,出现荆江四口涌入洞庭湖,即松滋口入湖者为松滋河,太平口入湖者为虎渡河,藕池口入湖者为藕池河(分为三支),调弦口(1958年堵塞)入湖者为华容河。从地形分布水系流向上分析,"漂洋过海"只能在洞庭湖。

故此,从"漂"的本义,"南海"所指定为洞庭湖,东陵(京)为巴陵确立,从而论证这次"漂洋过海"实属过洞庭湖无疑,而且只能是从洞庭湖西岸某地顺水漂流到洞庭湖东岸的巴陵辖地。

3. 洞庭湖历史变迁之考

洞庭湖(北纬28°44′~29°35′、东经111°53′~113°05′)位于湖南省东北部,长江中游荆江段之南岸,湖体呈近似"U"字形,水位33.5米时(岳阳站、黄海基面)。洞庭湖在历史上的名称颇多,其中有史籍可考者除洞庭湖外,还有云梦、九江、五渚、三湖、重湖等。

洞庭之名始于春秋战国时期。《山海经·中山经》云:洞庭之山,"帝之二女居之,是常游于江渊。澧沅之风,交潇湘之渊,是在九江间,出入必以飘风暴雨"。晋人郭璞注曰:"君山湘君之所游处,亦名洞庭山。"又据《湘妃庙记略》:"洞庭盖神仙洞府之一也,以其为洞庭之庭,故曰洞庭。"《战国策》云:"秦与荆战,大破之,取洞庭五渚也,湖水广圆五百余里,日月若出没于其中。"司马迁在《史记》中载:"秦乘夏水,四日而至五渚。"郦道元在《水经注》中释为:"以湘、资、沅、澧四水自南而入,荆江自北而过,洞庭诸其间,故谓之五渚。"洞庭湖称谓,史籍记载甚多,且不一一赘述。

洞庭湖的大地构造为地洼区,横向西南背斜和鄂黔向斜,东北为华容隆起,西北为黔北台凹,西南为雪峰隆起,东为幕阜九岭台凸。而湖盆区自中生代后期以来,形成了一系列大小不等的洼地。如西部有澧县洼地、常桃洼地，南部有沅湘洼地，等等。至第三纪末期，湘、资、沅、澧四水在喜马拉雅山运动中形成，汇流群山万壑诸水入盆地区，于是出现许多不大的湖泊群。至第四纪下更新世时期，盆区地壳下沉，这时形成了洞庭湖。

由于新构造运动使洞庭湖盆地区稳定下沉量东南部大于西北部，而湖盆区外围的地壳运动又是掀升性质的，故此，洞庭湖区由西北向东南倾斜，加速了东洞庭的深凹与扩大，并延缓了西部湖盆区的扩展。东北云梦泽地区受新构造运动的影响，地势自北向南倾斜，加速了荆江向华容隆起地带下沉，从而迫使澧江口（今岳阳西北广兴州一带）与三江口连成一片，使洞庭的入江水道也加宽加深。① 导致长江在岳阳、临湘地段形成"V"字形。

据分析，先秦时期，洞庭湖水域浩渺，面积曾逾6000平方公里。其后因江（荆江）湖变迁，历经汉、晋、南朝，湖泊逐渐萎缩，解体为若干小湖群。唐宋时期湖面复又扩涨，至清代晚期，因荆江四口分流南注，湖泊"返春"，湖面扩展又逾6000平方公里。② 从分析中可知早期洞庭湖的规模，难以从史籍文献中进行具体考证，故从地质钻探、文物考古及建置设立等方面来进行佐证。

（1）钻井资料表明，湖区在全新世广泛分布着湖湘地层，沉积物由深灰或蓝灰色粉砂质淤泥、黏土组成，且含数量不等的贝壳，深度在7～8米。根据全新世湖湘地层的分析推断，当时湖泊范围浩大，湖水面积似不小于6000平方公里。③

（2）湖区范围内的安乡、南县、华容、沅江、湘阴、汨罗等县市以及地处湖区中心部位的大通湖农场，广泛分布新石器时代的大溪、屈家岭、龙山文化的大量遗址，被埋于7～8米厚的湖相淤泥层下，其中龙山文化在湖区四周及中心部位均较繁荣，遗址达300处左右。说明彼时尚未存在浩瀚大湖。新石器文化至龙山期中断，湖区腹地普遍缺失商周文化遗址或墓葬。迄今还未在这一地区发现有关政治、经济和文化活动的任何文字记载。正是由于湖面的扩涨和泥沙淤积，才使得龙山期之前的新石器文化层得以保留，而龙山期到商周时期的文化层则相应缺失。④

（3）从湖区的建置兴革而言，在北抵长江、南至汉寿—湘阴一线、东起岳阳—湘阴一线、西达公安—汉寿一线的广大湖区腹地中，东汉前未置一县。

---

① 窦鸿身、姜加虎：《洞庭湖》，北京，中国科技大学出版社，2000。
② 窦鸿身、姜加虎：《洞庭湖》，北京，中国科技大学出版社，2000。
③ 窦鸿身、姜加虎：《洞庭湖》，北京，中国科技大学出版社，2000。
④ 窦鸿身、姜加虎：《洞庭湖》，北京，中国科技大学出版社，2000。

说明先秦时期洞庭湖"巨浸"的客观存在。①

（4）《水经注》载："江水又东，过夷陵县南。在江之左岸，绝岸壁立数百丈，飞鸟所不能栖，有一火烬插在崖间，望见可长数尺。父老传言：昔洪水时人薄舟崖侧，以余烬插之崖侧，至今犹存，故先后相承，谓之插灶也。"②又据宜昌市考古工作者介绍，在葛洲坝、三峡水利工程建设选址前期的考古调查中，在三峡的石壁上曾发现多处有古代人类刻画的鱼纹，经考证，这些鱼纹是当时的水文记载。从另一个方面论证了当时长江水位之最高，江水也随着地壳的下沉而降。

以上考证正好与《盘王大歌》记叙的"伏泰二年雷疯癫"和"洪水淹天"等事实相印证。所以，瑶族先民视洞庭湖为"南海"也就不足为奇。

其一，《战国策》之证。逮至战国末期，洞庭湖的范围随着泥沙淤积等自然演变过程的发展已有萎缩，但仍不失烟波浩渺的面貌。《战国策》云："秦与荆战，大破之，取洞庭五渚也，湖水广圆五百余里，日月若出没于其中。"估算彼时洞庭湖的面积当在 1300 平方公里左右。③

其二，《鄂君启金节》之证。1957 年在安徽寿县丘家花园出土的《鄂君启金节·舟节》云："大司马邵阳败晋师于襄陵之岁。……屯三舟为一舿，五十舿，岁赢返。自鄂往，逾湖，上汉……上江，入湖，庚溁，庚涉阳；入耒，庚鄙（鄙）；入资、沅、澧、繇（油）。上江，庚木关，庚郢。"④据考证为楚怀王六年（公元前 323 年）铸行给鄂君启的行船通行证。从《鄂君启金节·舟节》中获知，当时鄂君启 150 艘的大船帮，可从洞庭湖进入湘、资、沅、澧，而且还可以任意到达其上游各地进行商贸。同时，也论证了洞庭湖之浩渺，水位之高。

其三，秦始皇浮江之证。《史记·秦始皇本纪》"二十八年（公元前 219 年）……始皇浮江，至湘山祠，逢大风，几不得渡，上问博士曰：'湘君何神？'博士对曰：'闻之，尧女舜妻，葬此。'始皇大怒，使刑徒三千人，伐湘山树，赭其山。"秦始皇是从东海逆水而至湘山，作为封建王朝第一代始皇，船队之庞大也是可想而知的，而在湘山"遇大风，几不得渡"，却又论证了洞庭"出入必以飘风暴雨"也。

其四，西汉时人口资料可证。根据西汉时期洞庭湖的构结，梅莉先生等

---

① 窦鸿身、姜加虎：《洞庭湖》，北京，中国科技大学出版社，2000。
② 郦道元：《水经注·江水》卷三四。
③ 窦鸿身、姜加虎：《洞庭湖》，北京，中国科技大学出版社，2000。
④ 殷梁非等：《寿县出土的"鄂君启金节"》，载《文物参考资料》，1985（4）。

研究估算，西汉时期滨湖平原有人口17918户。到唐代人口才有较快增长。① 也说明西汉时期洞庭湖巨浸面积之大。

我们还可以从南朝时期洞庭湖春汛泛涨图和唐宋时期洞庭湖的水系图进行比较，就滨湖平原建置分布、河湖水系的交叉等，完全可以论证洞庭湖在秦汉时期仍处在"巨浸"阶段。

4. 临湘古代水文考

临湘地处长江与洞庭湖交汇处的东部。在市内的定湖镇、长安镇、羊楼司镇、白云镇，曾先后出土有海生三叶虫化石、海生腕足动物石燕化石，陆生熊猫、剑齿象等哺乳动物化石，在源塘镇出土距今20万年前的打制旧石器，展示了临湘地域从海洋变化形成大陆的过程及原始人类生存的史实。② 临湘地形东南高，呈幕阜山余脉，龙窖山是其主峰；西北低，紧依长江，湖河交错。境内有芭蕉（又名白石）、松阳（又名翟家）、枫江、鲁家、白泥、肖田、三角、万家、儒溪、冶湖、涓田、陈家、鲤鱼、小脚、金兰、门坎、黄盖17个天然湖泊，沿湖48汊，水面共30余万亩，其中湖内又划分为28个小湖。如白泥湖划分有前白泥、后白泥、拖八里、宝塔、臣山等6个小湖；冶湖内分布有牛角海、燕子海、史家海3个小湖；涓田湖划分天鹅、小泥、土箕（又名张家港）、团湖4个小湖；黄盖湖内划分有倒都、太阳、叶家桥、麻成桥、源潭、高桥、平湖、同德、杨花、中山、牛屎、下寨、马蹄、葛家等15个小湖。分别由象骨港、北尾、太平口3条天然港排入长江。③

据史料记载，临湘最早实施围堤把湖与长江隔开为明成化二十年（1484年），在白石、翟家两湖口筑永济堤，长4000丈，广2丈，缘地为平高者七八尺。④ 岳阳最早于庆历年间（1041—1048年）由太守滕宗谅主持兴建偃虹堤；华容于宋至和年间（1054—1056年）筑有黄封堤；荆江也只在东晋永和年间（345—356年）桓温任荆州刺史时开始修筑荆江大堤的金堤，即万城堤。⑤ 所以修筑大堤前，每年春汛和秋汛期间，长江、洞庭湖与临湘的滨江小湖连成一气，水天一色，横无际涯。明代李东明在《新筑永济堤记》中写道："顾其西，长江奔流冲啮无定，东则白石、翟家三湖所汇，地势卑垫，每夏、秋季，洞庭、江、汉与二湖合，浩荡掀播，茫无畔涯。"

---

① 梅莉等：《两湖平原开发探源》，南昌，江西教育出版社，1985。
② 临湘市博物馆文物普查资料。
③ 临湘市水务局：《临湘市水利水电志》（内部资料），62～85页，1982。
④ 临湘市水务局：《临湘市水利水电志》（内部资料），62～85页，1982。
⑤ 窦鸿身、姜加虎：《洞庭湖》，北京，中国科技大学出版社，2000。

康熙《临湘县志》载:"陆城在县东南七十里,吴陆逊屯兵下隽,建昌侯孙虑筑土城以居之,故名。今板桥里土城是其遗址。"板桥陆城位于龙窖山下的城南乡板桥村。《三国志·吴书》"黄龙元年(229年),拜逊为上大将军、右都护。是岁,权东巡建业,留太子、皇子及尚书九官,徵逊辅太子,并掌荆州及豫章三郡事,董督军国。时建昌侯虑于堂前作斗鸭栏,颇施小巧,逊正色曰:'君侯勤览经典,以自新益,用此何为?'虑即时毁彻之。"① 文献记载陆逊在孙虑封建昌侯时,确实在板桥屯兵。通过文物调查,"板桥陆城"的土城残垣尚留,沿城垣的靠船埠头可辨,同时还出土有东汉时期的几何纹图案墓砖及"东王父西王母"神兽纹铜镜。② 从而论证了洞庭湖高水位时,可达龙窖山下的板桥。因陆逊屯兵主要是战船,没有高水位,吴国的战船是不能到达的。黄盖湖是黄盖率蒙冲斗舰,诈降曹营,借助风势,巧用火攻,出击乌林之处。据《湖广通志》、光绪《湖北通志》、《岳州府志》、《蒲圻县志》载:赤壁战后,孙权论功行赏,以此湖赐黄盖故名。近几年,临湘曾出土有"大吴"铁锚、铜盆、神兽铜镜、青瓷虎子、五铢钱等一批东吴的典型文物。③ 佐证了汉魏时期,临湘西北江河湖港交错,在涨水季节,大小船只可抵龙窖山下,为瑶族先民"漂洋过海"抵达龙窖山,解决了先决条件。

《盘王大歌》叙:"八月十五苦不尽,瑶人来到大海边。"《游愿歌》叙:"不唱了,芦花开时扎大排,扎得大排撑过海,游愿还归师公来。"都较为准确地记叙了瑶族先民"漂洋过海"的具体时间,是在某年的"八月十五"或"芦花开时"。在江南,每年八月十五正值芦花绽放之时,也是秋汛的涨水季节。值得注意的是,瑶族先民在原始生产力条件下,既没有像鄂君启"三舟为一舿"挺进的大船帮,也没有秦始皇游江南时的豪华官舫,更没有陆逊屯兵之战舰,而是就山伐木,自己动手编扎大木排,漂流"横无际涯"的"茫茫南海"。所以,《盘王大歌》唱:"风来浪起阻行程……茫茫无边实可怜,造船三百六十日,忧忧愁愁叹长声。全靠盘王慈悲心,保佑漂航船顺行。"只能是祈祷苍天,祈祷盘王,祈祷诸神保佑,"使吾族生更使吾族活"。

综上所述,以"龙犬"为图腾的"长沙、武陵蛮"中的一支氏族,在秦灭楚后,抑或东汉初期,为逃避战争及天灾人祸,寻求生路,从洞庭湖西岸"漂洋过海"到洞庭湖东岸巴陵(岳州)所辖的龙窖山中。在洞庭湖西岸何处起排漂流呢?据考证,就在华容县境内的"龙峰"山下。理由有三:一是

---

① 陈寿:《三国志·吴书》,北京,中华书局,1983。
② 临湘市博物馆文物普查资料。
③ 临湘市博物馆文物普查资料。

《盘王大歌》所叙"龙头山上本是好,马鹿骚扰透心忧,阳春受灾无法保,姊妹商量出山游"的"龙头山"与华容境内"龙峰山"只是叫法不同,应指一处。《岳州府志》云:"华容县东诸山中有'龙峰'。十里二峰笔立㝡秀,俗称石嘴山,相传山半巨窍中有龙云出拍天心雨,声响'輼凤'。"① 二是"龙峰"北面紧依长江,南偎洞庭湖,是长江与洞庭湖交汇处伸向最远的一块高台地,可节省漂流时间。三是在"龙峰"山下三封寺镇的车辕山和新铺等地发现新石器时期至东周时期的文化遗存,岳阳许市也有老屋台子、新屋岭、王家岭、横档湖等新石器时期到东周时期的文化遗存。② 证明这块高台地适合人类生存,也曾有过人类生存,不在洞庭湖的"巨浸"中。故此是摆排行渡的天然场所。

瑶族先民在"龙峰"山下起排,顺风顺水而下,漂流荆江向华容隆起地带江湖形成的一气之域,就是今华容县三封寺、岳阳县许市、广兴洲、钱粮湖农场、建新农场、君山农场等地。到达长江与洞庭湖交汇处的三江口东岸巴陵城陵矶。《水经注》云:"巴陵西对长洲,其洲南分湘浦,北届大江,故曰三江口也。三水所会,亦或谓之三江口矣。"在此小憩后(汛期城陵矶四周为洪水所浸),再顺滨江湖泊过白石湖、翟家湖、白泥湖及冶湖中的史家海、燕子海、牛角海,到达黄盖湖,再进入陆逊屯兵之处的板桥(溦水上游),然后撑船到达龙窖山下,再徒步深迁至龙窖山中的畲家山等地。《盘王大歌》唱道:"大船漂荡三江口,扎石累累断江流";"红鹤飞来又飞去,飞上湖南七里路,湖南江口竖路牌"。从此,瑶族先民在龙窖山开始了新的生活。

七、龙窖山瑶族"漂洋过海"与《评皇券牒》

"漂洋过海"是瑶族历史上伟大壮举。在漫长而残酷的族群较量中,盘瑶子孙通过"漂洋过海"故事的传承,追念祖先,牢记祖训,"子孙代代敬神圣,承宗接祖不忘恩",形成了民族文化的共识,激发了巨大的民族凝聚力,铸就了永不泯灭的瑶族精神。龙窖山的瑶族是瑶族先祖的一支,论证龙窖山瑶族的存在与迁徙,有必要求证龙窖山瑶族的"漂洋过海",而这可以通过瑶族历史文献中记载的"漂洋过海"信息,结合洞庭湖东北岸的古代文化遗存、古地名及相关资料进行互证。

(一)"漂洋过海"史事的追忆

"漂洋(湖)过海"的史话,瑶族历代传颂,家喻户晓,盛传不衰,散见

---

① 《岳州府志·职方考》。
② 国家文物局主编:《中国文物辑图集·湖南分册》,45页,长沙,湖南地图出版社,1997。

于各种类型的《评皇券牒》①及瑶族史诗《盘王大歌》②、《瑶人经书》③等瑶族文献史料。

《评皇券牒》又名《过山榜》或曰《过山图》。《过山榜》是评皇颁发给瑶民的"保护伞"、"护身符"。瑶民视为生命,世代珍藏。《评皇券牒》是研究瑶族历史的信息。容观夐先生就漂洋(湖)过海这一历史事件做过统计工作,在149份《评皇券牒》中,有24份叙述了漂洋(湖)过海,其流传地域为广西5份、广东3份、泰国1份。④张有隽先生在《盘瑶渡海神话考释》一文中,曾对102份《过山榜》进行统计,其中有17份涉及漂洋(湖)过海,并对渡海原因、渡海时间、渡海出发地等作出了细致的分析。⑤根据《评皇券牒》(《过山榜》)追忆"漂洋过海"的史事,其大致可分为以下几种类型:

一是概念类型。《圣牒榜文》载:"盘古大护,招兵买马,保护漂遥(湖)过海,十二姓瑶丁,过州、府、县,寻田塘水土,耕种谷禾,养活儿女性命,穷苦艰难。"⑥《评皇券牒》云:"盘王手印十二姓瑶人,置立过山榜,逢山过山,逢水吃水,斩木根,断木尾,浮游天下,漂湖过海,刀耕火种。"⑦此类《评皇券牒》只追忆瑶族漂洋(湖)过海的时间史事,对渡海的时间、出发地、目的地等关键问题未加说明。

二是地域类型。《评皇券牒》⑧、《过山根》⑨、《十二姓瑶人分基来路总图》⑩、《评皇券牒·源远流长》⑪均载:"盘王正在南京拾宝洞,来到紫京(荆)山住居落业,又到南海佛(浮)桥头为祖地。又于景定元年,一十二姓王瑶子孙商议要过南海,渡以彼岸,诚心拜许盘王愿,以(已)得渡达。……八月十五日,漂湖过海,各村内就在小南渡各写路途下山落乐(业)。"原湖南零陵地委统战部黄耀武的祖父保存了一份《瑶人出世根源》,

---

① 黄钰:《评皇券牒集编》,南宁,广西人民出版社,1990;《瑶族〈过山榜〉选编》,长沙,湖南人民出版社,1984。
② 李本高、郑德宏整理译释:《盘王大歌》,下集,长沙,岳麓书社,1988。
③ 郑德宏等:《瑶人经书》,长沙,岳麓书社,2000。
④ 容观夐:《瑶族历史三题》,见《瑶族研究论文集》,广西瑶学会,1987。
⑤ 张有隽、罗宗志:《盘瑶渡海神话考释》,2001年湖南临湘瑶史研讨会论文。
⑥ 黄钰:《评皇券牒集编》,310页,南宁,广西人民出版社,1990。
⑦ 《瑶族〈过山榜〉选编》,9页,长沙,湖南人民出版社,1984。
⑧ 黄钰:《评皇券牒集编》,164页,南宁,广西人民出版社,1990。
⑨ 《瑶族〈过山榜〉选编》,29页,长沙,湖南人民出版社,1984。
⑩ 黄钰:《评皇券牒集编》,454页,南宁,广西人民出版社,1990。
⑪ 《瑶族〈过山榜〉选编》,34页,长沙,湖南人民出版社,1984。

该书前半部是《过山榜》，后半部的标题是《又开出十二姓瑶人根源书来》①。瑶人根源是五（武）昌府龙头山，后又"漂洋过海"，然后到广东落（乐昌）府天林山好耕种。②此类《评皇券牒》明确地记载了瑶族漂洋（湖）过海的出发地、到达彼岸的目的地，而且给研究者传递了一条瑶族迁徙的重要信息，即从南京拾宝洞来到紫京（荆）山（住居落业），又到南海佛（浮）桥头（为祖地）漂湖过海至小南渡，再到广东乐昌府、广西平乐府。

三是综合类型。《瑶民榜文》③、《十二姓瑶人分基来路总图》④、《万福攸同·兰桂腾芳》⑤均载："始祖太公赵朝三，开劈年间，居立（住）武昌府，下湖南海岸出会稽山白云之地安居，一十二姓瑶民为大德三年，妻子寻朝（找）无食，在湖南海岸网鱼，失落火种，烧去房屋，湖南万里百姓奏报，上司旨下回文，拘十二姓瑶民盘王子孙，送到（去）广西投（逃）生。来到洞庭湖，半载不得过湖，雨不顺，风不就，叩许全猪良愿，只见奏本开船，漂洋过海。"此类《评皇券牒》既明确地记载了渡海的时间为开劈年间、大德三年（1299年），又记载了渡海的出发地为洞庭湖、目的地为广西，同时还录入了渡海的原因。

四是海外类型。老挝琅勃拉邦开梭村赵姓瑶人《漂遥过海》神话："盘古圣王坐落金銮殿上，置有南京道十宝洞平田水土。……洪武王开枝，圣王退位……十二姓瑶友子孙不耐（奈）之何，思量思着，正来漂湖（遥）过海。……扎落广东韶州府落（乐）昌县庭，扎三年四岁，各人开口商量，各办还恩答谢圣王。"⑥日本史学家白鸟芳郎编泰国的《瑶人文书》其十一《女人唱歌》云："寅卯二年天大旱，三年无米又无粮，十二姓瑶人无内记，漂遥过海向东京，过了三百六十日，忧忧愁愁在船中……流落广东韶州府，乐昌安扎置田塘。"以后再由乐昌辗转移居泰国。⑦《世代流传祖居来历书》载："在顺治坐京元年，四月初八日，漂游过海，过红水渡。……三翁分开，一捻（支）下南海；一捻下交趾；一捻下广东道韶州府乐昌县安居。"⑧此类《评皇券牒》其时代较晚，为明清时期的版本。它既追忆了瑶族先民"漂洋过海"

---

① 《瑶族〈过山榜〉选编》，84页，长沙，湖南人民出版社，1984。
② 宫哲兵：《千家峒运动与瑶族发祥地》，武汉，武汉出版社，2001。
③ 黄钰：《评皇卷牒集编》，439页，南宁，广西人民出版社，1990。
④ 黄钰：《评皇卷牒集编》，454页，南宁，广西人民出版社，1990。
⑤ 《瑶族〈过山榜〉选编》，47页，长沙，湖南人民出版社，1984。
⑥ [日]竹村卓二著，朱桂昌、金少萍译：《瑶族历史和文化》，南宁，广西民族研究所，1986。
⑦ 李默：《关于瑶族迁徙和漂洋过海史事的探讨》，2001年湖南临湘瑶史研讨会论文。
⑧ 《瑶族〈过山榜〉选编》，110页，长沙，湖南人民出版社，1984。

的史事，也载入了近代部分瑶族同胞漂流海外的辛酸历史。

《盘王大歌》、《瑶人经书》叙述了瑶族的历史、思想、斗争和文化，是瑶族社会中的一部"百科全书"，是瑶族灿烂文化的一部史诗，也是瑶族人民集体智慧的结晶。《盘王大歌·盘王出游歌》云："寅卯二年天大旱，旱死江河千万源……十二姓瑶人无出路，漂洋过海到东京……游到广东南海岸，开垦千山造万田，流落广东潮州府，乐昌立寨造田庄。"《十二姓瑶人游天下》云："瑶人出世武昌府，满目青山到处游，龙头山上耕种好，老少乐业世无忧。景定元年四月八，姊妹一齐到海边，众人商量渡海去，人齐心齐找山源……离船上岸到广东，乐昌宝地且安身，天林山上立村寨，青山开好种阳春。"还有《盘古歌》、《千家峒歌》、《游愿歌》、《过山根》等均唱颂了"漂洋过海"的故事。《瑶人经书》亦云："洪武年间管朝上，改换君王换九州，架羽移居南海上，天旱四岁圣也忧……实在民量无头叩，约齐贤兄漂过湖。……搭上广东韶州府，罗（乐）昌县里立花街。"由于瑶族历史上有语言无文字，《盘王大歌》、《瑶人经书》多用汉字记瑶音，用民族语言口耳相传保留下来。因此之故，它完全能佐证《评皇券牒》中"漂洋过海"史事的真实性，但也难避免在追忆时择重弃轻，求大舍小，导致时空上的错乱颠倒。

按上述，《评皇券牒》、《盘王大歌》、《瑶人经书》记载的漂洋（湖）过海的史事中传出了诸多重要信息：民族生存的决斗、始祖盘王的历史地位、新的文化与习俗形成、民族称谓的变异、瑶族中亚姓的形成、新的婚俗礼义等等，姑且不一一赘述。暂就瑶族迁徙路线这条重要信息进行诠释。

一是漂洋（湖）过海是瑶族先民迁徙途中的必由之路。漂洋（湖）过海的确认，使"渡海神话所讴歌的鲜明主题，不外是在种族存亡的一大关键时刻，共沐神的恩宠的十二姓始祖和救世主盘皇之间结成一种祭祀的规约的关系"，表现盘瓠子孙这一历史共同体的各种民族精神。①

二是漂洋（湖）过海是瑶族历史上的伟大壮举，瑶族历代传承，家喻户晓，但也众说纷纭。其跨越的区域有长江、洞庭湖、太平洋，甚至粤方言"过江"也叫"过海"，构成漂洋（湖）过海的多元性、复杂性。

三是瑶族历代迁徙频繁，导致漂洋（湖）过海所发生的时代有异，也构成漂洋（湖）过海的差异性、多元性。

四是漂洋（湖）过海的主体清晰可辨。在《评皇券牒》、《盘王大歌》中，摒弃其多元性、复杂性、差异性，可以理出一条清晰可辨的迁徙路线：南京

---

① ［日］竹村卓二著，朱桂昌、金少萍译：《瑶族历史和文化》，南宁，广西民族研究所，1986。

拾宝洞→紫京（荆）山→南海佛（浮）桥头或武昌府龙头山→小南渡→广东乐昌府、广西平乐府。

在这条迁徙的主线中，其历时性变化斑斑可见，共时性区域也可圈可点，显示出瑶族先民至少有两次漂洋（湖）过海的史事。第一次漂洋（湖）过海：紫京（荆）山→南海佛（浮）桥头或武昌府龙头山。应为漂长江过云梦泽、洞庭湖。第二次漂洋（湖）过海：南海佛（浮）桥头（武昌府龙头山）→小南渡。应为漂洞庭湖，溯沅水、湘水而上。无论是从地域、时代，乃至瑶族文献记载及洞庭湖南岸瑶族的传说故事，均能见证瑶族先民曾在洞庭湖经历两次生与死的搏斗，从而激起了生存的勇气，超越了生命的"无限"，凸显出自强不息的民族精神。

（二）"漂洋过海"与龙窖山瑶族迁徙路线

龙窖山瑶族自何而来，向何而去？近年来，通过瑶史专家的田野调查、考察、论证等工作，初露端倪，但深层的问题，仍然扑朔迷离。笔者借助《评皇券牒》中"漂洋过海"所传递的信息，辨析与求证龙窖山瑶族的迁徙路线，以此一斑而窥其全貌。

1. 龙窖山瑶族第一次漂洋（湖）过海

早在炎黄时代，蚩尤部落缔结联盟（蚩为苗族先祖，尤为瑶族先祖）抗衡于炎黄部落，并与炎帝、黄帝战于涿鹿之野，后被打败，被迫向南或西南迁徙。《评皇券牒》追忆的"南京拾宝洞"，应为蚩尤部落联盟早期的封地。经历尧舜禹时代的征战，盘瓠氏族经历多次迁徙后，有一支可能在春秋时期迁徙到江汉之浒，建立鄅国，①后又被楚国所灭。②其后瑶族先民又重新组成"蛮夷集团"。秦汉时期，其先民加入了"荆雍州蛮"。③《评皇券牒》所追忆的紫京（荆）山，也应为荆州域沮漳河流域之荆山。伊次在《东南亚民族》一书中曾指出："楚国时的荆蛮，即今瑶族祖先，即居于荆州一带的蛮人。"瑶音称"山"为"京"、"荆"、"金"，"荆蛮"就是住在山里的"蛮人"，或者说是"瞒、盘、曼、绵人"。④"荆蛮"居住的大山漫山遍野生长着荆条，其颜色为紫色，故称为紫荆山。

根据《评皇券牒》记载的信息，探讨南海佛桥头抑或武昌龙头山的地望，

---

① 李本高：《瑶族评皇券牒研究》，长沙，岳麓书社，1995。
② 何光岳：《楚国灭国与移民》，见《楚史与楚文化研究》，《求索》杂志社，1987。
③ 李本高：《湖南省临湘市龙窖山瑶族千家峒考察报告》，见《龙窖山千家峒》（内部资料），2002。
④ 李本高：《湖南瑶族源流·湖南瑶族史概况》，长沙，岳麓书社，2001。

是论证瑶族先民第一次"漂洋过海"的关键,亦是龙窖山瑶族迁徙路线之关键。

(1) 南海——洞庭湖之证。"海"亦可指大湖。《禹贡》"江汉朝宗入海,九江孔殷。"清代王柏心《睿虎渡口导江入洞庭湖》释:"九江,即洞庭湖,以九水所入得名。"《禹贡集解》谓:"言九江孔殷,正以见其(洞庭湖)吞吐壮盛,浩无津涯之势,决非寻常分派小江之可当。"《国语·楚语》云:"赫赫楚国,而君临之,抚征南海,训及诸夏,其宠大矣。"又云:"奄征南海,以属诸夏。"据韦昭的说法,南海即群蛮所居的地方,主要指湖南地区。① 顾铁符先生认为,时人对江南的地理不清,总以为江南就是南海,所以南海也就是指江南。② 湖南的海,只有浩浩荡荡、横无际涯,朝晖夕阴、气象万千的洞庭湖。所以南海佛桥头实为洞庭湖之佛桥头。

(2) 东京——东陵—巴陵之证。《说文解字》释:"京",绝高丘也。《尔雅·释丘》绝高为之京。《三国志·魏志·公孙瓒传》:"为围堑十重,于堑里筑京,皆高五六丈。"陵,大阜也,大陆山无石者。《诗·小雅·天保》"如冈如陵。"既然京、陵均指山丘,两字应可互用。《元和郡县图志·江南道一》云:"建安十四年,孙权自吴理丹徒,号曰京城。……吴志又云魏将臧霸以轻船五百,敢死万人袭徐陵,攻烧城堑。即吴时或称京城,或称徐陵,或称丹徒,其实一也。"取其意"东京"亦可称为"东陵"。《禹贡》:"岷山导江,东别为沱,又东至于澧,过九江,至于东陵。"王夫之《书经稗疏》曰:"东陵者,巴陵也"。吴敏树《巴陵·东陵说》:"导江,过九江,至于东陵,后人皆不知其处,以九江乱之地,自知九江为洞庭,而东陵为巴陵审矣。""东京"为洞庭湖之滨的东陵—巴陵也。"漂洋过海到东京",顺理成章就是漂长江过洞庭湖到巴陵。

(3) 三江口——长江、洞庭湖汇合处之证。《水经注》云:"巴陵西对长洲,其洲南分湘浦,北届大江,故曰三江口也。三水所会,亦或谓之三江口矣。"《元和郡县图志》亦云:"巴陵城对三江口,岷江为西江,澧江为中心,湘江为南江。"三江口就是今天之三江口吗?回答是否定的。其一,《水经注》详细记载:"江之右岸有城陵山,山有故城,东接微落山,亦名晖落矶,东之南畔名黄金濑,濑东有黄金浦,良父口,夏浦也。又东经彭城口,水东有彭城矶,故水受其名,即玉涧。水出巴丘县东玉山,玉溪北流注于江。江水自彭城矶经如山北,北对隐矶。"解读上文,可知玉溪入江处在彭城口,玉溪为

---

① 伍新福:《略论楚国对湖南开拓》,见《楚史与楚文化研究》,《求索》杂志社,1982。
② 顾铁符:《江南对楚国的贡献与楚国的开发江南》,见《湖南考古辑刊》,第一辑,1982。

汨水支流，汨水与湘水在磊石山汇合。此处实为湘水入江口。彭城又距巴陵古县多远？《元和郡县图志》载："彭城洲在县北九十四里，宋元嘉三年（426年），荆州刺史谢敏反，召遣到彦之进讨，军次彭城洲，彦之军败，退守隐矶，即此处地。"彭城洲即彭城矶，按唐代里制折算，约为现代的30公里，正好是原临湘县县治陆城。康熙《临湘县志》载："微落山在县西二十里，一名晖落矶，山高二十丈，俱黄沙聚积而成，有石高十余丈，如道人面北而立，故呼道人矶……中有二洲，南为黄金濑，北有黄金浦。"又云："临湘矶在县南三里俗呼大矶头。《水经注》云如山对隐矶，今湖北监利之杨林矶称隐矶，与是山相对，即如山无疑。"《水经注》提到的地名在《临湘县志》中均已落实。亦可证当时南江湘水入口就在原临湘县县治陆城附近。由此断定：三江口也在此处。其二，1987年湖南省考古研究所对如山附近的铜鼓山商代遗址进行考古发掘，出土了一批商至东周时期文物。[①] 湖南考古研究所原所长何介钧先生在《湖南先秦考古学研究》一文中指出："从二里冈下层时期开始，湖南北部，洞庭湖东西岸，不同程度受到商文化的影响。……受商文化影响最强是东岸的湘江下游。当时湘江直接在今岳阳市西北陆城附近（原临湘县县治）注入长江。……铜鼓山遗址扼湘江入长江的河口，地理位置十分险要，成为盘龙城类型的商文化向西推进首当其冲之处。"何介钧先生通过考证，明确指出，湘江注入长江口，在原临湘县县治陆城附近。长江与洞庭湖汇合的三江口也必在此处。

（4）武昌府地望之证。"武昌"之名起源于三国，因孙权都鄂而得名。《三国志·吴书·吴主传》云："（黄初）二年（221年）四月，刘备称帝于蜀。（孙）权自公安都鄂，改名武昌，以武昌、下雉、寻阳、阳新、柴桑、沙羡六县为武昌郡……八月，城武昌。"当时武昌郡的辖地东至寻阳、柴桑（今九江市），西至武昌以西（今嘉鱼县），北抵长江，南至沙羡（今临湘市、赤壁市、崇阳县、通城县）的龙窖山。晋代武昌仍为郡治所在，统武昌、柴桑、阳新、沙羡、鄂、官陵等县，并由荆州改属新设的江州。南朝，荆州与江州之间又别立郢州，州治设在夏口（今武昌），武昌郡属郢州。武昌郡的辖县减为武昌、阳新、鄂三县。隋朝改郢州为鄂州，撤武昌郡，废鄂县入武昌县，隶属鄂州。唐朝设江南西道，辖管鄂州、沔州、安州、黄州、蕲州、岳州。这时武昌降为鄂州的一般县治。宋朝隶属鄂州，元代改鄂州路为武昌路，明朝朱元璋招降陈友谅，改武昌路为武昌府。蒲圻（今赤壁市）、通城、崇阳均属武

---

① 湖南省文物考古研究所：《岳阳市郊铜鼓山遗址东周墓发掘报告》，见《湖南考古辑刊》，第五辑，1989。

昌府。① 龙窖山为武昌府与岳州府之界山。历代区划及武昌的沿革亦可证实武昌郡（县、府）的地域区划并非长江以北，均在长江南岸，本不存在"漂洋过海"。《评皇券牒》追述"瑶人根源是武昌府的龙头山"。瑶音"头"、"窖"相通，理应为瑶族先民已经通过第一次"漂洋过海"，迁徙到武昌之辖地龙窖山。因此，第一次"漂洋过海"也只能是从长江北岸紫京（荆）山漂长江过云梦古泽与洞庭湖（长江与洞庭湖交汇的三江口）到达武昌辖地龙窖山。《盘王大歌》云："瑶人出世武昌府，漂洋过海到东京。"从以上论证辨析，《盘王大歌》的追忆，已经把"漂洋过海"的历史之举与祖居地武昌府龙窖山融为一体，深深地烙进族群的思想之中。《盘王大歌》为明清时期的版本，瑶族先民频繁的迁徙，导致追忆时的时代错乱，前后颠倒，也不足为奇。

2. 龙窖山瑶族第二次漂洋（湖）过海

综观上文的论述，瑶族先民从紫京（荆）山漂长江过云梦古泽与洞庭湖，迁徙到长江南岸、洞庭湖东北岸的武昌府龙窖山居住落业。龙窖山是瑶族南迁的早期千家峒。龙窖山的瑶族先民又何时离开此山，迁徙何处？在《评皇券牒》中同样能获得迁徙的信息，迁徙路线为：南海佛桥头→小南渡→广东、广西各地。

（1）佛桥头、南津（京）港地望调查。《评皇券牒》追忆了瑶族先民从紫京（荆）山漂长江过洞庭湖来到南海佛桥头为祖地。千百年来洞庭湖北岸地理变迁，还能否找到佛桥头？通过调查和考证，洞庭湖东北岸有两处名叫"佛桥"的地方。一是岳阳市城区紧依洞庭湖东北岸的金鄂山下。有一地名叫"曾佛桥"。《岳阳市地名志》载：此处原名"佛桥"，后因曾姓迁居，改名为"曾佛桥"。② 二是临湘市城东五里牌古代有三桥（即佛桥、花桥、金桥）。1984年城区扩建时，将原背街小巷"佛桥"建成了繁华的商贸大街，市民政局命名为"福桥路"。两处佛桥均与《评皇券牒》中的南海佛桥头的地望相吻合。岳阳市的"曾佛桥"在洞庭湖的东北岸，而且居于洞庭湖与瀹湖（南湖）之间，附近还有古渡口南津（京）港，是历代洞庭湖摆船行渡的天然港湾。临湘的"佛桥"地处长江南岸洞庭湖北岸的龙窖山下，在洞庭湖"巨浸"时期，③ 这里也是行船的渡口。

南津（京）港。"津"一指渡水的地方，一指桥。南津（京）港顾名思义就是南边的一处渡口抑或一座桥梁。按瑶音"山"读为"京"，亦曰南边的一

---

① 《蒲圻县志》。
② 《岳阳市地名志》，岳阳市地名办，1982。
③ 汪松桂：《龙窖山瑶族与漂洋过海》，载《瑶学研究通讯》，2001（17）。

座小山。南津（京）港与佛桥紧紧相依，正好形成古代的行船码头。在岳阳市扩城以前这里就是一处繁忙的内湖（瀟湖）码头。文物普查中，在南津港发现战国时期的文化遗存，采集有陶鬲和陶罐的残片，均为泥质灰陶和泥质红陶，其纹饰以绳纹、方格纹为主，并在附近的蒋家汉发现一处宋代古墓群。① 完全可信，此处正是"南海佛桥头"。

（2）瀟湖、尤港地望调查。瀟湖，又名邕湖，《水经注·湘水》云"湖（洞庭湖）之右岸有山，世谓之笛乌头石。石北右会瀟湖口。水上承瀟湖，左合洞浦，所谓三苗之国，左洞庭者也。"《元和郡志图志》云："邕湖，一名瀟湖，在县十一里。尔雅云：'河水决出还复入者为邕左传定公四年，吴入败楚于雍澨，五战入郢，即此是也。'"唐代张说云："邕湖，沅、湘、澧、汨余波，夏潦莽注则洴为湖，冬霜既零则涸为平野。"诗曰："念别邕湖去，浮舟更一临。千峰出浪险，万木抱烟湶。"② 李白也写下了《望邕湖》诗章："剪落青梧枝，邕湖坐可窥。雨洗秋山净，林光淡碧滋。水闲明镜转，云绕画屏移。千古风流事，名贤共此时。"③ 古代瀟、邕、雍相通，瀟湖、邕湖实为今洞庭湖畔之南湖。瑶人称水为瀟，瀟的来历与瑶族先民的迁居也是息息相关的。而且佛桥头、南津（京）港均在瀟湖的北岸。这应该不是巧合，与《评皇券牒》中的南海佛桥头相印证。

尤港的地望。瑶族自称为尤。在瑶族先民五溪蛮居住过的公安县、五峰县就有尤水、尤河之称。《水经注·湘水》云："湘水又北过下隽县西（崇阳、通城、临湘、岳阳汉代为下隽县），微水从东来流注。"微水的上游，自龙窖山以下至岳阳西塘段，名叫"桃林河"，古代又名"尤港"。④ 由此亦可信"尤港"为瑶族先民的居住地。

（3）地方文献与《评皇券牒》相印证。《评皇券牒》记载：景定元年（1260年）抑或大德三年（1299年）在南海佛桥头漂湖过海，到小南渡各写路途下山落业。隆庆《岳州府志》载："龙窖山……盖山徭人也。按宋以前有之，今不然矣。"《通城县志》载："元代前，通城为汉、瑶杂居地，后因战乱，瑶人渐入湖南。"《元史·顺帝五》载："辛酉，以湖广行省参知政事卜颜不花，右丞阿儿灰讨瑶贼，复湖南潭、岳等处有功。"以上文献均与《评皇券牒》追忆漂洋（湖）过海史事的时代高度统一，完全可证瑶族第二次漂洋

---

① 国家文物局主编：《中国文物图集·湖南分册》，350页，长沙，湖南地图出版社，1997。
② 《岳州府志·职方考》卷七。
③ 《岳州府志·职方考》卷七。
④ 临湘市水务局：《临湘市水利水电志》（内部资料），40页，1992。

（湖）过海就在洞庭湖北岸的巴陵佛桥头，其时代为南宋至元代，其移民当然也包括龙窖山的"山徭"。

（三）结　语

漂洋（湖）过海是瑶族史诗式的大行动。日本竹村卓二先生在《瑶族的历史和文化》一书中指出："渡海或飘遥过海的故事，按著者观察，至少在泰国北部有一种'立法'的意思。这个'规约'可以把所有成员的内心世界统一在一元文化的行动规范之下，这是道德和价值的源泉，正是这一道德的忠实实践，才使瑶族的共同性得到稳定。"① 目前，关于"漂洋过海"的发生年代、出发地点和到达彼岸之域的讨论，分歧很大，但是，"漂洋过海"这一红线贯穿于整个迁徙路线，是肯定的。

案观上述，龙窖山的瑶族完全遵循"南京拾宝洞→紫京（荆）山→南海佛桥头→小南渡（洞庭湖南岸）→广东乐昌府、广西平乐府"的迁徙路线。早在汉晋时期抑或以前，瑶族先民就从江汉之浒的紫荆山顺风顺水漂长江过云梦古泽与洞庭湖，迁徙到南海之滨的巴陵。巴陵实为长江南岸，洞庭湖东北岸，武昌府与岳州府交界的龙窖山广大地域，实现瑶族历史上第一次"漂洋过海"。宋元时期，因天灾人祸及官兵的追剿，龙窖山瑶族从南海佛桥头（巴陵佛桥）撑船渡海。《盘古歌》唱道："不使问，不使问明出处乡，当初住在千家峒，撑船过海雾纷纷，南岸过了抄夹看，千家峒口对桃源。"这个"撑"字的使用，也正好论证此次渡海不是漂海，而是撑船渡海，逆水而进，反映瑶民从龙窖山早期千家峒退出，过洞庭湖，溯沅水、湘水而上。《千家峒歌》云："日出日行月出行，姊妹行水又行岸，行来广东乐昌府，珠玑巷中又落根。"龙窖山瑶族实现第二次"漂洋过海"。著名瑶学专家吴永章教授指出："在瑶族成为单一民族后，龙窖山有文献记载，且是经过调查、论证的瑶族历史上最早居住过的最北的地方。"②

八、龙窖山与瑶族《盘王大歌》

瑶族古籍《盘王大歌》是记叙瑶族历史、迁徙、经济、文化、风俗的诗歌总集，可以说是瑶族的百科全书，也是研究瑶族千家峒难得的民间文献史料，不少瑶族史学工作者往往以此为蓝本去研究、寻找瑶族千家峒。笔者就是其中之一。通过多年的阅读史料、地方史志及艰苦的实地访问和调查，笔

---

① ［日］竹村卓二著，朱桂昌、金少萍译：《瑶族的历史和文化》，287页，南宁，广西民族研究所，1986。

② 徐亚平：《瑶史专家拨开迷雾，指认瑶胞最早故乡》，载《湖南日报》，2001年10月9日。

第三章

者认为湖南省临湘市与湖北交界的龙窖山的地理位置、地形地貌、地名、河名、历史遗迹等与《盘王大歌》所记述的情况相当吻合。所以笔者认为湖南省临湘市的龙窖山就是人们向往的瑶族千家峒。下面试析之。

《盘王大歌》唱道："瑶人出世武昌府，漂洋过海到千家（峒）。"① 瑶族研究专家已证明，瑶族是从北方迁来的民族。据专家考证，瑶族从北往南迁徙时，确实漂过了云梦泽，即长江、洞庭湖。龙窖山是幕阜山的余脉，清同治《通城县志》载："幕阜山……迤逦北行……临湘东过楚门界为断峰山、白石仑、白云山、药姑山、箭杆山，总名龙窖山。"龙窖山坐落在南岸洞庭湖的东岸，是瑶民从汉水流域出发顺水漂流必到之处。《盘王大歌》记述道："大船漂荡三江口，扎石累累断江流。"瑶民"漂洋过海"后到了洞庭湖边陆城，即三国时陆逊的屯兵处。这里正是龙窖山脚。从龙窖山流出的微水正在此入洞庭。于是瑶民溯微水而上龙窖山。《盘王大歌》唱道："湖南江口撑船行，撑船来到三江口，风来打破入人乡。"瑶民从微水撑船进入龙窖山首先到了三江口。这个三江口就是龙窖山中的龙溪港、梅池港、马垅港三条河的交汇处，故名三江口。当时三江口的特点是"扎石累累断江流"。就是说三江口河床不深，河底尽是从龙窖山冲下来的石头。瑶民在此下了船。所以说："风来打破入人乡。"瑶民从此开始了新的生活。《盘王大歌》唱道："日头照见三江口，半暗青山半水清"，"要想吃鱼三江口"，他们在此过起了渔猎生活。唐代诗人杜甫曾经在这里目睹了他们的渔猎生活情景，写下了著名的《岁宴行》诗。他在诗中写道："岁云暮矣多北风，潇湘洞庭白雪中。渔父天寒网罟冻，莫徭射雁鸣桑弓。"

瑶民进入龙窖山的三江口后，生活了一段时间，又继续往龙窖山深处迁徙。他们沿着龙源河进发。《盘王大歌》唱道："细声问，千家峒口在哪边？云雾纷纷起眼照，青山石岭路难行"；"云雾纷纷千家峒，石山背后是峒头"。他们经过千辛万苦的跋涉，终于进入了龙窖山的腹地。龙窖山挺立在青山白云间，其最高峰药姑山海拔1200余米，境内有七尖十岭十一山，蜿蜒百里，面积2000多平方公里，联湘鄂两省，跨临湘、通城、崇阳、蒲圻4县。山实峻极，雄伟壮观。未修龙源水库前龙窖山（湖南部分）有水田1500余亩、旱地3000余亩、山林11万亩，地域非常广阔，物产丰富，药材、茶叶，各种兽类、竹木及竹木副产品应有尽有。所以《盘王大歌》唱道："云雾纷纷千家峒"，"青山脚底千家峒，山原宽宽好安身"；"青山宽来平田广"，"屋前田塘

---

① 郑德宏、李本高整理译释：《盘王大歌》，下集，171页，长沙，岳麓书社，1988。

无万千","田塘草青山出宝","一年耕种吃三春"。《盘王大歌》又唱道:"千家峒口雾腾腾,十二姓瑶人立寨村,定居起屋开田地,从头开山种阳春","斩败青山又落根"。并在此过着"宽游过日无愁忆,歌词挂口不曾停"的美好生活。

十二姓瑶民进入龙窖山内就以姓氏分散开垦山林了。《盘王大歌》唱道:"千家峒口雾纷纷,十二姓瑶人落峒中";"冯姓瑶人进峒来,西洞洞中开田台";"李姓姊妹在西洞,两层青山又田塘"。龙窖山白石岭西有一溪水从山上流下,溪水的上游有一山叫李家山,溪水的下游有一地叫冯家坑,这里很可能是李、冯二姓的祖居地。《盘王大歌》亦唱道:"盘赵二姓落上洞,二姓姊妹好耕种。"朱楼坡、古塘、漆坡、畲家山是龙窖山的中心,雄伟壮观的青石工程就在朱楼坡。这里很可能是盘、赵二姓的居住地。盘、赵二姓是瑶族中的大姓,他们住在中心地带是完全可能的。《盘王大歌》又唱道:"雷姓也共千家峒,江南郡名是角音。"商、角、宫、徵、羽,是古代的五音,后有人将其用于五方,即商为东方,角为南方,宫为中央,徵为西方,羽为北方。雷姓为角音,应该是南方。梅池在东洞和西洞的中间有一岭叫雷氏岭,这是不是就是雷姓瑶人的古居地呢?《盘王大歌》还唱道:"胡姓姊妹四洞宽,屋底田塘屋后山。"龙窖山幸福村老屋组南面,现无人居住,石屋遗址不少的胡家屋场,这可能是胡姓瑶人的古居地吧!《盘王大歌》接着又唱道:"包姓姊妹在五洞,青山脚底好平田";"唐姓姊妹在六洞,平田好种禾好收";"沈姓姊妹住七洞,青山平田好种春"。从龙窖山千家峒的四洞胡家屋场往西有脚鱼冲、黄泥冲、马家冲三处村寨,这恐怕就是包、唐、沈三姓瑶民早期的居地。《盘王大歌》还唱道:"周姓姊妹落三洞,洞园内里好平田。"龙窖山原有一地名周家屋场,这里可能是千家峒的第三洞。《盘王大歌》唱道:"黄姓姊妹进洞来,半耕平田半耕山";"邓姓姊妹进洞来,一份青山一份田"。此二姓瑶民好像没有具体的洞,但龙窖山龙溪港北有晏家山、鲁家山,这里是不是就是龙窖山的一、二洞呢?从以上《盘王大歌》所叙,我们看到龙窖山千家峒是峒中有洞,而且瑶族十二姓,是以姓氏为单位开发建设龙窖山千家峒的。瑶族十二姓盘、赵住上洞,冯、李住西洞,雷住中洞,黄、邓、周、胡、包、唐、沈七姓分别住1~7洞。所以龙窖山乡亲父老说,龙窖山有"三关九所"。三关,即龙阙关、麦园关、马坳弄关。此三关是进入龙窖山千家峒的门户关口,有"一夫当关,万夫莫开"的险要。九锁,即是九个较大的自然村:古塘、上下梅池、畲家山、朱楼坡、漆坡、鲁家山、晏家山、竹铺沟、金家坪。之所以把这些村寨叫成"锁",是因为每个村寨的寨口过去都用石块砌寨门,将村寨锁住,故而得名。此"锁"很可能是过去的"洞",即龙窖山千家峒的九洞今之名称。

白石岭是千家峒的重要标志之一，也是龙窖山东西两部分的分水岭。《盘王大歌》唱道："日头出早白石岭，千家峒头百样青"；"日头出早白石岭，半边着日半边阴"；"日头出早白石岭，水过龙门白石中"；"日落白石岭背藏，姊妹齐齐过莲塘"。龙窖山千家峒的瑶民，从早到晚出工收工都以白石岭为时间表。其居住的洞寨也以白石岭为界划出两部分。在调查中，我们在龙窖山的中部，鳜鱼港的山口处，发现一山叫白石亭，现住民还在此建了一座小型电站，名曰白石亭电站。我们询问向导，此山为什么叫白石亭，他们说此山原名白石岭，因当地人读"岭"字与读"亭"字是一个音，亭比岭雅些，故名白石亭。啊！原来如此。踏破铁鞋无觅处，得来全不费工夫。我们终于找到了千家峒的标志——白石岭。仔细观察，白石岭坐落在龙窖山的中部，岭虽不高但将龙窖山划分成东西两部分。东边有上下梅池、古塘、竹铺沟等自然村，西边有朱楼坡、漆坡、畲家山、鲁家山、晏家山等村落。进入龙窖山千家峒的瑶民十二姓，正是以白石岭为界，分别住在东西两边，开发建设龙窖山千家峒的。

《盘王大歌》唱道："细问妹，千家峒头有几明，四方八面几井水，谁姓之人开大田？……不使向，千家峒头苗贱知，四方八面九井水，石岭平田唐姓开。"在考察中，我们注意到，在海拔500～700米的山槽中，石群屋旁，确实有高山水井，有的废弃，有的仍在使用。有古井的村寨有古塘、箭杆山余家屋场、竹铺沟、黄花山、老屋、高冲鲁家山古寨，龙窖源周家屋场等还有被称为虎眼的双井。这些井一个共同的特点是在高山挖掘，都用石块砌成，水清澈见人，冬暖夏凉。这是不是古书所载的瑶人在高山上所挖的水井？不管怎样，龙窖山上的古井与《盘王大歌》所述相当吻合。

龙窖山的瑶民在龙窖山上，不仅挖掘出高山水井，而且开出了莲塘。《盘王大歌》唱道："日头出早照塘基，寒鹏野鸭水面遮，日头出早鸭落水，齐齐凉水拍翅啼"；"日落白石岭背藏，姊妹齐齐过莲塘，莲塘水面白净朵，手梗莲子四行香"。据龙窖山现住民的老人反映，现在龙窖山龙源水库大坝上的库区原来就是一口大塘，而大坝下是一片白茫茫的大畈，叫白里畈，即文白。文白其实是汉语记瑶音。瑶语文（汶）即水，汶白就是水埠。坝上的塘长有莲子，莲花朵朵，花香沁人心脾，瑶民养殖的鸭子在塘中戏水，拍翅鸣叫。而坝下的水埠白茫茫一片，野鸭及其他水鸟黑压压一片将水面遮住，所以才有古诗"莫徭射雁鸣桑弓"。古塘村现还有一个古塘，塘与古井相通，其村寨皆因这口古塘而得名，其他村寨也有古塘的遗迹。正如《盘王大歌》所叙："屋前田塘无万千。"可惜不少山塘已经废弃。

《盘王大歌》中说，千家峒内不属官管，不纳粮，不派款，人们过着自由自在的生活。龙窖山瑶民正是过的这种生活。北宋末年范致明在当地为官时，曾亲自到过龙窖山并在其所著的《岳阳风土记》中详记了龙窖山的瑶民生活情况。"龙窖山在县（临湘）东南，接鄂州崇阳县雷家洞、石门洞，山极深远，其间居民谓之鸟乡，语言侏离，以耕畲为业，非市盐茶，不入城市，邑亦无贡赋，盖山徭人也。"也就是说龙窖山当时的居民只有瑶族，他们过着无贡赋的不属官管的封闭生活，非市盐茶，不入城市。

  《盘王大歌》唱道："瑶人出世武昌府，漂洋过海到千家（峒）。"龙窖山千家峒瑶民，就是"漂洋过海"后入住龙窖山的。"十二姓瑶人落峒中，安住立屋开耕种，斩破青山又起根。"从这个角度而言，瑶民从长江北往南迁徙入湘，龙窖山就是入湘的第一站，即从北往南迁徙的终点。但瑶民是一个迁徙不定的民族，他们在龙窖山住了约800年之久后，封建王朝打破了他们平静的生活。《盘王大歌》唱道："京差入峒问粮行，蒋大官人发大兵。"瑶民被迫离开自己美丽的龙窖山千家峒。《盘王大歌》亦记道："姊妹众会商量计，齐齐退下外当行。"他们携儿带女，一族人众离开龙窖山千家峒。由于龙窖山千家峒所处的位置，既可从水路，又可以从陆路离开千家峒。《盘王大歌》记述道："日出日行月出行，姊妹行水又行岸。"行岸一路是沿幕阜山往南迁徙到了珠矶巷。《盘王大歌》唱道："行来广东乐昌府，珠矶巷中又落根。"从水路逃离的则是沿龙源河微水漂流而下至洞庭湖，再沿沅水溯江而上到了桃源洞。《盘王大歌》亦有记述："不使问，不使问明出处乡，当初住在千家峒，撑船过海雾纷纷，南岸过了抄夹看，千家峒口对桃源。"瑶民在桃源洞不知住了多少年，又被迫往西南迁徙。据有关专家考证，瑶民离开桃源洞也是分两路迁徙的，一路往西迁至新化、安化的梅山，与原在这里居住的"梅山蛮"汇合。然后再往西迁，越过雪峰山过贵州和桂东北。另一路是沿着湘江、沅江而上，分别到了宝庆（今邵阳）、衡阳一带。迁衡阳部分的瑶民到衡阳后，又分成两部分，一部分往西到零陵，另一部分往南至郴州。至邵阳的瑶民也分成两部分，一部分往西至桂东北，另一部分往南至桂东。瑶民在南岭山脉中往返迁徙，故而形成"南岭无山不有瑶"的格局。至于后从南岭往桂西、云南迁徙，甚至越过国界到了东南亚等是后话，不在此赘笔。

  从以上瑶族的迁徙路线，我们可以得出这样的结论，龙窖山千家峒是瑶民入湘后再往南迁徙的起点。

九、龙窖山瑶族迁徙中的千家峒

  在湘北鄂南交界处，绵亘在临湘、通城、崇阳、赤壁四县（市）边界的龙窖山，峻拔雄伟，中有巨壑，云气常聚。然而，就在它的云气下，巨壑中，深藏着一个鲜为人知的历史谜底：龙窖山就是瑶族迁徙途中的千家峒。

（一）龙窖山是瑶族的聚居地

龙窖山是瑶族的聚居地，最早的史籍记载是北宋末年，范致明所著《岳阳风土记》："龙窖山在县东南，接鄂州崇阳县雷家洞、石门洞，山极深远，其间居民谓之鸟乡，语言侏离，以耕畲为业，非市盐茶，不入城市，邑亦无贡赋，盖山徭人也。"《岳阳风土记》是范致明在元符年间以宣德郎谪监岳州酒税时所作。《四库提要辨证》称范致明的《岳阳风土记》"不分门目，随事载记，书虽一卷，而于郡县沿革，山川改易，古踪存亡，考证甚详"。《钦定四库全书总目·岳阳风土记提要》亦称《岳阳风土记》"皆确有引据，异他地志之附会，其他轶闻逸事，亦颇资采择，叙述尤为雅洁，在宋人风土书中可谓佳本矣"。范致明是当时人，并在当地为官，记当时当地事，应该是准确可信的。此外，还有宋朝马子严撰写的《岳阳甲志》与王象之所著《舆地纪胜》都有类似的记录。随后的明隆庆《岳州府志》、《大清一统志》以及清康熙年间修编的《临湘县志》都有龙窖山地区曾有瑶族居住过的记载。

在龙窖山中，到处还可见瑶民留下的生活遗迹和生活风俗。在龙窖山的不少山头上，还有瑶族居住过的用石块垒的房子残壁，有用石块搭建的庙和祭祀遗址，有瑶族先民留下的青石寨工程，有瑶族的墓葬。"文化大革命"前，龙窖山的居民住的是舂墙屋和吊脚楼。龙窖山里梅池村古塘组"文化大革命"前曾保留有48座吊脚楼。家用厕所都是高出地面一米左右的大王桶，时至今日，还有少数村民使用这种厕所；村民喜戴银饰、擅长种茶等习俗，都与瑶族人十分相似。原始部落的图腾崇拜物，往往反映出本部落的习俗习性。瑶族是以龙犬为图腾的，忌食狗肉，龙窖山的老屋组就有一个瑶民葬狗的遗址——狗肉坑。

至于瑶族是何时聚居龙窖山的，地方志上无考。但龙窖山瑶民入住时间，也并非无蛛丝马迹可寻。据《隋书》载：荆州风俗，颇同扬州，其人率多劲悍决烈。诸郡多杂蛮左，承盘瓠之后，故服章多以斑布为饰。相呼以蛮，则为深忌。自晋氏南迁之后，多衣冠之绪，稍尚礼义经籍，大抵敬鬼重祠祀。[①]这就明确记载了荆州盘瓠之后是"自晋氏南迁"而来的。龙窖山晋时地属荆州之下隽，龙窖山之瑶民也应是"自晋氏南迁"而"斩破青山又起根"的。上述《隋书》所载"自晋氏南迁"之"蛮"俗，与龙窖山有关的方志所记民

---

① 《隋书·职方·风俗》卷七。

俗极吻合："人性悍直、士习礼义"（郡志）、"刀耕火种"（旧县志）、"劳苦俭啬，不知商贾之业"（旧县志）、"风气愿塞"（旧县志）、"俗信巫而尚鬼"，这可从另一个侧面印证龙窖山瑶族是"自晋氏南迁"而来的。离开龙窖山应在宋朝。明隆庆《岳州府志》曾有龙窖山瑶人"宋以前有之，今不然矣"的记载。笔者认为所谓"宋以前有之"应理解为"以前，宋朝时有过，现在没有瑶民了"。至于龙窖山瑶族是宋朝什么时候离开的，查《岳州府志》和《临湘县志》元、明、清三代都无此记载。倒是龙窖山南麓的湖北通城县"文化大革命"后编纂的县志有此一说："元代前，通城为汉、瑶杂居地，后因战乱瑶民渐入湖南。"这就明确告诉我们，龙窖山的瑶族是元代前的南宋时，因战乱逐渐迁走的。查现今龙窖山地区居民的族谱全是明永乐年间（1403—1424年）前后迁入的。迁入前龙窖山已无人烟。《临湘县志》载，在南宋高宗建炎四年（1130年）有"寇犯湘沔"，又有"钟相、孔彦舟、曹大星、刘超、彭筠、杨么巨盗相继荼毒"，这便是战乱。"绍兴三年五月连雨，四年四月连雨至五月，坏圩田，害蚕麦稻。五月大饥，六年大旱。"从建炎四年（1130年）到绍兴三年（1133年）前后仅4年的时间，相继发生如此严重、如此频繁的天灾人祸。① 在这种情况下，龙窖山的瑶族是会"撑船过海"而去的。这样，瑶族在龙窖山就繁衍生息了800余年。

（二）千家峒的由来

聚居过瑶族的龙窖山，是否就是瑶胞们世代传唱、久久寻觅未果的千家峒呢？要找到这个问题的答案，首先要弄清千家峒的由来。瑶族的发展史，几乎就是一部迁徙史。笔者认为"千家峒"不是一个地名，也不是唯一的，它是瑶族迁徙途中的长短亭或驿站。漫长的迁徙道路，歇脚的长短亭、暂息的驿站自然不止一个。"南京十宝洞"、"广西柳州石河县"、"灌阳之深山"、"龙石苟岭富龙落岭"等处都有千家峒。全国号称千家峒的地方还有多个。所谓千家峒，其地形"皆禄（绿）环水秀，地广"②，其规模"各姓人丁合计数千于（余）户"，"此时便呼为千家峒"。③ 由此可见，千家峒不是当地固有地名，是瑶胞入住以后，人丁兴旺达到"数千于（余）户"时，才叫做千家峒的。

瑶胞世代对"千家峒"为什么会如此眷恋呢？这要从当时的政治经济背景上来看。瑶族是中国历史上受压迫、受剥削、受歧视最深重的少数民族之

---

① 《临湘县志》卷八。
② 江永县民族调查组编：《始祖遗传简历》（内部资料），35～36页，1986。
③ 江永县民族调查组编：《始祖遗传简历》（内部资料），35～36页，1986。

第三章

一。中国封建统治者视瑶族为异类，蔑称为"蛮"，对其一直采取镇压驱赶的掠夺政策。这在中国历史上有案可稽的，镇压瑶民的事件不胜枚举。《南史·荆雍州蛮》载："（南朝）自元嘉之半，寇（指荆雍州蛮）匪弥广，遂盘结数州，扰乱帮邑。于是命将出征，恣行诛讨。自汉以北，庐江以南，搜山荡谷，穷兵黩武，系颈囚俘，盖以数百万计。"又如宋代，章惇开梅山，残酷地镇压和驱赶梅山地区莫瑶，致使梅山地区"血流遍野"。据《明史》所载：自洪武五年至三十一年的短短的26年中，统治者"讨蛮"、"平蛮"事件就有33起。频繁的镇压和驱赶，迫使瑶民从肥腴的"江汉之浒"逃避到南方"赶牛不上，打马不行，捕（舁）水不上三尺之处"的穷乡僻壤，"吃尽一山又移一山"地不断迁徙。长期的迁徙，使疲于奔命的瑶民希望能找到一个自然条件较好，又易守难攻便于抵御外侮的地方生息繁衍。于是交通不便，封建统治势力鞭长莫及的崇山峻岭中的"峒"，便成为瑶民首选的聚居地。而且这个"峒"还要大，要能住下上千户乃至数千户。其原因有三：一是由瑶民同宗共祖意识决定的。瑶民在迁徙时，很少单家独户行动。《评皇券牒》云："王瑶子孙，日后若择居山林，搬移家眷，大男小女，行动成群。"瑶民在迁徙时，要么举族同迁，要么一姓共迁。这是弱小民族为了互相帮助，互相照应，为了保持民族的完整性的需要。因此他们择居"峒"时，要住得下全族，至少也要住得下一姓或几姓。二是抵御外侮和战胜自然灾害的需要。由于历史的种种原因，瑶民生产力水平低，居住环境恶劣，自然灾害频繁，瑶民一家一户是很难战胜各种自然灾害和抵御外来侵扰的，因此，他们渴望人多势众，需要聚居上千户乃至几千户来共同克服各种困难。三是其"不与华通"的封闭性社会生活的需要。由于瑶民长期生活在封闭锁关的"峒"这种地理环境中，加之落后的生产方式，语言侏离，因而形成了一种"以耕畲为业，非市盐茶，不入城市"的封闭性的社会生活。这种封闭性的社会生活，需要"地广人丰"的"峒"才能自成体系，才能进行有效的自我调剂，自行运转，做到自力更生，实行自给自足。因此，"千家峒"就成了不断迁徙、疲于奔命的瑶民理想的家园。

事实上，这种千家峒是有的。在瑶族漫长的迁徙途中，应有多个这样的峒。瑶族文献《过山榜》、《盘王大歌》中，对千家峒有许多不同的记载和传唱，就是不同时代的瑶民对自己居住过的千家峒的不同记录或追忆。当他们在迁徙途中找到一个峒后，就在那里繁衍生息发展壮大。而后，或因"圣旨倒下，即派兵捕剿"，或因"蒋大官人发大兵"，或因"不服元兵怒剿"，或因人口繁衍，地域狭小，地力消耗，或因"深塘无鱼、蕉木生烟"，"天暗地崩、洪水淹天"等不同的原因，"姊妹众会商量计，齐齐退下外当行"。瑶民在撤出"峒"后，在逃离迁徙的途中，又势必寻找一个新的"峒"，休养生息，再图发展。如此多次撤出，多次择居，于是在我国南方便留下了许多千家峒。这些千家峒或有朝代先后之分，或是同一时代、不同房姓的瑶胞在不同迁徙途中生息繁衍过的。有的已被人们发现，有的还藏在深闺无人识，像湖南省临湘市龙窖山就是这样一个尚未"出阁"的千家峒。

（三）龙窖山千家峒

龙窖山千家峒，在众多的千家峒中，它应该是排行老大。确切地说，龙窖山不仅是瑶族的千家峒，而且是瑶族在迁徙过程中聚居时间最长的千家峒。

其一，龙窖山的地理位置与瑶族迁徙途中的千家峒地理位置相吻合。

瑶族先民曾在江汉之浒建立鄩国，这说明瑶族先民原来是住在长江以北的。后来因"马鹿之乱"加之天旱三年，"天灾人祸落瑶村，三年无雨润阳春"[①]，瑶族先民无奈，只好"漂洋过海"，举族南迁。所谓"漂洋过海"就是横渡当时的云梦泽，其范围是东起湖北武汉，西至湖南常德，北自湖北江陵，南至湖南岳阳，[②]而龙窖山正在云梦泽的南边，且临洞庭湖。如果瑶族先民们从云梦泽的北边公安或五峰县（公安曾有瑶族先民居住过的遗迹，"油水即尤水"，五峰县也有尤河）上船（可能是竹木扎成的大排），龙窖山则是顺水漂流可到之处。地处长江与洞庭湖之滨的临湘，东南高而西北低。在西北边，未修堤防将江隔开时，每到夏秋水涨，则与长江洞庭浑然一体。而临湘最早修堤是明朝成化二十年（1484 年）。

清康熙《临湘县志》载："陆城在县东南七十里，吴陆逊屯兵下隽，建昌侯孙虑筑土城以居之，故名。今板桥里土城是其遗址。"板桥陆城即陆逊屯兵处，就在龙窖山下的城南乡板桥村。其土城残垣尚在，沿城垣的靠船埠头清晰可辨。近年来，在土城中还出土了东吴时期的数件文物。吴时战船所泊之处，当然也是稍后西晋时的瑶族先民漂流可到之处。何况瑶族先民"漂洋过海"是长江洞庭湖高水位时节。《盘王大歌》唱道："八月十五苦不尽，瑶人来到大海边。"《游愿歌》："芦花开时扎大排，扎得大排撑过海。"[③] 八月十五，芦花开时，正是江南秋汛水涨时。而且龙窖山距瑶族先民"漂洋过海"登岸处不远。《盘王大歌》唱道："大船漂荡三江口，扎石累累断江流"；"湖南江口撑船行，撑船来到三江口，风来打破落人乡"。[④] 三江口在何处呢？《水经

---

① 郑德宏、李本高整理译释：《盘王大歌》，下集，229 页，长沙，岳麓书社，1988。
② 《湖南省志·地理志》，上册，《附图四》。
③ 郑德宏、李本高整理译释：《盘王大歌》，下集，229 页，长沙，岳麓书社，1988。
④ 郑德宏、李本高整理译释：《盘王大歌》，下集，229 页，长沙，岳麓书社，1988。

注》云："巴陵（今岳阳）西对长洲，其洲南分湘浦，北届大江，故曰三江口也。三水所会，亦或谓之三江口矣。"这个"三江口"烟波浩渺，断无"扎石累累断江流"。"扎石累累断江流"的三江口，是板桥河（微水上游）与龙窖山的龙源河交汇处，即今龙源水库大坝下。因龙窖山中的龙溪港、梅池港、马坳港经三关（麦园关、龙阙关、马坳弄关）于此汇成龙源河，古称三江口。在未建水库时，此处三江口河床不深，河底布满了从龙窖山上冲下来的石头，时有巨石露出水面，其情景正是"扎石累累断江流"。瑶族先民从板桥溯微水到龙源河三江口，自然是"湖南江口撑船行，撑船来到三江口"了。一到三江口，他们便发现这里是一个"绿环水秀地广"的"峒"，是盘王的神灵赐给他们的理想家园。于是他们便在这个峒中"斩败青山种落地"，暂时结束了他们的迁徙生活。

再者，从瑶民离开千家峒的路线来看，龙窖山的地理位置亦极吻合。《盘王歌》唱道："不使问，不使问明出处乡，当初住在千家峒，撑船过海雾纷纷，南岸过了抄夹看，千家峒口对桃源。"据专家考证，《盘王歌》中的"桃源"即今湖南桃源县境内的桃源洞。龙窖山在桃源洞的北方。从龙窖山中的龙溪港乘船出龙窖山的三江口，顺流可漂入洞庭湖，然后"撑船过海"溯沅水而上。请注意，瑶歌中唱过江渡湖，一般是用"漂洋过海"，此处用"撑船过海"，绝非兴趣所致，随口唱来，应是到桃源途中行船的切身体验。龙窖山的龙源河与微水相接，出微水河口（新墙河口），即入洞庭与流入洞庭的沅水相会。溯沅水而上，不"撑船"是难以"过海"的。"南岸过了抄夹看，千家峒口对桃源。"如果站在洞庭湖南岸回过头来看龙窖山，的确是龙窖山口对桃源。

其二，龙窖山的地理特征与地名同千家峒的地理特征与地名吻合。

《千家峒歌》云："细声问，千家峒口在哪边？云雾纷纷起眼照，青山石岭路难行。"[①] 龙窖山崇山峻岭，绵延百里，"在巨壑，云气常聚"。"日头照见三江口，半暗青山半水清。"龙窖山中"三江口"，太阳自东边出来，正好是"半暗青山半水清"。"日头早出白石岭，水过龙门白石中。"龙窖山白石亭水电站的东边就是白石岭，在龙溪港的下游有个河床狭窄处，两岸白石兀立，当地老百姓叫龙阙，龙阙者，龙门也。龙溪水就是从中流过。龙窖山中有"三关九锁"之说。三关即龙溪港三个险要之处。此三处即将龙窖山区分为三个大峒。九锁，即九个四面环高山，其中一条溪水，并且只有一个隘口可进

[①] 郑德宏、李本高整理译释：《盘王大歌·千家峒歌》，下集，162页，长沙，岳麓书社，1988。

的小洞。经调查龙窖山的朱楼坡、中梅池、鲁家坡等九个自然村,就是典型的"九锁",而这些地方都有古井,与《千家峒歌》所云:"四面八方九井水"相印。千家峒中的田地、水塘等,都能在龙窖山中看到。在瑶族中流传的关于千家峒的故事里,曾有过这样的描述:瑶民进洞先要登石级而上,然后进石门入洞,此石门只一人肩牛犊可过。这一地方就在龙窖山的漆坡。从山下入漆坡要登数百级石级,然后过一石门才能到漆坡,而今石级尚存198级,但石门因修公路而被炸开,现在只可见遗址。

在龙源水库的大坝外面有一地名叫文白。当地百姓只知水库大坝下有一个大畈,古时地势低,水位高,畈里是白茫茫一片水,就叫白里畈,却不知何以名文白。"文"与"汶"同音,"文白"即"汶白"的误传。瑶民称水为汶,"文白"即"汶白",极有可能就是《千家峒歌》中唱道的"日头出山照塘基,寒鹏野鸭水面遮,日头出早鸭落水,齐齐凉水拍翅啼"之处。基于这一认识,我们站在现在的龙源水库大坝上(即当年千家峒中的三江口上),就可以感受到《盘王大歌》唱道的"爱吃香茶进山林,爱吃细鱼三江口","四面山头放猎狗,湖南江口装猎枪"①的那样一种优越的地理环境。龙窖山地域广阔,物产富饶,与千家峒"田塘草青山出宝","一年耕种吃三春"的条件相似。龙窖山地区未修龙源水库前曾有水田1500余亩、旱地3000亩、山林11万亩,且山上盛产药材、茶叶,山高林密,野兽众多,有宽阔的水面,有寒鹏野鸭生存的环境,当地群众说,至今都有绿头雁于春秋时节飞临水边地头。还有专出箭杆的箭杆山,能为"莫徭射雁鸣桑弓"提供丰富的箭杆。这里有与《千家峒歌》中描述的以农耕为主、辅以渔猎的瑶民生产生活十分相似的生存环境和地理特征。

至于当年十二姓瑶民在龙窖山中各居何处,我们只能从《千家峒歌》中描写的情景,与龙窖山中留下的古迹与地名推测一二。白石岭是千家峒中太阳升起的地方,根据古人对天地日月的崇拜,太阳升起的白石岭东边的山峒,即今古塘、朱楼坡、漆坡、畲家山应为上洞。上洞也应是千家峒中的社会活动中心,这可从朱楼坡的青石工程得到佐证。这里就是盘、赵二姓所居处。白石岭西边有一个洞,洞中溪水下游处古时叫冯家坑,洞溪上游的一片山古时叫李家山,此两处数百年前便无人烟,只有断垣残壁,与《千家峒歌》中记录的冯、李二姓共住西洞吻合,故此处应为西洞。龙窖山中的梅池村,有上、中、下三梅池之说,其中梅池应为中洞,不仅其地理位置在东西洞之中

---

① 郑德宏、李本高整理译释:《盘王大歌·放猎狗》,上集,164页,长沙,岳麓书社,1988。

（偏南），且中梅池山上有一古地名曰雷氏岭。《十二姓瑶人音郡歌》唱道："雷姓之人本土人，雷姓也共千家峒，江南郡名是角音。"[①] 据李本高先生考证，"角"在此处表示中央，故雷姓应住在中洞。龙窖山正属湖南郡，"雷氏岭"，就是"雷姓之人"的本土了。在龙窖山幸福村老屋组的南面山上，有一古地名曰胡家屋场，此屋场亦数百年无人烟，遍地是自然石块垒的断墙残壁，此处应是胡姓瑶民所居的四洞。从四洞起，接连的脚鱼冲、黄泥冲、罗家冲，均有瑶民居住过的遗迹，应依次为包姓住的五洞、唐姓住的六洞和沈姓住的七洞。据李本高先生考证，千家峒中，黄、邓两姓分居在一、二洞。在龙窖山龙溪港的北边有三个典型的洞，按顺时针方向，依次为活石村、晏家山、鲁家山，因此，活石村应为黄姓所居一洞，晏家山为邓姓所居二洞，鲁家山为周姓所居三洞。当然，十二姓瑶民在龙窖山中的居住分布，只是笔者一孔之见，史实真伪，还有待专家进一步考证。

其三，龙窖山瑶民遗迹有千家峒的文明特征。

据史籍记载，瑶族的亚细亚生产方式（即原始的生产方式）朝代是相当漫长的，直到唐末宋初这种生产方式才开始在少部分瑶区瓦解。前已论述龙窖山瑶民聚居的时间是始于西晋止于南宋，因此龙窖山千家峒的生产方式大部分时间还是亚细亚生产方式。这种生产方式的特点之一是土地公有，集体耕种，共同分配产品。当然，原始的生产方式，其生产力也是落后的。到宋代，瑶民才会制脚踏弩，打制瑶刀、锄头等。在龙窖山的朱楼坡，有一个规模宏大的青石工程。即在一条近3里长的小溪两边，用青石块垒砌，上面以长青石条铺盖，并留有9个下溪取水洗物的石门，石门中砌有石级上下。这些石块都是按自然纹路从山上开采下来的，不见铁器雕琢痕迹。在有些石块上和采石坑遗迹中，可以看到用木楔打尖石块的痕迹。这种生产力水平，与瑶族千家峒时代的生产力水平是相适应的。从工程的规模来看，如果不靠全峒居民的力量，不通过数十年的建设，在当时的低生产力水平的条件下，是不可能成功。千家峒时代的瑶族的生产关系是内部土地公有，在很大程度上是集体劳动。朱楼坡的青石工程正是瑶民集体劳动的结晶，正是瑶民团结互助精神和集体力量的体现。

龙窖山民居的发展过程也有明显的千家峒时代的特征。龙窖山瑶族先是在山头上用自然石块垒墙建草房，后是在山腰上建吊脚楼，再后便在山麓筑春墙屋。这个发展过程是一个漫长的历史阶段，在龙窖山至少是经历了800

---

① 郑德宏、李本高整理译释：《盘王大歌·十二姓瑶人音郡歌》，下集，47页，长沙，岳麓书社，1988。

多年。这些龙窖山瑶族遗迹的原始特征,在其他千家峒中恐怕也是绝无仅有的。

其四,从瑶族文献《千家峒歌》中可以看出龙窖山是比较早的千家峒。《过山源》中记述的千家峒是元代的。《千家峒古本书》①中所记千家峒仅有三百六十把马胫大田、鹅胫大田、南蛇大田、平西大田和无数小田,不像《千家峒歌》中的千家峒,峒中有洞,而且每个洞都地域宽广,不是"青山宽来平田广",就是"屋前田塘无万千",其他所记千家峒所处地域不是瑶族从出世的武昌府"漂洋过海"首到之处。除龙窖山千家峒外,其余千家峒均不在"海"边;峒中地理特征与《千家峒歌》中所描述有异,它们没有白石岭,没有三江,也没有三江口,更没有寒鹏野鸭戏水的宽广水面。峒中瑶民没有《千家峒歌》中瑶民那种不纳贡赋"宽游过日无愁忆,歌词挂口不曾停"的幸福生活。如《始祖流传简历》中记载的千家峒瑶民生活就差得多,尽管有"丰衣足食"之说,但"每年都纳粮贡赋,亦须三千六百担之谱"。只有龙窖山千家峒瑶民才是不纳粮贡赋的。因龙窖山在洞庭湖滨,据考,东汉前洞庭湖区未置一县。龙窖山所之临湘至宋淳化五年(994年)才建王朝县,至道二年(996年)改名临湘。未置一县之域,自是封建统治薄弱之处。且龙窖山山深地僻,封建统治者的"贡赋"也就"纳不到山峒中的瑶民了"。这一点,前文已提及过,宋范致明所著的《岳阳风土记》就明确记载了龙窖山的瑶民"无贡赋"。

此外,原始千家峒居住的只有十二姓瑶民,而其他千家峒为民瑶杂居之所。《千家峒歌》唱道:"千家峒口雾腾腾,十二姓瑶人立寨村,定居起屋开田地,从头开山种阳春。"这就清楚地说明,原始千家峒只有瑶民居住。宋代范致明笔下龙窖山千家峒也是"其间居民谓之鸟乡,语言侏离,以耕畲为业,非市盐茶,不入城市,邑亦无贡赋,盖山徭人也"。这就从居住环境、语言、生活习惯及"无贡赋"的"特权"等方面证实了其间居民"盖山徭人也"。而后来的千家峒,大多是民瑶族杂居之。"千家峒非全繇(瑶)人也,多郡人变之",如灌阳深山千家峒便是一例。

综上所述,笔者认为,"绿环水秀,地广人丰","有巨壑,云气常聚"的龙窖山,不仅是瑶族迁徙中的长亭驿站——千家峒,而且是入湘后的第一个长亭驿站——早期千家峒。

---

① 江永县民族调查组编:《始祖遗传简历》(内部资料),38页,1986。

十、龙窖山是瑶族早期千家峒

2001年10月8日,广西瑶学会根据2001年9月24—27日参加在临湘市召开的瑶族研究专题研讨会的专家学者的意见,下达了《龙窖山千家峒认定意见书》,确认"龙窖山为瑶族历史上早期的千家峒",在社会上引起了很大的反响。参观考察者络绎不绝,开发利用龙窖山也摆上了当地政府的议事日程。2002年5月19日,湖南省人民政府还把"龙窖山遗址"列为省级文物保护单位。人民政府和广大群众的支持,大大地鼓舞了我们这些龙窖山千家峒的研究者,我们有责任和义务更进一步地去解开这个"千古之谜"。

2001年4月,笔者在几次赴临湘市龙窖山考察之后,写了《瑶族南迁入湘第一站——龙窖山千家峒》一文。10月对文稿进行了修改和补充,改为《湖南临湘市龙窖山千家峒考察报告》。该文从宏观的角度比较全面地论证了龙窖山是瑶族早期的千家峒。现在看来文章太粗糙,仅给人龙窖山千家峒的粗略轮廓,许多微观的事象还需进一步论证。笔者拟在此作些微观论证,企望给读者一些启迪。

(一)龙窖山的得名

既然千家峒在龙窖山,我们的微观研究就从龙窖山说起。龙窖山见于史载应该是宋代。宋人范致明在《岳阳风土记·临湘篇》一书中载:"龙窖山在县(临湘市)东南,接鄂州崇阳县雷家洞、石门洞,山极深远,其间居民谓之鸟乡,语言侏离,以耕畲为业,非市盐茶,不入城市,邑亦无贡赋,盖山瑶人也。"《岳阳甲志》中亦云:"龙窖山在巴陵北,山实峻极,上有雷洞,有石门之洞,山瑶居之,自耕而食,自织而衣。"两位宋人并未说龙窖山的得名,仅说它是"鸟乡"。鸟乡者,谓山路险绝也。到了明代,明人李贤在撰修《大明一统志》时,却载曰:"龙窖山,在临湘县东南百里,跨临湘、通城、崇阳、蒲圻四县境,上有龙湫,因名。又有雷洞,洞有石门,山瑶居之。"随后明、清两代的《岳州府志》、《临湘县志》,甚至《湖南通志》大多数都采用此说。明人李贤之说,一是扩大了龙窖山的范围,宋人仅说龙窖山与鄂州崇阳县接界,而明人之说,龙窖山跨临湘、通城、崇阳、蒲圻四县境。二是给龙窖山得名一个说法。即"上有龙湫"而得名。正因为如此,清康熙《临湘县志》误把药姑山当成龙窖山。1983年的《临湘县地名志》亦沿用此说。无怪乎我们初去临湘查找龙窖山时,多数人不知道。

龙窖山因上有龙湫而得名,不知何所据。仅从"窖"与"湫"字的含义就是风马牛不相及。窖者,藏也;湫者,潭也。若因上有龙湫而得名,龙窖山应该叫龙湫山。其实龙窖山,是瑶民居住此而得名的。瑶族进入半渔猎半农耕经济阶段后,既崇犬又崇龙。瑶语习用倒装句,如白菜叫菜白,青菜叫菜青等。龙窖山就是瑶语"龙藏山",是用汉语记瑶音。近来,有学者提出,龙窖山就是龙头山。"窖"(kao)与瑶语"头"(tao)都是 ao 音。这样龙龙相对,kao、kao 连音。笔者认为此说也有一定道理。总之,龙窖山之得名,与瑶族有极密切的关系。

我们知道瑶族的先祖在原始的狩猎时期,创造了龙(犬)图腾这一光辉形象。后迁至黄河下游与淮河流域之间,加入了"苗民"、"蚩尤"部落集团,过上了一种水滨生活,亲眼目睹了"龙"的形象,"龙生于水,被五色而游,故神"。加之,受与其毗邻的太皞部落集团"以龙纪,故而龙师龙名"的影响,故而诱发出对龙的崇拜。这是瑶族先民从狩猎经济阶段进入半农耕半渔猎经济阶段的产物。正如马克思在《哲学的贫困》一书中所说,"人们按照自己的物质生产的发展,建立相应的社会关系。正是这些人又按照自己的社会关系,创造了相应的原理、观念和范畴",《还盘王愿经书·乐仙科》唱道:"龙,九头十八尾,不吃人间物,专吃那魔鬼。"

随着社会的发展,龙的地位上升到王权和君权的权威,《易·乾》云"飞龙在天,大造也。"《疏》:"飞龙在天,犹圣人之在位。"瑶民认为先祖盘王乃高辛氏老妇所孕育,系前王子孙,后又为国立功,被招为驸马,应享王的地位,故而更加崇敬龙。瑶民崇拜龙是瑶民半渔猎半农耕经济的产物,是瑶民思维方式发展、民族意识增强的反映。不过由于瑶民仍处在比较落后的经济阶段,其思维能力虽然有很大飞跃,但仍然限制和制约了他们意识观念的进一步发展,从而只完成了"纯粹动物式的意识"向"超世界的形象意识"的过渡。所以其图腾崇拜又有犬崇拜,有时突出犬崇拜,有时又突出龙崇拜,或是内部突出犬崇拜,外部突出龙崇拜。龙窖山之得名是突出了龙崇拜。

瑶族尚来有把地名、山名、庙名称之为龙的习惯。《过山榜》曾记有一座山有龙头、龙身、龙衣、龙尾瑶民死"葬坡石地……龙头、龙身、龙衣、龙尾之地,任其葬之"。另一本《过山榜》亦云:瑶民死"龙头口、龙尾、龙爪,任其择葬之"。《还盘王愿经书·龙围宅》更是把村寨、房屋、门、水埠头等都看成是龙影,"龙儿出来围过县,龙影出来围过州……龙影层层围过林……龙影层层围过街……龙影层层围过房……龙影层层水埠头,龙影层层水埠口"。瑶族先民从北往南迁徙,"漂洋过海"来到龙窖山,看到这里青山森森,土地肥沃,风光绮丽,前低后高,腹大口小,脊背为湘鄂交界,犹如一条莽莽巨龙浮游在浩渺的八百里洞庭上,故而命名它为"龙藏山"或"龙窖山"、"龙头山"。正因为如此,龙窖山内的山、水及洞庭湖等很多以龙命名，如龙阙、龙源河、龙溪港、石龙洞、龙阁源等。瑶族《还盘王愿经书·盘王三部围书》把这里用石造的房、门、厅、街、村等叫做龙房、龙床、龙门、龙厅、龙乡、龙村等。而且，在龙窖山居民中流传着种种与龙相关的传说故事，如《老龙潭的故事》、《济公降龙》、《丙午法师求雨》等。虽然这些故事有褒有贬，但不失为龙窖山得名之一证。

（二）瑶族是龙窖山石块文明的创造者

《湖南日报》记者徐亚平在《彩云掩映石文化》一文中，详细介绍了龙窖山瑶族千家峒的石屋、石门、石级、石基、石街、石桥、石窝、石堆等石建筑，并提出这片非凡的建筑是谁所为的疑问。笔者在龙窖山考察时，也惊叹这一浩大石工程是谁所创。当时百思不得其解。回来后，笔者上下求索，以解"千古之谜"。一晃四年过去了。现在终于找到了宏伟石工程的创造者——今瑶族先民。现分述之。

在龙窖山600米以上的山腰上、山坡上、山沟里（今已无水）建有一排排的用石块砌成的石屋。尤以畲家山乌鸦尖的最为典型。石屋建在原始次森林中，共有10间，从上至下排列整齐，均为单间。如按顺序排列的6号房，面积为380厘米×330厘米，墙体宽50～60厘米，北面残墙高170厘米。所有石屋都有朝南倚东墙的门，门宽约70厘米。所有的墙体在垒砌的石块中均未见到有灌泥浆的痕迹。竹铺沟的石屋与乌鸦尖石屋大同小异，不过出现了套间。胡家屋场的石屋规模最大。据考察，龙窖山内仍有石屋的村寨还有猪圈沟、茅苑坡、张家坦、葫芦嘴、鹰嘴岩、周朝坑、脚鱼冲、胡巴坑、老屋湾，以及湖北崇阳殷家冲、李家门、桃花寨等共15个村寨。这些村寨，有的有人居住，有的已无人居住。如此大范围的石屋是谁建造的呢？瑶族《还盘王愿经书·盘王部围书》唱道："谢龙到，厅前水埠浪衍衍，娘来不早造书报，报郎揲石造龙床。娘在湖南清水上，一条清水浪黄黄，娘是朝来夜归去，寻郎揲石造龙房。"①唱词是说一个瑶族姑娘写信给一个瑶族青年，叫他赶快回来帮助采石以造石床，男青年回来不仅采了石，而且姑娘还陪着他砌了石房。上面唱词中的"揲"字有两层意思，一是取，《史记》卷四五《扁鹊传》云："揲荒爪幕，湔浣肠胃。"取，在这里为采。二是积贯，《淮南子·俶真训》云："若然者，下揲三泉，上寻九天，横廓六合，揲贯万物，此圣人之游也。"揲，在这里是积累之意，即将石块一块一块地累起为墙。以上唱词是瑶民对历史的回忆，说明在历史上瑶民曾有过住石屋的时期。龙窖山的石屋就

---

① 郑德宏等：《瑶人经书·盘王部围书》，170～171页，长沙，岳麓书社，2000。

是这一历史的真实写照。

　　在龙窖山的朱楼坡村落，有一条长约1500米的小溪，从山上直流破村而过，小溪两边的坡上是用石块砌成的房屋基地，说明很久以前这里是建了很多房屋的。《还盘王愿经书·盘王部围书》唱道："初合识花眉合报，楼对楼来初合识，火烟合天随天转。"小溪还用石块垒成石壁，形成一条渠道。渠道石壁最高处约10米，最矮处也有2米。渠道每隔一段距离留一个石门（取水、绽纱之用），共有9个，这就是《千家峒歌》中的9个埠头。渠道上面盖有毫无打凿痕迹、长4～5米的青石板（若以每块青石板宽为40厘米计算，共有青石板4000余条），形成一条街衢，当地居民叫它合面街。据当地人讲，以前这里是繁华的集贸中心，也是通往湖北崇阳的主要通衢。传说过去有108棍（护卫人员）护卫一方平安。朱楼坡合面街是谁建造的呢？《还盘王愿经书·盘王部围书》唱道："谢龙到，厅前水埠浪衍衍，娘来不早造书报，报郎撰石造龙床。娘在湖南清水上，一条清水浪温温，娘是朝来夜归去，寻郎抢石造龙街。"唱词含义与上面同，只是在时间上要求小伙子更急，故而用"抢"字。可见，龙窖山朱楼坡合面街也是瑶人所建造。

　　在龙窖山内的瑶族古寨址，一般都是建造在冲槽内，而每个冲槽的两山相夹之处又都建有用石块砌成的寨门。例如，朱楼坡村寨口，原砌有拱形的石砌寨门。虽然寨门于20世纪50年代被洪水冲毁，但拱门的残墙仍依稀可辨。难能可贵的是，寨门的中央长了一株胸径70.4厘米的铁稠树，它不仅证明了朱楼坡遗址的久远，而且证明了古寨门被冲塌的时间。又如，漆坡古寨原有一关门石，人们进出都要从此侧身而过。若挑担子进出，则要将担子分开搂过去，大有"一夫当关，万夫莫开"之气概。明嘉靖二十年（1541年），一涂姓汉民搬来此处居住，生殖繁衍后代，其后子孙有一能者在朝中做官，来回都要坐轿，可走到关门石处都要下轿，他气愤不已，请来石匠砸烂了寨门扩宽了进出口。20世纪60年代，又在此修公路，将石门炸掉了，无法看见其护卫村寨的风采。还有鲁家古寨口、竹铺沟古寨口等均有护寨的石砌寨门的残墙，在此不一一列举。所有这些石砌寨门是谁造的呢？瑶族《还盘王愿经书·盘王部围书》唱道："谢龙到，厅前水埠浪纷纷，娘来不早造书报，报郎撰石造龙厅。娘在湖南清水上，一条清水浪清清，娘是朝来夜归去，寻郎撰石造龙门。"可见，龙窖山内各古村寨的石砌寨门都是瑶民所建造。

　　龙窖山地跨湘鄂两省，山实峻极，雄伟壮观，沟壑纵横，山与山之间、岭与岭之间，冲槽相隔，真是"一条岭下一重山"，从这山走到那山，从这岭到那岭，困难重重。聪明的瑶族，为方便相互往来，架起了无数的石桥，如由竹铺沟往胡家屋场的独石板桥，长约5米、宽约45厘米、厚约30厘米，又如从龙溪港到漆坡的石桥，等等。这些石板桥又是谁人所建？瑶族《还盘王愿经书·盘王部围书》唱道："报郎来时过几岭，几条岭下几重桥……报郎来时过一岭，一条岭下一重桥。"说明瑶族先民为改造山岭相隔的自然环境建起了无数的石板桥。

  问题来了，这些石条重达几百斤甚至上千斤，在一无铁制工具，二无火药，三无起重机，四无现代运石工具的条件下，瑶民是怎样采石和运石的呢？近来看了一则法国的考古资料，使笔者茅塞顿开。资料说：法国西部普瓦图辖区下的德塞夫勒省的布贡，距今7000多年前生活着一群大个子人，他们创造了包括石冢、石桌坟、糙石巨柱等在内的人类历史上最早的巨石建筑。据考古专家考证，那里的大个子人们，所采、运的巨石，重的达90吨重。那么他们是怎样采石和运石的呢？据考古专家考证，他们采石的方法是：首先看准石脉，即石头的脉纹。然后在石脉的裂缝中楔进一些干燥的木块，连续不断地往木块上浇上几天几夜的水。干木块膨胀，竟而将岩石撑破。由于石脉纹路不同，他们遂得到大小不同、宽窄不同、长短不同、厚薄不同的石块。伟哉、壮哉！我们在龙窖山考察时，也考察过朱楼坡的采石场。该采石场在一条羊肠小道之上，距离冲槽50余米，距离朱楼坡合面街约500米。该采石场已削去半边石山，但没有一点打凿的痕迹。是不是我们的先人也与法国布贡大个子人一样，采用石脉缝中楔入木块再灌水使木块膨胀的方法采集石条和石块的呢？

  先人开采到的石块、石条，轻者几斤，重者几百斤上千斤，甚至几吨几十吨。小者可以肩挑背扛，大者如何运移呢？据考古学家考证，法国布贡大个子人是采用将两根长木构成两道平行的纵轨，中间再横放若干原木段当撬式拉车，然后将大石块撬之其上，再用绳索或藤条套住拉车或大石，由前面若干人套上绳索或藤条往前拖拽，每拖一段，把原木段往前递进一段的方法，如此周而复始，经过几天至几个月，将石块运到需要的地方。笔者认为，瑶族先民运移石块的方法，可能与法国布贡人相类似，甚至更先进，因为从瑶族运送木材的"下洪"、"架桥拉厢"可以窥到历史的斑绩。

  总之，龙窖山因瑶人居住和崇龙而得名，龙窖山的石块文明是瑶族所创造的，龙窖山为瑶族早期千家峒无疑。

第四章　龙窖山瑶族遗迹

一、龙窖山瑶族石文化

文化是一种历史现象，它是民族的血脉和灵魂，也是民族的起点和归宿。瑶族虽然没有文字，但却创造了光辉灿烂的瑶族文化。龙窖山石文化就是他们用自己的聪明才智创造的一种具有民族特色的罕见的文化。石文化充分地体现了瑶民族的凝聚力和创造力。

（一）龙窖山石文化的主要表象

龙窖山位于洞庭湖的东岸，跨湖南的临湘市，湖北的崇阳县、通城县、赤壁市，是幕阜山余脉。山实峻极，雄伟壮观，沟壑纵横，土地肥沃，物种繁多，是最适合古人生活的优越环境。正因为如此，瑶民从江北漂长江、洞庭之后，选择此地"斩断青山又落根"，在此生活了约800年之久，并创造了罕见的石文化。

1. 居屋

居屋是人类生活最基本要素之一。凡是在一地居住的住民，他们都会建造一种与自己的经济条件、自然环境相适应的生活空间，即居屋。瑶民"漂洋过海"后，来到了青山森森的龙窖山。他们首先选择了海拔300～500米冲槽的山地安居下来。由于他们所选择的山坡地均长有原始次森林，林中散落着大量的大小不等的石块，于是他们就地取材，将石块砌起来建成屋墙，然后取小树枝作为支架盖上茅草而成居屋，既可以避风雨，又可以抵御野兽的侵入而保全家安全。据我们调查，龙窖山处处可见这种石屋的残迹。畲家山的乌鸦尖有这样的石屋10间。这10间石屋从上到下排列在一段长100多米的山埂上。第一间石屋占地3.3米×2.9米，墙体宽45厘米，残墙高70厘米。其余9间大小高矮与第一间差不多。石屋一般都朝南开门，门宽约70～75厘米。所有石屋的墙体都是自然石块砌成，石块无打凿痕迹，所有石墙并无勾填的三合土，可见其建筑的久远。

据该地父老传说，牛形颈上天木坪、邱家岭、白家坪、薄刀埂、方家屋场、九七岭、葫芦嘴到白果港一带的山头上，过去有48个石屋场。有一年下大雪，冰冻七七四十九天，山路无法行走，瑶胞被困屋中，被迫在家中烤红薯吃，有个别屋场因火种熄灭，只能吃生红薯。自此后，他们知道山上住居困难太大，才逐步往山下搬迁。

胡家屋场有一梯形石屋遗址，共有梯形屋场10多级，说明有石屋10多间，分左右两边纵列，中间被一条纵向的石级山路隔开，似乎是人行道。石块宽约20厘米，深若干厘米，仅高出地面部分就有40厘米。

还有明星村潘家组的剪刀坑东向的山埂上有5间石屋，幸福村土箕坡塔发屋场有7间石屋，观音坦有4间石屋。徐家屋场在长60米、宽6～10米的一块南北向坪地上有15间相连的石屋。

除连片的石屋外，龙窖山上还有套间石屋，如竹铺沟有一无水冲槽，就有两套套间石屋。也有单独一间的石屋，艾家坦东侧，有一间长3.2米、宽2.2米、残墙高40厘米的石屋，石窝祭祀场下方有一间长3.2米、宽3.1米、残墙高30厘米的石屋，祭祀台东边也有一间相类似的石屋。专家们认为此两间石屋，可能是守卫祭祀台的人员的住室，或者是为祭祀准备、存放供品的石屋。

龙窖山牛形颈上有一块指路石碑《楚府龙窖屯界屯把》。石碑往上约5米处有一块面积约1000平方米的坪地。这块坪地靠山坳的地方有一座5.15米长的石残墙，墙体宽约45厘米、高约75厘米，中间开门，门宽约79厘米，门的两侧石墙长分别为2.3米和2.06米，房进深为4.65米。这是龙窖山所发现的石屋中最大的一间单独石屋，有专家认为其屋主人可能是头人。

除以上所记石屋外，龙窖山上有石屋的地方还有：梅池村的胡巴坑、千家坪、幸福村的易家屋场、四方坪，龙源村的方家屋场、王家屋场、周朝坑，四合村的火烧屋场、张家坦、老龙潭的麦坦、罗家屋场等数十处，以及湖北省崇阳县属龙窖山辖区内的沙坪镇石坳村等。尤其是石坳村的石屋，有的还用石块盖屋。据调查，湖北通城龙窖山所辖的大风塝，整个屋场有10多栋石屋，全用石块盖顶，其石文化特点更加明显。

2. 石墈

石墈，就是用石块砌成护堤，将不平地面平整成石屋场地或梯地。这种石屋场地，凡有石屋的地方均如此，梯地则是瑶民生产的主要耕地，龙窖山处处可见。

鹰嘴岩：梅池村汤家组，海拔约700米，上有一块平地，长25米、宽20

米。其外沿用石块砌成高1.5米的石塂,靠山一面则用石块砌成高1.5米的护墙,以免坍塌。平地建有一间长4米、宽3.3米、残墙高1.5米的石屋。屋场的下面是用石块砌成的4级梯地,每级梯地长20米、宽约2米。毫无疑问这是瑶民耕耘的土地。

艾家坦:幸福村龙溪港组有一块屋坪地,东西长60米,南北宽25米,东西两头各建一间石屋。两石屋的内、外墙都是用石块砌成的石塂。屋下有用石塂护堤的多层梯地。

胡家屋场:幸福村老屋组有一长37米、宽19米,面积约700平方米的屋场。屋场后面用石塂护堤的石屋遗址有10多级,这里很可能是人口较多的瑶民村寨。

老屋湾:梅池村汤家组有一块用石塂护堤的坪地,长约400米、宽约30米。一条小溪从山上流下破坪而过,将坪地分成东西两块,东边一块长20米、宽约6米、高1.3米,比西边一块稍高,这是典型的山地梯地。

枞树埂:四合村朱楼坡组有一块用石塂护堤的地坪,长约30米、宽约16米。坪地中央有一石屋遗址,长3.5米、宽3米。

瑶坪:幸福村兰地组屋后有一处叫"荒山"的坡地,用石塂护堤,建有瑶坪、大坡、栗山、李竹坡4个石屋基地。

3. 石台

石台,即用石块砌成的形状不同、高矮不同的石堆。有专家认为,这种石台可能是瑶胞的祭祀台。龙窖山有不少类似的石台。幸福村老屋组对面海拔350~500米的山埂上,建有许多石台。人们对这么多的石台无法解释其来龙去脉和功用,于是取名为"石窝"。据调查,石窝山坡长约240米、宽约180米。在如此狭窄的山坡上,建有人工用石块砌成的石台37座,分上、中、下三部分。上部11座用较大石块砌成,中部17座用中石块砌成,下部9座用小石块砌成。其形状、大小不一,形状有长方形、椭圆形、扇形、瓜子形、梯形等。37座石台中有8座是对称的,即每边4座。中间竖有一根石柱,石柱距地面75厘米,直径35~65厘米,下大上小,顶部凿有长12厘米、宽6厘米、深20厘米的长方形洞眼。石柱的东北面有风化剥离过的痕迹,如果将风蚀部分复原,石柱应该是圆锥形。有专家认为,这是典型的、大型的森林中祭祀的场地遗迹。其中间的石柱,毫无疑问是祭祀场的中央,其上有孔可能是插旗杆之用,叫旗杆石。而形状圆锥形,下大上小,似像"男根",很可能是男根崇拜的象征。石窝的两边,各有一道20多米长的乱石砌成的石堤,似乎是起保护石台的作用。37座石台有一个共同的特点,就是北面平台都有一角指向东方。有专家认为,东方是太阳升起的地方,祭祀平台一角指向东方，可能是太阳崇拜的象征。也有专家认为，瑶族先民乃是东夷的一支，东夷住在今山东一带，属东方。龙窖山石窝的祭祀台一方向东，可能是对祖先的怀念，或包含有对先祖的怀念之情，即感恩之情。

朱楼坡与古塘村之间的小路上，有一条小溪自山上流下，小溪的左边有9个石台，从小路一直排到下面的冲槽，每隔3～5米一个。石台用石块砌成，均为半圆形，高1.8米、宽1.8米。每个石台中部1.1～1.3米处砌有一小中部孔，孔深60厘米、高20厘米，下宽上窄，下宽约30厘米、上宽约22厘米。有专家认为此平台可能是祭山水神之用。

还有艾家坦附近的燕子岩，也有类似石窝的石台8个，竹铺沟后山约500米处，有两条小水沟从山上直泻山下，两水沟的中间亦砌有两级大石台，巨石下面垫了一些小石块。其功用大概与朱楼坡与古塘间的石台相同。

4. 合面街

又名石板街，是龙窖山上最大的青石工程。在朱楼坡村组，有一个两山夹一溪的山沟，山沟长约1500米、宽约200米，一条溪水从山上流下，破村而过，至村尾流入山下的冲槽。溪水两边是用石块砌成的若干石屋遗坪（也还有部分住民的居屋）和梯地。整条溪水的两边沿溪用石块砌成石墙，石墙高矮不一，高的约10米，矮的也有2米，墙的厚薄也各异，厚的有两三层，薄的仅一层。此墙与溪水同样长，约1500米。石墙每隔一段有一个口子，共有9个口子，口子宽约1米，有石级至水边，口子的两边均凿有圆形的小孔。父老传说，这孔是装门用的，每个口子过去均装有门，以防止小孩和家畜下溪被水淹死。口子的功用是给人们下溪洗菜、汲水、浣纱之用。溪的上方用4～5米长毫无打凿痕迹的长石条横溪而盖，进而形成一条街，当地居民叫它石板街或合面街，小溪则成了一条暗河，不仅有利于生活，也可作躲避敌人或野兽侵袭之用。传说该地是龙窖山最繁华的贸易中心，也是通往湖北的主要通衢，原有108棍护卫本地的安全。

5. 石砌拱形寨门

据调查，为保护村寨安全，龙窖山的古老村寨（有的有人居住，有的无人居住）都用石块砌有拱形寨门。四合村的朱楼坡寨，坐落在马颈港的崇山峻岭中，一条溪水从山上流下破寨而过，即我们前面所叙的石板街村寨。该村寨尾有一条羊肠小道通往外地。在村口小道出口处用石块砌有一道拱门，由于时间久远，现仅有寨门的残痕，但仍可依稀辨明其原貌。竹铺沟古村寨旁（无人居住），在长约500米长的山槽中，现有石屋遗址10多间，当时可能是一个比较大的村寨，村寨口有一拱形的石砌寨门，残墙高约3米、宽约40厘米。最典型的是朱楼坡的寨门。寨门残墙高约4米、宽约1.5米，据说不少父老乡亲都见过。可惜该寨门早年被洪水冲毁，不过其雄伟壮观仍依稀可见。现寨门处长有一株高大的铁稠树。据有关林业专家推算，该树可能已有240多年，可见该村寨的久远。据调查统计，可见村寨石砌拱门残墙的村寨，还有古塘、畲家山、黄花寨、鲁家冲等。湖北省崇阳县有类似石拱门的村寨有殷家冲、李家门、桃花坳等村寨。

6. 石庙

瑶民笃信鬼神，凡到一地都要立庙祭祀鬼神和家先。清代李来章在《连阳八排风土记》中写道：瑶"庙立于野，凡隶排者祭之。如群姓之大社也。无木主，刻木为像……不必肖其人，亦不能辨为谁氏之祖称也"。龙窖山有无数的石砌小庙，正是这种庙的写照。据调查，畲家山乌鸦尖上的石屋群中，有一座宽70厘米、高50厘米、深47厘米的石庙，三边为石块竖立围成方形，一方敞开，上用石板覆盖，庙内中央立有一石。该石可能是他们想象中的神祇或家先。牛形颈已废弃的石屋群旁，有一宽60厘米、高30厘米、深67厘米石庙，庙形与畲家山乌鸦尖石庙相似，只是中央无竖立的石头罢了。艾家坦石屋群旁也有一座与上述石庙相似的石庙，高30厘米、宽35厘米、深40厘米。徐家石屋场前，也有一座宽24厘米、高40厘米、深90厘米的石庙。牛形颈石屋群后往北3米处，亦有一宽60厘米、高34厘米、深67厘米的石庙。最典型的是幸福村易家屋场前的石庙，建在两株古老的石斗树下，庙宽110厘米、高50厘米、深1.7米，内有神龛，神龛内竖有一尊浮雕的石神像，石像宽47厘米、高38厘米。

龙窖山不仅有野外的石庙，而且在石屋内还发现了类似于神龛的石台。在竹铺沟编号为F1的石屋内的正中处有一个三角形的石台，底长90厘米、高55厘米。有专家认为，这很可能是龙窖山瑶民在家中祭祀家先神灵和盘王先祖的地方。

7. 石级

石级，一般叫石梯。由于龙窖山的瑶民一般都住在海拔300米以上的山坡、山埂、冲槽，要到其家必经过一些陡坡，有的陡坡又高又陡，聪明的瑶胞就将其挖成土坎，土坎上垫一些石块，于是成为石梯。龙窖山上此类石梯处处可见，甚至房屋前都有。从马颈港到四合村的漆坡山寨，要上一个较高的陡坡，为上下方便和减轻路途劳累，当时住民在此修建了360级石梯，后因修筑公路，毁掉了162级，现还存198级。

胡家屋场坪长37米、宽19米，面积约700平方米。坪后的土埂上有梯形石屋遗址10多级，石屋好像分成两纵列，石屋中间为人行道，均用石块砌成的石梯。岳阳考古研究所符炫教授看后说：此石级应该是两边石屋群的中间街道。石级每级相距 50 厘米，所用石块宽 20 厘米，每级石块高出地面约 40 厘米，总共有石级 12 级，这里很可能是瑶民聚居地之一。

龙窖山不仅山埂、山坡有石级，石屋门口亦有石级。老屋吊脚楼屋场，从吊脚楼底到老屋石屋场就有 5 级石梯。石梯用石块垫就，石块高出地面，长约 24 厘米、宽约 38 厘米。从石堆屋园到墈上坪亦有同样石级 4 级，这大概是瑶民去墈上坪生产的石梯。龙窖山像以上所记的石级，几乎处处可见，不再赘笔。

8. 石坟

在人们的记忆中，坟往往是泥土堆成的。在龙窖山我们不仅看到了土葬坟，还看到了石块坟。我们认为，石块坟应该早于土葬坟。土葬坟是进化了的坟丘，而石块坟是古老的坟丘。据调查，龙窖山的四合村朱楼坡组的关山嘴左侧，有 3 座用石块砌成的古石坟，每座石坟长约 1.5 米、宽约 60 厘米，均坐东朝西，坟的形状似青蛙，俗称麻蝈坟。坟前高后低，前大后小，整个坟都用小石块垒成，没有一点封土。坟前竖有一块高为 70 厘米、厚约 10 厘米、宽约 20 厘米的石块，人们称这块石块为头龛石，据说是供死者家属祭祀之用。园家港山道旁有 10 座用石块堆成的石坟。坟的形状与前述石坟相同，坐北朝南，头向 5 度。梅池村古塘组畲家山菜篮坡山腰的水沟旁有一石坟，坟形为正方形，长宽约 5 米、高约 3 米、坐东朝西，头向约 70 度。坟顶用黄土封盖，土厚约 45 厘米。封土上用小石块砌成一个斜洞，洞长 60 厘米、宽 25 厘米、高 30 厘米，洞内用石块铺垫，石块上留有烟炱痕迹。有专家称，此洞可能是主家祭祀墓主的地方。此坟比我们调查所见的石坟规模都要大，可能是双人合葬墓。

幸福村老屋组胡家屋场后山约 500 米处有一石块砌就的石坟。坟的形状为四方形，三面用石块砌就而成，坐南朝北。北面（正面）长 4.3 米、高约 60 厘米，坟的顶部为黄土覆盖，该坟前后长约 3 米，两侧高约 40 厘米，整个坟占地约 12 平方米。

幸福村龙溪港组商家冲也有一座石块堆成的石坟，坟的形状为长圆形，坐东朝西，坟长约 3 米、宽约 2 米、高约 90 厘米。据该组长者反映，该坟原有一道与坟顶同样高的石块砌成的石墙，将坟的三面围住，只留一面烧纸钱祭祀之用。有专家认为此坟可能是头人之墓。

9. 石井

水是生命之源。龙窖山的住民一般都居住在海拔 300～700 米的山埂、冲槽。在古代虽然说八百里洞庭离龙窖山很近，但也无法供给龙窖山山民的饮用水。因此，他们正像史书所记那样在山上"钻泉眼"，以满足自己生活的需要。据调查，龙窖山海拔300～700米的不少山寨都有用石块砌成的石井。古塘村边不远处有一口古井，井口长1.74米、宽1.4米，井水深1.1米，在井台高1.2米处，安放了一条长1.74米、宽70厘米的条石。条石中央砌有神龛，传说是祭祀水神的地方。该井在现住民来以前就有，井水清澈，从不干枯。箭杆山余家屋后也有一口石井，井长2米、宽1.1米，井深1.2米，水深1.1米，清澈见底。井的内侧搭盖一条长1.3米的条石。井壁石块和井盖条石都没有打凿的痕迹。竹铺沟老屋组屋坪东面靠山处有一口石砌井，井平面为不等边三角形，水井一面靠山崖，三面用石块砌墙，水从靠崖面的井底涌出，水清澈，冬暖夏凉，一年四季不断，饮之带有甜味，人们常饮此水。该井可以两面取水，井口宽80厘米、高75厘米，井口顶上盖有盖板石，距井底1.3米，井水深为35厘米。据传该井现住民来此前就有之。

据调查，龙窖山山寨有的寨子有两口古石井，像这样的两口古石井，人们给它取名为虎眼井。如高冲鲁家虎形山下有两口相隔不远的井眼。其中一口用石块砌成，井口长90厘米、宽76厘米，有石级下到井眼，井四周布满了青苔，很难辨清其真面目。另一井眼，已被黄土填埋，不过还可以认出其为石井。龙窖山周家屋场有一对相距百米傍山的虎眼井，也是石块砌成，井前石板铺就，自古至今村民均饮用此井水。

10. 石桥

龙窖山沟壑纵横，古村寨极其分散，但因古寨中住的都是一族同胞，他们难舍亲情，于是克服种种困难，架起了往来的桥梁。这就是龙窖山内山涧间的石桥。据调查，龙窖山内的园家港、马颈港、桥头港、龙溪港以及相邻的湖北省崇阳县的深山中的山溪上、河港处、山涧间，不少地方建有石板桥。这种石板桥的石板宽厚分别大约为50厘米和20厘米。石板桥的两头都是悬崖峭壁，聪明的龙窖山瑶民就在峭壁上选择一稍平坦的地方，以石块砌成墙，将石板搭在石墙上，既牢靠又安全，方便通行。石板桥的石板多数是单条，有少数双条的。例如，大缺坑西岸都是悬崖峭壁，自从明代汉人进住龙窖山550多年来，从没有人在对面山上居住过，更没有人在此架过石板。但这里却有一座石板桥，桥长3.72米，石板宽48厘米、厚18厘米，石板面布满青苔，很少有人走动。石板桥的桥墩分别在山涧两边的悬崖峭壁上，均用石块砌成，石墩的石块缝无任何胶粘物，石板上也无任何打凿痕迹。这真是一个了不起的人间奇迹。

11. 采石场

龙窖山石文化所用石块，大量的是天然石块，也有人工采集的石块，特别是巨型石条。我们在龙窖山石文化调查中曾发现两处采石场。一处在朱楼坡青石工程不远处的山坡上，采石场没有留下大块的石块和巨型石条，仅是一些石块的碎片。不过在石壁上留有烟熏的痕迹。这就证明，在科学不发达的古代，瑶胞们是用火烧石壁使其膨胀碎裂（可能还掺以水）成为石块或石条的，所以在所有石建筑物中的石块、石条我们没有发现打凿的痕迹。另一处在徐家屋场的后山山坡上，采石场的下部有一块长约70米、宽约50米的山坡坪地，整个山坡坪地散落着数千吨大小不等的石块和石条。这些都证明龙窖山瑶胞确实用人工开采了石块和石条。

据调查，龙窖山除上述石文化表象外，还有一些表象，如石栈道、石碑、石亭、石缸、石碓等，就不再此赘笔了。

（二）龙窖山石文化是瑶族人民所创造

龙窖山石文化的表象如此之多，石文化的底蕴如此之厚，到底是谁创造了如此伟大的奇迹呢？有说现在还是个谜，有说是瑶族所创，也有说是龙窖山汉民族所创。笔者认为龙窖山石文化是瑶族文化的重要组成部分，是瑶族所创。

龙窖山现住民进入龙窖山时，石文化的表象已经存在。现住民不可能创造如此伟大的人间奇迹。据考证，龙窖山现住民进入龙窖山居住较早的是沈姓居民。据《沈姓族谱》载：沈姓始祖大才公于1539年"弃溪洞之烟霞，乐朱楼坡风月"而迁到朱楼坡居住落业。此"风月"二字，道出朱楼坡并不是一处处女地，早就有人开发了，而且是一个建设得不错的地方。很可能当时已经有了前面我们所叙述的青石工程。青石工程吸引了沈姓始祖，所以他才弃溪洞进入龙窖山。又据龙窖山朱楼坡李姓族谱载：李姓始祖进入朱楼坡，是因为与沈姓"合置朱楼坡"才进入朱楼坡的。"合置"，说明沈、李二姓共同购买了朱楼坡。朱楼坡应是早就有主之地。何况沈、李二姓都是单家独户进入朱楼坡的，他们不可能创造如此巨大的青石工程。可见该工程早在1539年前就有之。

至于龙窖山其他姓氏的现住民，按他们的族谱所载，都是1539年前后迁入龙窖山，更不可能创造龙窖山如此伟大的石文化奇迹。

那么，龙窖山石文化是谁创造的呢？我们认为是千家峒的瑶族同胞所创造。其理由是：

一是瑶族先民是三苗国的臣民，早在远古时代龙窖山就是三苗国的领土（前已论述，在此略），既然瑶族先民是三苗国的臣民，说明其早已进入龙窖山之域。

二是龙窖山早在隋唐之时就是莫徭的大本营（前已述，此略），莫徭就是

"我们瑶人"。

三是唐朝中期,在湖南境内第一次出现了"徭"的称谓,地域包括龙窖山(前已述,此略)。

四是宋代,龙窖山是瑶民起义反抗封建朝廷的大本营(前已述,此略)。

五是瑶民晋代"漂洋过海"后进入龙窖山建设千家峒,到宋末被迫离开千家峒,在此居住约800年之久,有条件有时间创建辉煌的石文化。

六是瑶族有从事石建筑的经验。《瑶人经书·盘王部围书》载:"谢龙到,厅前水埠流游游,娘来不早告书报,报郎揲石造龙乡。娘在湖南清水上,一条清水浪香香,娘是朝来夜归去,寻郎揲石造龙乡";"谢龙到,厅前水埠浪纷纷,娘来不早造书报,报郎揲石造龙村。娘在湖南清水上,一条清水浪温温,娘本早来夜归去,寻郎抢石造龙街";"谢龙到,厅前水埠浪纷纷,娘来不早造书报,报郎揲石造龙厅。娘在湖南清水上,一条清水流清清,娘是朝来夜归去,寻郎揲石造龙门";"谢龙到,厅前水埠浪衍衍,娘来不早造书报,寻郎揲石造龙床。娘在湖南清水上,一条清水浪黄黄,娘是朝来夜归去,寻郎揲石造龙房";"报郎采石过几岭,几条岭下几重桥……报郎来时过一岭,一条岭下一重桥"。① 以上所引,记述了瑶民曾经用石块造了"龙乡"、"龙村"、"龙街"、"龙门"、"龙床"、"龙房"和"石桥"。他们完全可以造就龙窖山的石文化。我们认为《瑶人经书·盘王部围书》所叙,就是龙窖山石建筑的真实写照。龙窖山石建筑有村寨、有石街、有石房、有石桥、有寨门,《瑶人经书·盘王部围书》都有记载。再说龙窖山石建筑的石墙都是石块砌就,没有任何胶粘物,这正与《瑶人经书·盘王部围书》中的"揲石"相吻合。"揲"者,取也。《史记》卷四五《扁鹊传》云:"揲荒爪幕,湔浣肠胃。"所以,"揲"即"采","揲石"就是"采石"。龙窖山石建筑之石块均为采石而来。又,"揲"亦可作"积贯"解。《淮南子·俶真训》载:"若然者,下揆三泉,上寻九天,横廓六合,揲贯万物,此圣人之游也。""揲",积也,堆也,垒也。所以,揲石又可以理解为将石块一块一块地堆砌起来成为石墙,这正是龙窖山石建筑石墙的真实写照。《瑶人经书·盘王部围书》还用了"抢石造龙街"。"抢"者,挑选也。龙窖山朱楼坡的石板街所用的条石,确实是经过挑选以后才使用的。"抢"者,用力舞动也。确实龙窖山朱楼坡的石板街的石条,是用了很大力气才从外面运到朱楼坡的。所以说是"抢石造龙街"。从以上所述我们不难看出,龙窖山石文化就是瑶族人民创造的。

---

① 郑德宏等选编:《瑶人经书·盘王部围书》,170~171页,长沙,岳麓书社,2000。

二、龙窖山瑶族遗风

整个人类世界，是以不同的民族构成的。民族是一个历史的范畴，在其形成时就有区别于其他民族的种种特征。风俗就是其中重要的表现之一，故风俗往往成为一个民族的标志。正如社会学家费孝通先生在《关于民族识别问题》一文中所说："一个民族总是要强调一些有别于其他民族的风俗习惯、生活方式的特点，赋予强烈的感情，把它升华为代表本民族的标志。"所以，在这个迷人的世界里，不同民族的浓厚风俗，总让人难以忘怀。龙窖山瑶民虽然被迫离开龙窖山七八百年，但其相沿积久的广为传承的行为规范，即风俗，却在龙窖山留下了斑斑痕迹。

当我们走进龙窖山所属的村寨口，首先看到的是寨口的银杏树，特别是梅池村的古塘村口，一株胸围5.1米、高32米的银杏树耸立村口，仿佛是古塘村的守卫战士，昼夜护卫着古老的村寨。据不完全统计，龙窖山有50多株银杏树。龙窖山有上、中、下梅池，整个村寨有多株银杏树，梅池之得名就是由银杏树而来。银杏树，又名白果树，因其生长缓慢，又名公孙树，在宋以前名梅木，宋初方叫银杏树。可见梅池村应是宋以前的村名。梅木在瑶民心中占有极其重要的位置。他们认为，梅木是人类的催生婆，所以瑶族古歌《源流歌》唱道：洪水淹天之后，世上仅剩兄妹伏羲二人，为繁衍后代，伏羲兄妹在梅木的撮合下婚配，从而繁衍了人类和民族。"伏羲兄妹无上赐，梅木树下结成亲，金花传粉身有孕，十月怀胎不成人。生下冬瓜无人样，冬瓜有籽瓜内眠。太昊年间无百姓，只有瑶族十二贤。"正因为如此，瑶民喜欢白果树（银杏树），不仅村寨口种有，视为保护神，而且以梅木取名。所以他们想尽办法保护这个守护神。传说当年日本侵略龙窖山时，要将古塘村口的银杏树砍掉去做工事的坑木。村民闻讯后，趁夜将锅铁、铁钉、马钉等钉在树上，阻止了侵略者砍伐银杏树的阴谋，保护了银杏树，使其至今仍然屹立在村口，守护着古老的村寨——古塘。这就是瑶民的遗风。

龙窖山有一个突出的特征，就是其居屋民族特点突出。在海拔300～700米的山坡、山埂、山冲（无水）、山腰上，布满了用石块砌成的石屋，在较平坦的夹山中有吊脚楼，在较宽敞的地坪有春墙屋。这些建筑都与现代瑶族的居屋基本相同。以石屋而言，瑶族曾经历过揲石、抢石修建龙乡、龙房、龙街、龙门等的原始阶段。《瑶人经书·盘王部围书》唱道："报郎揲石造龙村"，"寻郎揲石造龙乡"，"寻郎揲石造龙门"，"寻郎抢石造龙街"，"报郎揲石造龙厅","寻郎撰石造龙床","寻郎撰石造龙房"。①而且这种石房与新化奉家山和隆回虎形山瑶民的石房如出一辙。广东连南瑶族自治县的南岗石屋，比龙窖山石屋更集中，更雄伟壮观。事实证明龙窖山石屋，就是瑶民所建造。龙窖山的畲家山、朱楼坡、漆坡、古塘、高冲鲁家等村寨，有许多吊脚楼遗址。据乡老回忆，古塘村寨过去有48座吊脚楼，可惜1939年被日本侵略者全部烧毁了。专家们认为吊脚楼是瑶民居屋的主要建筑形式。就是现在在瑶山也处处可见吊脚楼。笔者认为，龙窖山的吊脚楼，似乎是龙窖山瑶民从海拔较高之山顶、山坡、山冲往更平坦的夹山搬迁的居屋形式。这也是瑶民"漂洋过海"后传承江汉之浒的干栏式建筑的结果。当生产继续发展，社会也逐渐进步，瑶民的生活条件也进一步改善，龙窖山出现了舂墙屋，如畲家山、茅坪、易家坦、漆坡、土箕坡，以及湖北通城茅屋岭、大风塝等地均有。舂墙屋是用黄土筑墙，然后盖上木皮或瓦等的居屋。筑墙可以说是一种创造，即用杉木板做成内空长3米、宽30厘米的木槽模具，在模具内放置一些杂木条、树枝或竹片等，然后再倒入黄土舂紧，舂好一层再上一层，直到屋顶。瑶山现仍可见这种冬暖夏凉的舂墙屋。龙窖山舂墙屋也是瑶民的遗风。

在龙窖山上，特别是废弃的古村寨、古屋场周围的梯地边，以及山坡、山垭上，处处都可以看见茶树。据《临湘市志》载："唐大和年间（827—836年）龙窖山的先民就开始培育茶树。"这里之所以用"龙窖山先民"一词，是因为他们不是现在住在龙窖山的居民。因为现在住民，最早是明代从外地迁来的。那么是什么民族在龙窖山培育了茶树呢？是莫徭。因为唐代这里的住民是莫徭。莫徭即瑶人。瑶人喜欢喝茶，饭余、劳动后，特别是晚上都要约上几个朋友边喝边谈，海阔天空，古今中外，要喝谈到半夜。瑶人还认为"进屋都是客"，凡进屋者不论是否认识，先敬上一碗茶款待。所以瑶人每迁到一个地方都要种茶。到宋代，瑶民所种的茶，除自己喝外已有剩余。于是他们将茶拿到集市上进行交易，换回盐、布匹和生产生活必需品。茶叶成了他们交易的主要商品。正如《岳阳风土记》所载：龙窖山瑶族"非市盐茶，不入城市"。意思就是说，不拿茶换食盐，他们是不入城镇、集市的。所以说，龙窖山茶是瑶民培育的。至于到了明代，龙窖山开始造龙凤团茶，龙窖山茶成为贡品，那是瑶民培育茶的遗风在新的社会条件下的表象，是龙窖山住民对茶的新贡献。

据调查，龙窖山上的乌鸦尖、牛形颈、艾家坦、易家屋场、徐家屋场等

---

① 郑德宏等选编：《瑶人经书·盘王部围书》，170页，长沙，岳麓书社，2000。

村寨，现仍保存着石块砌成的野外石庙，毫无疑问是用来祭祀神灵和先祖的。龙窖山上的野外石庙到底是谁建的？现住民中的老人说，肯定不是他们的先祖建造的，因为汉族祭祀先祖神灵的庙，是雄伟壮观的庙宇，比如龙窖山的关王庙就是他们祖先所建造。所以，野外石庙，唯一的解释就是唐宋时期龙窖山住民瑶人所建造。正如清代李来章在《连阳八排风土记》中所说：瑶人"庙立于野"。

又据调查组反映，1449年刘姓族人徙居龙窖山在挖屋基地时，挖出一口大钟，钟内罩着一尊木雕像，红脸、短须、戴帽。后来刘姓人误以为此木雕像是关公像，于是族人修建了龙窖山最大的庙宇——关王庙，将木雕像请入庙中供人祭拜，直到20世纪60年代"文化大革命"该庙被毁为止。这尊木雕像到底是谁，众说纷纭。有的认为是盘王像，有的认为是关公像，还有的认为是其他神祇。笔者认为是盘王像的可能性较大。其理由是：①从时间上看，木雕是刘姓人1449年发现的，离龙窖山瑶人被迫逃离龙窖山的南宋末年约150年，其木雕像还不会腐烂。因为它是被一口钟罩住的，没有受到风吹雨淋，故还可能保持完好。②从其形状红脸来看，属盘王形象的一种。据考证，盘王像有一种类型是属于孟公、蚩尤型的。专家认为瑶民是东夷中以阳夷、风夷、攸夷为主组成的三苗九黎部落联盟的后裔，他们尊蚩尤为首领，所以其民族的徽帜就是蚩尤形象。据史书所载：蚩尤"耳须如剑，戟头有角"，"头戴鸟形皇冠，凸符上插有三到五根凤雉翎"。龙窖山发现的木雕像有短须、戴帽，与蚩尤像相吻合。瑶族是蚩尤之裔，敬奉盘王，其像有可能模仿蚩尤而成赤面美须。③传说瑶民离开千家峒时，曾将一尊神像埋入石童子内，该千家峒是元大德年间的千家峒。龙窖山千家峒是早期千家峒，这里没有石童子，将神像藏于大钟内是完全可能的。为什么要将盘王像藏于大钟内，可能是为了将来十二姓瑶人返回时作为千家峒的见证。盘王像既是民族的象征，又是民族尊严的具体体现；既是民族凝聚力的轴心，又是唤起民族奋起的号角。所以瑶民离开千家峒后，仍然思念这个世外桃源，仍然前仆后继地寻找千家峒。④据传龙窖山关王庙落成时，将木像迎进庙中，还做了法事，其法事中，请神、踩红砖、捋链子、戴铁锅、上刀梯等仍有瑶人"奏铛"遗风。

众所周知，瑶人图腾崇拜盘瓠。而盘瓠是评王时以龙犬为徽帜的氏族首领，在高辛氏宫中服务，因卫国立功，被招为驸马。后与公主婚配生六男六女，盘瓠被敕为盘王，成为瑶族始祖，故瑶人视盘瓠为创世主或救世主，十分崇信。《过山榜》载："敕赐盘瓠为始祖盘王，六男六女为盘王子孙。……许令男女敬奉阴魂……广受子孙之祭，永当敕赐高名。自今以后，三年一庆，五年一乐。养活猪只成财，不许变卖。婚姻喜庆，宰杀成牲。聚集一脉男女，生熟俵散，摇动长鼓，吹唱笙歌、鼓乐，务使人欢鬼乐，物阜财兴。"瑶人不仅崇拜盘瓠，而且禁食狗肉。龙窖山有一地名曰"狗肉坑"，据该地父老回忆，当地人传承了古人的食俗，禁食狗肉。据说此地的古人曾养狗狩猎和护家，狗死亦不食狗肉，将狗埋在一条山槽内，久而久之，该地埋的狗多了，故名"狗肉坑"。这也许就是敬龙犬的遗风吧！

据调查，幸福村老屋组石窝山的山脊林中有一处长240米、宽180米的地块，有大大小小的石台37处，其形状有长方形、梯形、扇形、瓜子形等多种。每个石台都有一个平面朝东，还有一处锐角指北。部分专家认为这是当时住民祭天祭地祭祖先的祭祀场所。爱德华·泰勒先生在《原始文化》一书中说："森林常常是宗教崇拜的地方……对于许多部落来说，它是第一个神圣处所……也是唯一的庙宇。"石窝山祭祀台，谁的祭祀台呢？笔者认为是瑶族人的祭祀台。其理由是：一是龙窖山现住民最早进入龙窖山是在明代，而且各姓是陆续进入龙窖山的，不可能建造如此古老的、庞大的祭祀台以祭祀。二是建设的奇特，每座石台都有一方朝东，此朝东寓意深刻，与瑶族的历史相吻合。瑶族人是东夷的后裔，东夷祖居地在黄河下游与淮河流域之间。龙窖山石窝山祭祀台一方朝东，就是不忘祖之意，即是瑶民对祖先深深的怀念。三是祭祀石台还有一角指向北方，这也是瑶人不忘祖的表现。瑶人的这个祖就是蚩尤。蚩尤乃是三苗九黎之君，为争夺中原，曾北上与炎帝和黄帝发生冲突，后来被炎黄联军所败，被迫南迁。为纪念蚩尤，瑶人祀之。故其祭祀台有一角指向北方，示不忘祖也。

三、龙窖山瑶族原始宗教

临湘龙窖山古遗址沉淀了丰富多彩的瑶族先民的石头文化。为了全面解读其文化的性质及其内涵，2003年6月，岳阳市文物考古研究所对龙窖山古遗址进行了考古调查、实测及试掘工作，发现一批具有典型的龙窖山瑶族原始宗教的祭祀台、图腾柱、石神庙等文化遗存。囿于目前考古资料、文献记载的匮乏，其确切的用途和文化内涵有待考证。笔者不揣鄙陋，试先提出谬论，祈请专家学者斧正。

（一）石堆积——"面东指北"的启迪

石堆积是龙窖山古遗址特有的文化现象。在龙窖山74平方公里（临湘市境内）古代文化遗存的分布范围内，随时可见有意识的人为的石头堆积。以幸福村老屋组的石窝山最为典型，"石窝山"也可能因石堆积而命名。在石窝山山脊部位长约240米、宽180米的范围内就有37处大大小小的石堆积,大的石堆积长3.2米、宽2.1米、高4.4米,小的石堆积长2.15米、宽1.9米、高0.8米。按布局划分,石堆积分为上、中、下三部分。上部紧靠山尖,有11个堆积,采用大石块垒砌;中部为中心区,有17个堆积,采用的石块次之;下部有9个堆积,采用石块最小。石堆积的形状有长方形、梯形、扇形、瓜子形不等。有的石堆积因历经千年风雨的洗刷,早已坍塌,无法统计。石窝山的石堆积形状各异,但有一共同特征:每座堆积均有一个平整的面,朝着东方,且东北方处垒砌较高,形成一个锐角,直指北方。这就是笔者所指的石堆积"面东指北"。对于这种特定的文化现象,考古专家们认为,石窝山石堆积是有规划的、有意识的、人为的建筑,是其先民对天地或先祖的祭祀场所。虽然专家对石堆积给了个定论,但其真正的用途与作用,仍然是扑朔迷离,使人费解。为此,特借助民族学、民俗学及文献史料、考古资料对其进行解读。

1. 瑶族先民的太阳崇拜

远古原始人类以光明为宇宙及万物的本源。没有光明,在一团漆黑混沌中,哪有世界,哪有日月、天地和人类,哪有宇宙时空秩序,哪有万物生长。只有光明,才有一切。① 由于对光明的崇拜引申出对日月的崇拜。宇宙中有了太阳、月亮,世界才有了光明,万物才生长,五谷才丰登。因此,对太阳的崇拜是原始宗教的重要仪式。林河先生认为屈原笔下《九歌》中的"东皇太一"是光明神,太阳神"东君"的光辉是"东皇太一"神赐的。② "东皇太一"与"东君"均与东方太阳崇拜有关。瑶族祖先曾居长沙、洞庭湖一带,自周秦以来就是巫祝势力最大的地区,屈原作《九歌》11首和祀神之俗暗合"楚人祀于城东,以东为尊"的古俗。《仪礼·士昏礼》载:"凡行事必用昏昕。"注:"昕",在日出之前。也就是说古人祭天是在日出之前,向着东方崇拜。《史记·孝武本纪》云:"(元鼎五年)十一月辛巳朔旦冬至,昧爽(黎明)天子始郊拜太一。"亦证明天子黎明时面东方祭拜太阳。据考古资料记载,湖南华容县蛋子山古代祭日坛、永州黄田埔的祭日坛、浙江绍兴狗山的祭日坛,均是一头指向东方。按上述,石窝山这群排列有序而面东的石堆积,绝不是偶然现象,它是先民有意识的行为与选择。这种潜在意识行为正好与沅湘先民崇拜东方与太阳的习俗相印。毋庸置疑,面东的石堆积是龙窖山瑶族先民崇拜太阳的祭祀场所。

---

① 张劲松:《中国史前符号与原始文化》,21、17、285页,北京,燕山出版社,2001。
② 林河:《九歌与沅湘民俗》,99页,北京,三联书店,1990。

2. 瑶族先民的东夷蚩尤崇拜

据瑶学专家考证，蚩尤是今苗族和瑶族先民共同组成的部落联盟。蚩指苗族先氏，尤指瑶族先氏。① 黄河下游地区"大汶口—龙山"两时期的原始文化，一般认为是史前东夷族所创造的。东夷族的史前史，可细分为太皞—蚩尤—少皞挚—有虞舜阶段，其中以蚩尤为界分为两大时代，即"太皞—蚩尤"时代与"少皞挚—有虞舜"时代。"太皞—蚩尤"时代与华夏之"炎黄时代"对应。② 由此可证，蚩尤为东夷的一支，分布地域为黄河下游。究其历史，炎黄时代，东夷蚩尤集团与炎黄集团不可避免地多次发生冲突，"蚩尤作兵伐黄帝。黄帝令应龙攻之冀州之野，黄帝遂杀蚩尤"，"黄帝战涿鹿，杀两皞、蚩尤为帝"。经过阪泉、涿鹿等氏族战争，蚩尤氏族土崩瓦解，其余部两次西迁到达今豫南、鄂西北地区。房县七里河诸遗址为代表的文化是自成体系的一支原始文化，它来源于黄河下游地区的东夷集团。③ 随着黄帝集团势力扩大，部落之间的战争加剧，"尧战于丹水之浦以服南蛮"，并一步深入洞庭湖附近。"舜却苗民，更易其俗"，死后葬于苍梧之野。龙窖山瑶族的先民伴随着氏族战争，不断迁徙，栖身于洞庭湖畔的龙窖山大山之中。日本民俗学家柳田国男先生指出，"人类不会轻易地抛弃祖先留下的遗产"④，更不会抛弃以血缘为纽带的族缘关系。瑶人先民虽然身居南方，仍眷念先祖东夷蚩尤，因此，在大山中筑高台遥祭东方的先祖及曾经养育过祖先的豫南及鄂西北的大地。这应是石窝山石堆积"面东指北"的本意吧！

3. 瑶族先民的鬼神崇拜

在特定环境下，瑶族先民产生了"万物有灵"的观念，进而发展到万物崇拜，特别是对鬼神的崇拜。《汉书·地理志》云："楚人信巫鬼，重淫祀。"汉代王逸在《楚辞章句》中云："楚国南郢之邑，沅湘之间，其俗信鬼而好祠。"《吕览》亦载："楚之衰亦作巫。"《旧唐书·刘禹锡传》载："禹锡贬朗州司马，地居西南夷。……蛮俗好巫。"《方舆胜览》载："巴陵域士知义而好文，俗信巫而尚鬼。"瑶族先民居于沅湘之间，以上记载亦可观其先民崇奉鬼神之俗。

瑶族先民认为人死后有三个鬼魂：一个在墓地里，一个在家里，一个在

---

① 李本高：《湖南瑶族源流》，2页，长沙，岳麓书社，2001。
② 郑建明：《从房县七里河诸遗址看史前东夷族的西迁》，载《华夏考古》，2003（2）。
③ 郑建明：《从房县七里河诸遗址看史前东夷族的西迁》，载《华夏考古》，2003（2）。
④ [日] 柳田国男：《青年与学问》，310页，转引自《民间文学》，121页，1982（3）。

扬州十八洞。因为相信鬼魂的存在，因而对鬼魂敬之畏之。① 石窝山特定的文化现象也与之吻合，石堆积（暂定 M2）的试掘资料亦可证。该堆积长 3.1 米、宽 2.9 米，东北角高 2.1 米，顺沿山势，西边高 80 厘米。揭去表层的乱石块，露出两个坑道。南面坑内空长 2.3 米、宽 1.2 米，北面坑内空长 2.3 米、宽 70 厘米。两坑间用宽 30 厘米的石块隔开。整个堆积四周均用较大的石块垒砌，中间用小石块填实。此堆积疑似一座合葬墓，但坑内未发现人骨架及随葬品，只在南面坑出土一块长 33 厘米、宽 18 厘米、厚 5 厘米刻有"横、竖、圆点、人"等刻痕的石块，其意和义难以解读。根据瑶族先民相信鬼魂的习俗，结合 M2 的试掘资料分析：其一，石堆积完全有可能是埋葬鬼魂的墓地；其二，每座石堆积也可能就是一位氏族头人的祭祀地；其三，瑶族先民祭祀祖先蚩尤，希望人死后鬼魂追寻东方的先祖，回归扬州十八洞，可能此处也是祭送鬼魂之地。毋庸赘述，石堆积的"面东"现象，就是其先民崇拜鬼神、魂归东方的意识表现。

（二）石柱础——"天地人合一"

石窝山是瑶族先民有规划的、有意识的、人为的祭祀场所。而处在祭祀场中央的石柱础，必然有其特殊含义，折射出浓重而诡奇的文化意蕴。石柱础为六方锥形（南边已剥脱一块），通高 1.25 米，地下深埋 55 厘米，地表高 70 厘米。柱础最大直径 65 厘米，顶部直径 30 厘米。顶部残留一个长 12 厘米、宽 6 厘米、深 20 厘米的榫槽。该柱础有明显的加工痕迹，有意识地栽埋在诸多石堆积的中心位置，其功能与作用应为交通"天地人"之神柱，从神柱而演绎出诸多的祭祀形式。

1. 瑶族先民的图腾祭祀

图腾崇拜是在自然崇拜的基础上发展起来的，已经不是对自然的一般惊奇和恐怖所引发的一种精神的屈服，而是出于对外部世界的征服欲及因无知或出于某种意愿而产生的对某些对象的盲目敬畏和崇仰心理的产物。② 图腾是神化了的祖先，是氏族的标志和保护神。处在石窝山祭祀场中央的石柱础应为本氏族的图腾柱，顶部残留的榫卯槽结构只能立旗树帜。而瑶族奉盘瓠为始祖，盘瓠繁衍了瑶族子孙，拯救了整个民族，树旗祭祀盘瓠是必然的宗教礼仪。瑶族图腾崇拜盘瓠，相信龙犬是氏族的保护神，它既能降福于人，又能为人排忧解难，因而产生一个氏族禁忌，就是禁食狗肉。在石窝山附近就

---

① 张有隽：《瑶族历史与文化》，304 页，南宁，广西民族出版社，2001。
② 刘小萃：《良渚文化礼仪用玉的文化特征》，载《华夏考古》，2002（3）。

有一处叫"狗肉坑"的地方,相传狗老死后,全部埋于此处。

2. 瑶族先民的天神祭祀

原始宗教中的神的世界,是一个理想化了的世界,是灵魂的"欢乐园"。在那里晴空万里,风清气爽,绿水悠悠,百花吐艳,飞鸟会说话,流水会唱歌,树木会弹琴,愁苦之人到那里会得到欢乐,辛劳之人到那里会得到安逸幸福。① 要使灵魂到达天神的境界,必须借助登天之物。宇宙间的登天之物,正是祭祀场中央竖立的神树、神杆、神石和图腾柱。张劲松先生指出,宇宙有一中心,这中心是交通天地人之方位,它表现在观日影以测时空的丘墟台上,谓之中央之测影树、巨石、柱杆(在上古和民族神话中有建木、表木、太阳树、日月树、宇宙树、太阳石、神杆等多种称谓),位居天地中心,能交通天地。表现在原始宗教中是在祭坛中央或仪式场中央竖立神树、神杆、图腾柱,以交通天地人神。② 石窝山祭祀场中央的这根石柱础,正好是交通天地人的神石或神杆(因有榫槽,上必立杆),是瑶族先民祭祀天神的必然之物,也是先民灵魂的登天之处。

3. 瑶族先民的地祇祭祀

瑶族对土地极为尊崇,祀社之礼由来已久。其先氏在一座高山或一片茂林,可以用一株大树或一块巨石代表地祇神灵。甚至砍山烧畲时,在地头也要立一个土地神的神位(以一块石头为代表)。③ 石窝山的石柱础代表地祇神灵就不言而喻。再从石柱础形制分析,也能得其先氏对天神地祇祭祀的思维模式。石柱础地上为六方形,地下为椭圆形,顶部凿有一个方形孔槽,这绝不是偶然的现象,而是先民有意识的祭祀形态。其一,暗合天圆地方之说。《周礼·春官·大宗伯》载"以黄琮礼地",玉琮之形制为外方中圆;湖南隆回县瑶族巫师"师公棍"的造型也是外方内圆。石柱础只是在形制上略有变化,呈上方下圆,如果形成投影正好是外方内圆,意为"礼地"之物。其二,暗合"天地之数"之说。《系辞上传》将易数称为"天地之数",以偶数为地数、阴数,以奇数为天数、阳数。石柱础的六方形正好形成地数,演示出先民祭天的宗教观念。其三,暗合土地神符号。古代"口"代表土地神符号,石柱础顶端的长方形孔槽就是土地神符号的代表。

---

① 姚周辉、孙安梭:《少数民族原始宗教中的灵魂世界与鬼神世界》,载《广西民族研究》,2003(2)。

② 张劲松:《中国史前符号与原始文化》,21、17、285页,北京,燕山出版社,2001。

③ 张有隽:《瑶族传统文化变迁论》,132页,南宁,广西民族出版社,1992。

4. 瑶族先民的祖先祭祀

在瑶族的宗教意识中，灵魂不灭是一个十分重要的观念。由灵魂不灭延伸为鬼神崇拜，然后延伸为祖先崇拜。直到新中国成立前瑶族还保留着共同祭祀盘王、伏羲兄妹、梅山神、社王、土地等共同祖先和神祇的习俗。在祭祀中必有一位交通人、鬼的使者，这位使者就是巫师。巫师与鬼神的沟通又必须借助神树、神杆，通常有"降"和"陟"两种方式。"降"应为降神之降，即在人神沟通的意义上，神在巫祝的邀请或召唤下自上界以山为梯走降下来。"陟"字就是巫师到上界与神会面。① 石窝山祭祀场中央的石柱础，应为神树、神杆的柱础（以榫槽为证），巫师的天梯。祭祀时，巫师用其上天恭请祖先，请祖先降至，保佑平安，形成天地人合一的通天通衢，达到祭祀祖先之目的。

5. 瑶族先民的"石祖"祭祀

古代人类出于对自身繁衍的需要，源于对性的崇拜，因于对生殖科学的无知与无助，凭着直感认为生殖为女性所为，因而崇拜阴性。其后意识到阳性在生殖中的作用，既而出现了阳性崇拜，同时也产生了对阴性、阳性交合的性崇拜。民间多以锥形、尖状物为阳性象征的求子符号。湖南省江永县大远瑶乡有个叫"石童子"的石洞，洞口有一根3丈多高的大石柱，有学者在大石柱下发现了小石祖，可能是古代人手持小石祖向大石跪拜祭祀乞子所遗。民俗学家宋兆麟先生在民俗调查中发现不少石祖崇拜。如云南省丽江九河岸上有一天然石柱，被奉为石祖，白族妇女求育时在此烧香祷告，然后在石柱上坐一下。漾鼻河也有一男根石，当地不育白族妇女是在晚上去拜祭，也要在柱子上坐一下，认为这样才能怀孕。② 石窝山祭祀场中央的六方锥形石柱，酷似阳性崇拜的石祖，应为瑶族先民阳性崇拜乞子之物。石柱顶部的孔槽，象征男根的尿道口，为盛水所用。求育妇女有可能在祭祀石祖后，在石柱上坐一会儿，并取出孔槽中的水（象征精液）喝下，以达到求子之目的。

(三) 石神庙——崇奉盘瓠

"庙祭"是瑶族先民祭祀共同祖先的重要祭祀仪式。"庙立于野，凡隶排者皆祭之，如群姓之大社也。无木主，刻木为像……不必肖其人，亦不能辨为谁氏之祖称也。"③ 龙窖山遗存中庙祭的遗迹颇多，在海拔千米的畲家山乌鸦尖的石屋群中央的石堆上立有一座宽70厘米、高50厘米、深47厘米的石

---

① 张光直：《商代的巫与巫术》，见《中国青铜时代》，94页，北京，三联书店，1999。
② 转引自张劲松：《中国史前符号与原始文化》，21、17、285页，北京，燕山出版社，2001。
③ 李来章：《连阳八排风土记》。

神庙。牛形颈废弃的石屋旁立有一座宽60厘米、高34厘米、深67厘米的小石庙。艾家坦石屋旁也立有一座宽35厘米、高30厘米、深40厘米的小石庙。徐家屋场的石屋群前立有一座宽24厘米、高40厘米、深90厘米的小石庙。在幸福村易家组屋场前的两株古老的石斗树的连理根下，有座宽110厘米、高50厘米、深170厘米的神龛，至今仍供奉一尊浮雕的石神像。这一特定的文化现象，充分反映了龙窖山瑶族先民盛行崇奉盘瓠，表现出浓厚的祭祀祖先的原始宗教仪式特点。由石神庙也可感悟盘瓠崇奉与"漂洋过海"、盘瓠崇奉与社祭之间的联系。

1. 盘瓠崇奉与"漂洋过海"

《评皇券牒》、《盘王大歌》记载，瑶族民间传颂着"漂洋过海"的故事。传说很早以前，瑶族先祖原来住在会稽山石宝殿，后又迁徙到紫京（荆）山，后又往南迁，途中渡海，遇大风大浪。十二姓瑶人有一姓翻了船，瑶人恐惧，在船头叩请盘王派五旗兵马保护，并许下整猪良愿，如平安到岸，以后不忘祭祀盘瓠，还此凤愿。风浪果然停止，瑶族得以平安渡过大海。从此以后，瑶族迁徙一处都先立下盘王庙，置上盘王神像，"时节祀之"。这应该是"庙祭"的最初原型。无须赘言，此通过考证龙窖山瑶族的迁徙路线就可得知。据考证，瑶族为蚩尤的后裔，黄河下游为其氏族的封地；紫荆（京）山为瑶族先民建国之处，就是沮漳河流域之荆山；渡海是漂长江过洞庭湖。《盘王大歌》云："漂洋过海到东京。"顺理成章就是漂长江过洞庭达巴陵（龙窖山）。①文献记载、民间传说与调查论证的高度统一，只能证实，很早以前，有一支瑶族先民从紫荆山漂长江过洞庭，在八百里洞庭湖中与风浪进行了殊死的搏斗，才平安地徙居巴陵之域的龙窖山。察其先民祭祀盘王之俗，其发展是"跳盘王"—还盘王愿（漂洋过海）—盘王庙。龙窖山中的石神庙就是先民渡海后，还盘瓠凤愿的神祇庙，也是"庙祭"的最早形式。换句话言，"庙祭"是"漂洋过海"后才出现的。竹村卓二先生指出，渡海神话所讴歌的鲜明主题，不外是在种族存亡的一大关键时刻，共沐神的恩宠的十二姓始祖和救世主盘王之间结成一种祭祀的规约关系，表现盘瓠子孙这一历史共同体的种族精神。② 从而形成"子孙代代敬神圣，承宗接祖不忘恩"的民族文化共识，激发了巨大的民族凝聚力，铸就了永不泯灭的瑶族精神。

---

① 汪松桂：《从评皇券牒中求证龙窖山瑶族漂洋过海》，载《湖湘春秋》，2003（2）。
② ［日］竹村卓二著，朱桂昌、金少萍译：《瑶族的历史和文化》，288页，南宁，广西民族研究所，1986。

2. 盘瓠崇奉与"社祭"

瑶族先民长期过着"吃尽一山则他徙"的游居生活，以血缘为纽带的家族关系非常脆弱，自然形成以村社为单位设立庙宇——社庙、祖公庙，祭祀共同崇奉的神祇来维系以血缘为纽带的民族利益。按照传统的习俗，"立门为主，立村为社"。在迁徙中，游居山林，建立新寨必须建立社庙。社庙有的筑有极为简单的屋宇，有的以村中一棵大树为代表，有的以村旁一片密林作为社坛的所在地。在村老、寨老、社老的主持下，定期举行"社祭"，通过形式多样的娱神活动，崇奉盘瓠，以娱神而祈求村寨吉利平安，五谷丰登。

社祭中的娱神活动，内容丰富，形式多样，歌之舞之，跳之蹈之。这种娱神歌舞不仅代表个体，也代表群体、部族祖先、图腾三者神秘的血缘的复活和显灵，有着深刻的寓意；虚拟的完整的动作过程，象征着本氏族对其他氏族的征服和合并，它是神灵的意志的实现。① 龙窖山石神庙的存在，正好求证了盘瓠子民在大山中"乐神打起长腰鼓"的社祭活动中娱神的原始形态。随着历史的进步，社祭活动由娱神逐步向娱人发展。我们从龙窖山地区古老的嗡琴戏（提琴戏）中就可窥测其遗风。

洪兴祖在《楚辞补注》中云："屈原放逐……见俗人祭祀之礼，歌舞之乐，其词鄙陋，因作《九歌》之曲。"明隆庆《岳州府志》载："岁时集会，祷祠击鼓，男女踏歌，谓之歌场。"这种集会歌唱与巴陵婚丧宗祀音乐，一人领唱众人帮腔，锣鼓间奏，或唢呐托腔融为一体，形成了嗡琴戏的早期声腔"锣腔散曲"。② 嗡琴戏在龙窖山地区历史悠久，流传甚广，其源流与古老的社祭有着必然的内在联系，对其的感悟有三：

其一，从《九歌》到楚地现存的傩戏，说明内堂傩戏是从请神驱鬼的傩仪缓慢演进发展而来。巴陵农村游傩祀神历史悠久，据临湘老艺人介绍，古代嗡琴戏每到一处新建的戏台演出前，由八个装扮小丑的戏子在台上跳八方，然后请出"唐明皇"（小丑），谓之"建台"，喻义请神赶鬼。否则，演出会不吉利。可证嗡琴戏的早期也应为傩戏。

其二，一村一案、一案一戏。清同治《巴陵县志》载："道观佛寺所在多有，今邑中又有傩案，刻神甚多。水旱灾疫皆祷于神，春夏有游傩之戏，秋成有钞化之事。"龙窖山地区设立的神案供奉杨泗将军（巴陵）、本济大王、水府大帝（通城）、吴主大帝、孝武大帝（崇阳）、张公五郎、汤公九郎（临湘龙源乡）。表演的戏剧内容由早期的神仙、鬼怪、狐精，发展到贴近现实生

---

① 薛艺兵：《对仪式现象的人类学解释（上）》，载《广西民族研究》，2003（2）。
② 岳阳市文化局主编：《岳阳市志·文化》（内部资料），115 页，2002。

活的《秦雪梅》、《孟姜女》、《修书下海》、《孟日红割股》、《世隆抢伞》等剧目；角色行当也由"一旦一丑"相应发展为"生、旦、净、丑"四行。亦可证嗡琴戏从娱神到娱人的发展过程。

其三，流传地域的巧合。据调查嗡琴戏流传的范围，主要是龙窖山周边的临湘、岳阳、通城、崇阳、蒲圻等县市。戏曲流传的地区与瑶族在龙窖山居住的地域非常吻合。亦可证，嗡琴戏来源于瑶族先民的早期傩戏和原始的社祭活动。抑或嗡琴戏是在瑶族先民原始的社祭活动形式（傩戏）的基础上，再融合以汉民族为主体的其他民族的原始祭祀活动形式发展而成。

综上所述，龙窖山古遗址沉淀了深厚的原始宗教的文化底蕴，演绎出瑶族先民万物崇拜、图腾崇拜、天地崇拜、鬼神崇拜、盘瓠祖先崇拜、生殖崇拜的原始宗教形态。同时，展现其先民渴望认识自然、认识宇宙、认识天地的强烈愿望以及对人类终极目标的不懈思索与追求。龙窖山古遗址是瑶族先民原始宗教信仰的载体。它载负着古先民不泯的希望，激扬着先民不羁的灵魂，昭示着其指向初原与终极的人性光辉。

附录一　龙窖山瑶族千家峒考古

附录1—1　湖南省临湘市龙窖山古文化遗址调查简报

岳阳市文物考古研究所
临湘市文化局
临湘市龙窖山千家峒管理处
临湘市文物保护管理所

一、前　言

2000年广西瑶学会在编纂《瑶族通史》时，正为瑶族历史上悬而未果的"瑶族千家峒、漂洋过海、迁徙路线"等重大历史问题苦苦寻求时，有学者据宋代《岳阳甲志》所载："龙窖山在巴陵北，山实峻极，上有雷洞，有石门之洞，山瑶居之。自耕而食，自织而衣"等重要信息，提出龙窖山可能是瑶族千家峒的设想。同年4月，瑶学专家、学者循着历史的履痕，从南宁、长沙来到洞庭湖之滨的湖南省临湘市龙窖山，揭开了探寻论证"龙窖山瑶族早期千家峒"的帷幔。2001年4月9日—6月20日，临湘市文化局、临湘市文管所组织专业人员，深入龙窖山进行了第一次文物调查，发现以石头构筑为特色的聚落居址、祭祀遗址、古墓葬等38处古代文化遗存，初步认定龙窖山为古代文化遗址。2001年9月24—27日，中国（广西）瑶学会在临湘市召开了"瑶学专题学术研讨会"。来自全国46位瑶史专家就千家峒等问题进行专题探讨，通过实地考察和认真讨论，认定龙窖山为瑶族历史上居住的重要历史遗址，并确认龙窖山为瑶族早期千家峒，下达了《龙窖山瑶族早期千家峒认定书》。2002年5月，湖南省人民政府公布"龙窖山遗址"为省级文物保护单位。2003年6月1—18日，岳阳市文物考古所、临湘市文化局、临湘市文管所对龙窖山遗址中心地域的幸福村老屋组石窝山、胡家屋场、竹铺沟进行了复查和试掘，并对石窝山进行实测。龙窖山遗址载负着古先民不泯的希望，激扬着先民不羁的灵魂，昭示着其指向初原与终极的人性光辉。但遗址的文化内涵尚未完全揭示，遗存所属时代、族属等重大学术问题还存有疑惑。为了使龙窖山遗址的内涵得到全面的揭示，破解瑶族历史上的千家峒之谜，解开瑶胞的心结和圆其寻根之梦，并做好申报国家重点文物保护单位的资料准备，2009年6月6日—7月22日，湖南省文物考古研究所、岳阳市文物考古所、临湘市文化局、临湘市龙窖山瑶族千家峒文管处、临湘市文管所抽调专业人员，由郭胜斌研究员领队，欧继凡、罗仁林、汪松桂、间勇、胡铁南、沈小勇、蔡健、熊牧、罗伟、吴练军组成田野考古队，再赴龙窖山对遗存分布密集的东部区域进行区域调查和考古试掘。

二、龙窖山概况

龙窖山遗址位于湖南省东北边陲的临湘市龙源乡的龙窖山。龙窖山属幕阜山余脉，东经113°35′～113°47′、北纬29°20′～29°33′。地跨临湘市龙源乡、文白乡、壁山乡和詹桥镇，面积约185平方公里。《大明一统志》云："龙窖山，在临湘县东南百里，跨临湘、通城、崇阳、蒲圻四县境，上有龙湫，因名。又有雷洞，洞有石门，山瑶居之。"龙窖山绵亘百里，风光绮丽，山实峻极、雄伟壮观，最高峰海拔1261.1米。其中，临湘市龙源乡境内74平方公里，辖龙源、明星、马坳、梅池、幸福、四合6个行政村，45个村民小组，人口4771人，可耕水田山地1660亩，山林面积11万亩（图1：龙窖山地理位置图）。龙源乡地处龙窖山的腹地，有七尖十岭十一山，山高壑巨、云气常聚，由龙溪港、梅池四合港、马坳港经"三关九锁"汇成龙源大港（古称三江口，现为龙源水库大坝），再经板桥（古陆城）为尤港（桃林河）入微水（新墙河），经灌口注入湘江（现入洞庭湖）。

本次区域调查集中在龙源乡境内东北至东南区域的龙源、梅池、幸福、四合4个行政村，除2003年前文物普查时发现石窝山、打栗坑、朱楼坡等38处古文化遗存外，新发现金盆龙氹、瑶坪、大眼塝、毛竹岭、狗肉坑、燕窝坦、细水井、土七坡、上麦坦、伯伯地、主形山多处以石头构筑为基本特征的石屋落居址、祭坛、图腾柱、石家墓、小神庙、石梯、石桥、石井、石洞等52处古文化遗存共500多个文物遗迹单位（图2：龙窖山遗址遗迹分布示意图）。

附录一

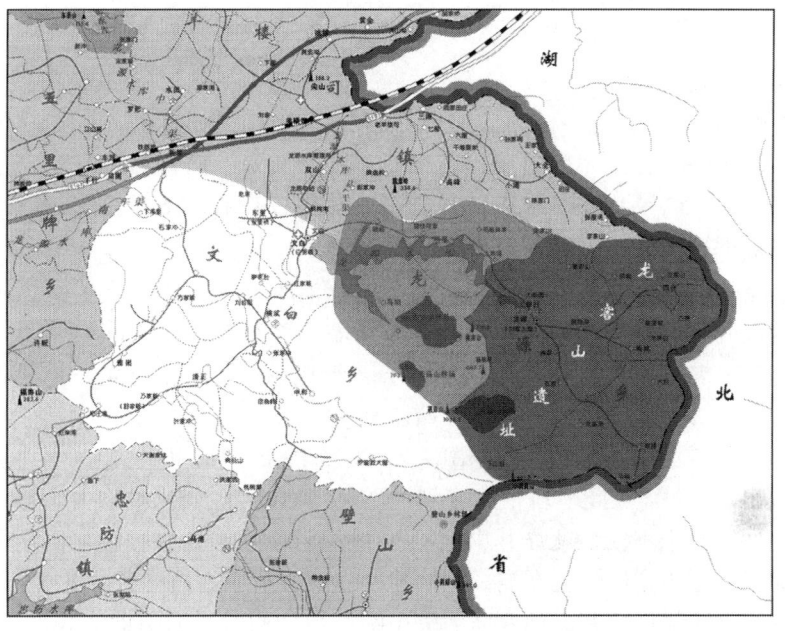

图 1　龙窖山地理位置图

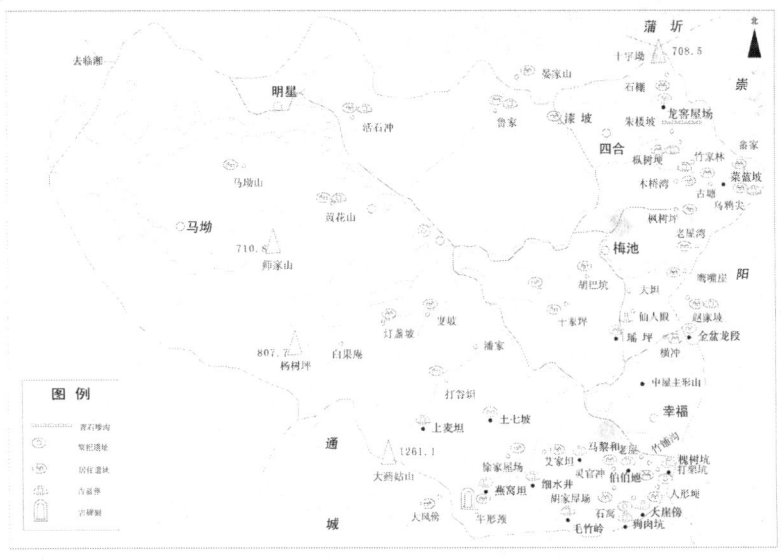

图 2　龙窖山遗址遗迹分布示意图

三、主要文化遗存

A. 古山寨

龙窖山有一批独特的自然山寨。顺着一条山溪在山冲或山峒入口处两山相夹形成关隘，有"一夫当关，万夫莫开"之险，关隘内较为开阔，居址依溪倚山而建，鳞次栉比，形成独立的建筑单位，具有防盗、防匪、防洪水的功能。根据地形、地势可分为4类：

甲类：古塘山寨、高冲鲁家山寨。山寨前有座夜合山，相传两山夜晚合闭，白天开启，给村民的生产、生活带来不便，故在两山之间的溪流上修座石拱桥（又名锁财桥）阻挡两山的关合，形成山寨的唯一通道。山寨明、清时期为湘、鄂、赣边茶马古道的驿站。

乙类：漆坡山寨。山寨前两山关闭紧合，形成山洞（山门）。洞口容一人只身进出，"文官在此下轿，武官到此下马"。相传，明代晚期山寨出了一位官员，回家省亲不便，就炸开山门。20世纪末，为修通村公路，山门彻底炸毁。为了锁住山寨财气，在洞门处修建一座石板桥，桥边建有"灵官庙"。

丙类：朱楼坡山寨。山寨前为关山嘴，与之相对应的山嘴地势关闭不严，就在山嘴上用石块垒砌一座山台，台上修有一座七层石塔（"文化大革命"时毁），植有多株古松和铁稠树，形成关隘口。

丁类：金盆龙氹山寨、黄花山山寨、畲家山山寨、晏家山山寨。山寨所处地势较高，寨前有夜合山形成隘口，但溪流上没有桥梁，居民依溪流而进。金盆龙氹山寨四周用石块垒堆石围子，现残存72米，残高50～120厘米，厚50～80厘米。

B. 石屋居址

龙窖山崇山峻岭之中的山顶、山腰、山沟，多处可见用石块垒堆的石屋居址。根据居址的分布、规格、形制可分为4类：

甲类：居址较原始，石屋主要分布在山的顶部，垒堆成单体，排列较有序，所用石块较大，墙体无任何羼和料。乌鸦尖、石棚石屋居址，房屋规格为3.20米×2.7米、3.2米×3.1米，门宽70厘米，均向南倚东墙，墙体宽50～60厘米。乌鸦尖残存有10座居址。F1门边垒砌的两块石头上，留有刻画符号（照片1）。

乙类：居址主要分布在山腰，垒堆成群体，成纵横排列或弧形排列，可分成两式。

乙类Ⅰ式：胡家屋场、徐家屋场。房屋规格一般为3.5米×3米，墙体宽50～60厘米，无羼和料。胡家屋场，整个居址坐西向东，共有5排，每排残存4座房基，每座房基南北间距3.5米、东西间距5米。在前排房基的东面驳墈上伸出4级石阶。每步石阶长40厘米、宽20厘米，间距50厘米，高度30～40厘米，酷似现代的楼梯踏步。徐家屋场顺着山腰排列15间房屋基址。

乙类Ⅱ式：龙窖屋场、鹰嘴崖、老屋湾、瑶坪居址。居址呈弧形排列，房屋规格一般为2.9米×2.6米、3.3米×2.0米，墙体宽50～60厘米，无屪和料。每处居址均有5～8间房屋基址，且两头房屋面积小，中间房屋面积大。

丙类：竹铺沟、枞树垭、胡巴坑聚落居址。分布在山体较低的山沟旁，依溪水而建。房屋规格3.9米×2.4米，门宽1.0米，墙体宽50厘米，用少量的泥土或碎石作填充料。竹铺沟居址内出现有套间，在F1内设有一块底长为90厘米、高50厘米、厚20厘米的三角石台，疑是家先神台。同时，居址依山沟的墙体上伸出1.1米长方形条石。条石前端凿有立柱的石窝，出现了吊楼的结构（照片2）。

丁类：大眼塝、灵官冲居址。居址一般分布在山顶或山腰。垒堆成单间，每座山头仅此一间，房屋面积较小。石窝山居址为2.1米×2米，槐树坑居址为3.5米×1.8米，大眼塝居址为2.9米×2.2米，灵官冲居址为2.6米×2米。且西边为山墈或天然岩石，无人工垒砌痕迹。

C. 石冢墓（堆石墓）

石冢墓是龙窖山最具特色的遗存。在特定的山体的山脊部位，顺着山势用石块堆垒成长方形、瓜子形、扇形、半圆形等多种形状的堆石。石窝山、大眼塝、燕窝坦、细水井、赵家坡、金盆龙氹、狗肉坑、打栗坑、胡家屋场等地的堆石，规模大、排列有序。石窝山最为典型，在6000平方米内就有62个堆石。根据堆石所处位置、形状、规格可分为4类10式。

甲类：石冢墓（堆石墓）堆石立面高大，气势宏伟，坐西向东，排列有序，形状有瓜子形、窄长方形、半圆形等，堆石内填满乱石块。

甲类Ⅰ式：石窝山M3、M4。堆石立面高大，用天然石块垒砌立面，坐西向东，对称排列，呈瓜子形，长3.2米、宽2.1米、高4.4米。胡家屋场M1，在山坡的天然岩石上，用石块垒砌呈不规则瓜子形，长3.8米、宽1.6米、高2.3米。燕窝坦M1长1.7米、宽1.4米、高2.6米，M2长2.1米、宽1.7米、高2.8米（照片3）。

甲类Ⅱ式：堆石立面高大；呈窄长方形，石窝山M10、M23、M28因立于其他形状的堆石之间，显得更加宏伟可观（照片4）。

甲类Ⅲ式：堆石立面高大，呈方形或半圆形。打栗坑M4呈不规则半圆形，外弧长2.6米、宽2.4米、高1.7米，打栗坑M5呈不规则长方形，长2米、宽2.6米、高1.4米。赵家坡M2呈不规则方形，长3.1米、宽2.6米、高1.3米。

赵家坡 M3 呈不规则方形，长 2 米、宽 1.5 米、高 1.8 米（照片 5）。

乙类：石冢墓（堆石墓）堆石立面矮小，用小石块垒堆立面，中间填满乱石。呈半圆形、长方形、麻蝈状（前高后低）。大眼塝 M1 呈长方形，长 1.8 米、宽 1.1 米、高 90 厘米，M2 呈半圆形，外弧长 2.4 米、宽 1.2 米、高 90 厘米。胡家屋场 M2 呈半圆形麻蝈状，长 2.1 米、宽 1 米、高 1.1 米。灵官冲 M3 呈长方形麻蝈状，长 2.6 米、宽 1.5 米、高 1 米。石窝山 M55 呈长方形，长 2.1 米、宽 1.5 米、高 1.8 米（照片 6）。

丙类：石冢墓（堆石墓）在天然岩石上或两天然岩石之间，用石块垒堆，呈三角形、多边形、半圆形等，可分为 3 式。

丙类 I 式：打栗坑 M2 在天然岩石上用几块大石块垒堆，呈不规则状，长 2.4 米、宽 2.1 米、高 1.4 米。狗肉坑 M4 在天然巨石上用较大的石块垒砌，呈不规则半圆形，外弧长 2.3 米、宽 1.1 米、高 1.1 米。

丙类 II 式：打栗坑 M18 在天然巨石上垒堆呈半圆形石墩，外缘整齐，顶部平整，外弧长 1.8 米、宽 85 厘米、高 60 厘米。打栗坑 M19 在天然巨石上垒堆呈半圆形石墩，外弧长 1.9 米、宽 1.1 米、高 90 厘米（照片 7）。

丙类 III 式：灵官冲 M2 在两天然巨石之间，用石块垒堆呈倒三角形堆石，上顶长 2.1 米、下底长 80 厘米、宽 1.5 米、高 1.4 米。打栗坑 M7 在巨石间垒堆呈倒三角形，上顶长 200 厘米、下底长 80 厘米、宽 200 厘米、高 210 厘米。打栗坑 M8 在两巨石间垒堆呈半圆形，外弧长 2.1 米、宽 1.4 米、高 1.6 米。打栗坑 M10 在两巨石间垒堆呈"⬠"五边形堆石，长 1.1 米、宽 1.5 米、高 1 米（照片 8）。

丁类：石冢墓（堆石）前直立或侧立一石碑，抑或堆石顶部立一石碑或砌成一石洞作为标志，分为 3 式。

丁类 I 式：石窝山 M1、M19、M18、M34、M58 堆石前直立或侧立扁平形石碑（照片 9）。

丁类 II 式：灵官冲 M8 堆石顶部置一大石块，石块前竖立高 24 厘米、宽 10 厘米、厚 2 厘米的小石碑。

丁类 III 式：菜篮坡 M1 顶部的封土上，用石块砌有长 30 厘米、宽 30 厘米、深 60 厘米的小石洞。

D. 图腾柱

石窝山、打栗坑的堆石群（石冢墓）的中心位置，立有 3 根石柱。根据石柱所在的位置、形制、作用，应与其先民祭祀相关。分为 3 类。

甲类：六边形石柱。石窝山中部的中心位置，立有一根高 75 厘米、底径 50 厘米、顶径 25 厘米的六边形石柱。石柱顶部残留长 12 厘米、宽 6 厘米、深20厘米的榫槽，应为"祭坛或仪式场中央树立的神树、神杆、神石和图腾柱，以交通天地人神"①（照片10）。

乙类：圭形石柱。在石窝山下部的聚落居址和梯地之间，立有一根高1.4米、宽65厘米、厚15厘米的扁平圭形石柱。

丙类：方形石柱。在打栗坑堆石群的中心位置，立有一根高75厘米、宽50厘米、厚20厘米的方形石柱。

E. 朱楼坡青石沟巷

朱楼坡青石沟巷位于朱楼坡山寨中间。青石沟巷长约1500米，在水沟两边堆垒石壁，最高处10米，最矮的石壁2.3米。为了防止坍塌，两边用石块堆垒三叠，成"川"状。上面盖有长4~5米的青石板。如果每块青石板按40厘米宽计算，最少需要4000余块青石板。沿途石壁上经过山沟或地面建筑之间，都建有规范的下水设施。堆垒的石壁加盖青石板后，上面为通道，下为一座人造沟巷。在沟巷的最下面设有第一道洞门，为券拱门，是进出山寨的唯一通道。拾级而上，依山势地形距离不等砌有9道石门（埠头），石门中砌有石级上下，平时可供山民汲水、洗菜、浣衣衫，进出山寨劳作；战时，就是抵御进攻、防止火攻的军事设施。同时，也是山寨防山洪的防水工程。在青石沟巷两边的山坡上，建有参差不齐的吊脚楼、舂墙屋，别有风趣，可惜残留部分毁于日寇兵燹。山洞大门毁于清顺治庚子年山洪大水，现存不到千米（照片11）。此次围绕青石沟巷的时代、建筑物的主人展开了调查。

（a）据龙窖山沈姓光绪戊申年（1908年）重修沈氏宗谱载：迁湘始祖沈大才公于明嘉靖十八年（1539年）己亥二月十六日徙居湖南岳州府临湘县板桥里之朱楼坡（石棚），三传至近嵩公（今朱楼坡），"砌石成基，两岸作室，增其旧制，洁其庭宇，近邻羡其安乐窝"。近嵩公生于明嘉靖四十五年（1566年）殁于天启六年（1626年）。朱楼坡青石沟巷应为1566年沈姓居民迁入之前所建，并于1566—1626年在原有基础上再建。

（b）洞门前古树树轮的见证。朱楼坡毁圮的券拱门前的石壁上生长着一株铁稠树。树高19.47米，胸径70.4厘米，经林业专家考证树龄为241年。洞门毁于清顺治庚子年（1660年）大水，因为只有洞门废弃后，才有铁稠树生长的条件，所以从另一个侧面证明青石沟巷为明代抑或明代以前的建筑，非沈姓一族所为。

---

① 张劲松：《史前符号与原始文化》，17页，北京，燕山出版社，2001。

F. 小神庙

小神庙也是龙窖山较有特色的建筑，在所有的聚落居址前，均建有一座形制有别的小神庙，可分为两类。

甲类：小神庙用石块堆垒于居址前的堆石上。金盆龙氹山寨门前，在长1.3米、宽80厘米、高1.2米的堆石上面垒有宽40厘米、高70厘米、深40厘米的小神庙。乌鸦尖的聚落居址中间，在长2.7米、宽1.5米、高1.1米的堆石上垒有宽30厘米、高35厘米、深48厘米的小神庙（照片12）。

乙类：小神庙用石块堆垒在聚落居址前的地坪上。徐家屋场小神庙宽30厘米、高30厘米、深85厘米，牛形颈居址小神庙宽60厘米、高34厘米、深67厘米，艾家坦小神庙宽35厘米、高30厘米、深40厘米（照片13）。

G. 古井

在龙窖山的古寨址中，都能见到形式多样的古井。高冲鲁家山寨的虎形山下有两口古井，其中一古井用石块堆垒，由石阶上下，井口长90厘米、宽76厘米，四周壁上布满青苔。还有一口，不知何年废弃，村民讲这两口井就是老虎的两只眼睛，很有灵验。老屋山寨有一口三角形古井，用石块堆垒在山崖下，底长95厘米、高80厘米，井水清澈可口，冬暖夏凉，现代村民，每逢初一、十五还在井边烧香。古塘山寨有一口"金华水师井"，井口长1.7米、宽1.4米、深1.1米，在井台高1.2米处，安放长1.74米、宽70厘米的条石，在中央垒有神龛，至今还供奉"金华水师之灵位"。横冲山寨有一井口长1.1米、宽70厘米、深1.3米的古井，井上垒有神庙，祭祀水神娘娘。

四、结语与附论

龙窖山有规划的、有意识的、人为的、以石头构筑为代表的文化遗存，通过区域调查和初步整理，其时代、族属的脉络已清楚地显露出来。囿于瑶族是一个迁徙的民族，当时处在采实猎毛刀耕火种、生产力水平低下的时代，生产、生活用品多为竹木器。加之，龙窖山普遍为页岩，土壤疏松呈酸性，生产、生活用具及人体骨架、葬具无法保存，造成断代和族属认定的困难。但是，历代文献中载述有瑶族先民的蛛丝马迹和形制别样的石构筑又为甄辨其时代及遗存的主人提供了有力的证据。

第一，文献记载龙窖山是古代瑶族的居住地。

北宋范致明在元符年间（1098—1100年）以宣德郎谪监岳州酒税时所撰写的《岳阳风土记》载："龙窖山在县东南，接鄂州崇阳县雷家洞、石门洞，山极深远，其间居民谓之鸟乡，语言侏离，以耕畲为业，非市盐茶，不入城市，邑亦无贡赋，盖山徭人也。"清同治《通城县志》也载："宋高宗绍兴初

（1131年），杨幺倡乱，勾诱衡、宝、永、郴山猺恣肆房掠。迨岳忠武平杨幺，而山猺残孽窜伏大山密菁通城地界相连之龙窖山为窟穴。理宗宝庆间，猺种蕃，遇歉出掠，遂设千户长驻通，元降为百户，至明缺裁。"宋《岳阳甲志》，明弘治、隆庆《岳州府志》和《大明一统志》均有龙窖山山瑶的记载。从多种文献中获悉：龙窖山确实居住着一支"谓之鸟乡，语言侏离"，自耕而食，自织而衣的山瑶民族。这支山瑶从北宋元符年间至元代，在龙窖山最少也生存了260余年。此外，还可从《元和郡县图志·江南道五》、杜甫《岁宴行》、《隋书·地理志》、《梁书·安成王秀传》、《后汉书·南蛮列传》等文献追溯龙窖山北宋前存在着"莫徭"、"巴陵蛮"、"湘州蛮"、"长沙蛮"的踪迹。从而证实"龙窖山自春秋战国至唐元和年间，一千多年就是瑶族先民三苗、荆雍州蛮、长沙武陵蛮、湘州蛮、莫徭的居住地。唐元和之后是瑶族的聚居地，也是瑶族分散南迁总站之一"①。

第二，石屋居址是古代瑶族群处习俗的见证。

《瑶族通史》在有关汉代盘瓠蛮的章节中云：盘瓠蛮所居之地都是人迹不到的深山莽林之中，居屋亦是石室。《搜神记》："盘瓠将女入南山，草木茂盛，无人行迹………止于石室之中。"《后汉书·南蛮传》亦载：盘瓠"所处险绝，人迹不至"，"好人山壑，不乐平旷"。《隋书·地理志》也载：莫徭的居住习俗，"随溪谷群处"，"莫徭蛮者，依山险为居，随山洞而居"。近年来，一些瑶史学者在湖南临湘市龙窖山发现了大批的原始石屋，有可能就是盘瓠之后居住过的石室。② 龙窖山这批石屋居址与其印证。同时，甲、乙、丙类居址显示出龙窖山瑶族先民的居住地，从山顶往山腰，再向山沟溪流边搬迁的过程。居住方式相应经历石头屋—吊脚楼—舂墙屋的演变。其经济生活也经历采实猎毛—刀耕火种—早期畜耕农业三个阶段。演绎着瑶族先民筚路蓝缕、以启山林的初创期（两晋以前），采实猎毛、刀耕火种的发展期（隋唐时期），励精图治、艰苦创业的繁荣期（两宋时期），天灾人祸、战争征讨的衰落期（元、明时期）。丁类居址均为5平方米左右的小石室，并非瑶民居住所用，而是祭祀用屋或狩猎的瞭望哨棚。据《溪蛮丛笑》云：瑶人"死者诸子，照水内，一人背尸以箭射地，箭落处定穴，穴中藉以木。"同书还载，瑶人，"贫则已，富者不问岁月，酿酒屠牛，呼团峒，发骨而出，易以小函，或柳崖屋，或挂大木，风霜剥落，皆置不问，名葬堂。"此类小石室更有可能为之"葬堂"，小石室周围的石冢墓（堆石）就是最有力的佐证。

---

① 李本高：《湖南临湘市龙窖山瑶族"千家峒"考察报告》，见《龙窖山千家峒》，2002。
② 奉恒高主编：《瑶族通史》，126、224页，北京，民族出版社，2007。

第三，石冢墓是龙窖山古代瑶族特有的丧葬习俗。

石冢墓群是龙窖山最具特色的文化遗存，其内涵及作用也相当复杂。根据调查分类和试掘报告归纳为：①甲类和丙类Ⅰ式、Ⅱ式石冢墓，排列有序，立面高大，气势宏伟，加之堆石群的中部立有图腾柱（神柱），应与其先民祭祀有关。瑶族先民居于沅湘之间，有崇奉鬼神之俗，他们认为人死后有三个鬼魂，一个在墓地，一个在家里，一个在扬州十八洞。①此类堆石是其先民鬼魂的存放处抑或是祭祀瑶老的陈尸台。②乙类、丙类Ⅲ式、丁类石冢墓，与《博物志》"楚之南有啖人之国，其亲戚死，朽其肉而弃之，然后埋其骨，乃为孝也"②，《隋书·地理志》莫徭葬俗"始死，即出尸于中庭，不留室内。敛毕，送至山中，以十三年为限。先择吉日，改入小棺，谓之拾骨。……拾骨者，除肉取骨，弃小取大"，《通典·边防序》"潭、衡州人蜒，取死者骨，小函子盛置山岩石间"的载述高度一致，应为龙窖山瑶族行"岩葬"之风。北京大学实验室对石窝山M55出土的陶瓷片及墓中黏土进行碳十四、土壤分析科学检测。其结果是黏土含磷量1799wt％，与毛竹岭M2（该墓出土人骨、牙齿、棺木残件）的含磷量1734wt％基本接近，而与石窝山原生土样品检测含磷量1351wt％相去甚远，因此为墓葬无疑，陶瓷片为隋唐时期，为这类石冢墓提供了有力的支持。宋代人的丧葬，仍与隋唐以前，莫徭中流行的"拾骨"葬（即二次葬）、崖葬"停尸馆舍"、"无被发袒踊"、"亲疏成哭"、"饮宴鼓歌"等相同，只不过内容和形式上有些变化。③在石窝山M1、M15、M34发掘时，发现堆石中仅埋有一块巨石。"苗、瑶迷信甚笃，尺木或以为神，即相戒不敢侵犯。"④证明石冢墓除"岩葬"外，还有一部分堆石应与自然崇拜有关。龙窖山石冢墓（堆石）沿袭了莫徭的埋葬习俗，同时，又出现丁类石冢墓的习俗，显示出龙窖山瑶族特有的丧葬风俗。石窝山石冢墓群中甲类和丙类Ⅰ式、Ⅱ式和自然崇拜的堆石居多，加之中心位置又立有图腾柱，此类堆石群应为祭祀场所。

石窝山、打栗坑石冢墓（堆石）群中的三根石柱础（图腾柱），有明显的加工痕迹，并有意识地栽埋在诸多堆石的中心位置，其功能与作用应为交通"天地人"之神柱。从而，演绎龙窖山瑶族先民的图腾祭祀、天神祭祀、地祇祭祀、祖先祭祀、"石祖"祭祀等诸多祭祀形式，⑤昭示出多维的宗教观念。

---

① 汪松桂：《关于龙窖山瑶族原始宗教的断想》，载《民族论坛》，2005（4）。
② 张华：《博物志·异俗》卷二。
③ 奉恒高主编：《瑶族通史》，126、224页，北京，民族出版社，2007。
④ 《龙津县志·民族·自然崇拜》，210页。
⑤ 汪松桂：《关于龙窖山瑶族原始宗教的断想》，载《民族论坛》，2005（4）。

附录一

第四，青石沟巷是明代嘉靖之前瑶族先民始建。

朱楼坡青石沟巷（青石工程）遗存的主人。沈姓宗谱中明确记载，沈姓宗祖是在明代嘉靖、万历年间"砌石成基，两岸作室，增其旧制，洁其庭宇"。原有的"旧制"也只能是瑶族先民所为。《梁书·安成王秀传》载：梁武帝天监七年（508年），"先是，巴陵马营蛮为缘江寇害，后军司马高江产以郢州军伐之，不克。江产死之，蛮遂盛。秀遣防阁文炽率众讨之，燔其林木，绝其蹊径，蛮失其险。"朱楼坡青石沟巷就是大山之中"燔其林木"最好的，也是唯一的防御设施。在高冲鲁家山寨、古塘山寨、畲家山山寨，也残存有部分这样的青石沟巷。清康熙《通城县志》载："元代前，通城为汉、瑶杂居地，后因战乱，瑶人渐入湖南。"明隆庆《岳州府志》也云："按宋以前有之，今不然矣。"龙窖山瑶族人走山空，逮至明代初期，18姓汉人陆续徙居（见龙窖山汉人入居时间表），在瑶族的居址上重建家园。因而，古山寨也显示出龙窖山特有的瑶汉文化的融合体。

第五，小石柱小神庙是古代瑶族祭祀的载体。

小石柱，竖立在石窝山、打栗坑墓群的中心，柱上端的榫槽，人工制作的痕迹十分明显，其功能与作用应是通"天地人"之神柱，意即祭坛中的图腾柱，是古代瑶人用于"墓祭"的载体。

小神庙是"庙祭"的载体。庙祭是瑶族先民对共同祖先重要的祭祀仪式。"庙立于野，凡隶排者皆祭之，如群姓之大社也。对无大主，刻木为像……不必肖其人，亦不能为谁氏之祖称也。"① 龙窖山小神庙这种特有的文化现象，充分反映出瑶族先民盛行崇奉盘瓠，表现出浓厚的祭祀祖先的原始宗教仪式。小神庙甲乙两类建筑风格，在龙窖山现有居民的生活习俗中不复存在。现代龙窖山居民的祭祀地点，一是庙宇，如关王庙、仙人殿、观音殿等；二是在村寨前用石块或青砖砌盖的孝武祠、吴主庙、文昌帝庙等。

综上所述，龙窖山有规划的、有意识的、人为的，以石头构筑为代表的"石文化"遗存，演绎着龙窖山瑶族先民的兴衰历程，彰显出民族融合的多元性、民族习俗的特殊性。

一是形态各异，风格独特的"石文化"遗存，是湘北鄂南地区独有的古文化遗存，乃至全国少见。

二是"石冢墓"有别于汉民族的葬俗，而与古代三峡地区少数民族墓葬、楼兰古吐蕃的吐谷浑墓葬，或有类似，风格近同，甚至与今天彝族聚落地区

---

① 李来章：《连阳八排瑶风土记》。

延绵千年至今仍在延续的风俗高度一致。

三是龙窖山地区在古代文献的记载中,明代前只有"山徭"居之,而无其他民族聚居。

四是北京大学实验室科学检测结果证实石 M55 堆石中的陶瓷片为隋唐时期。

五是瑶史专家提出,瑶族先民南迁湖南第一站"千家峒",就是湖南省临湘市的龙窖山,并确认龙窖山为瑶族历史上早期千家峒。

六是求证瑶族史诗《盘王大歌》"瑶人出世武昌府,漂洋过海到千家"①,"武昌府的瑶人就是龙窖山瑶族先民"②。

由此可见,龙窖山这批典型"石文化"的主人,非龙窖山瑶族先民莫属。其时代为两晋—宋代。

全国著名的瑶学专家吴永章教授指出:"在瑶族成为单一民族后,龙窖山是有文献记载,且经过调查、论证的瑶族历史上最早居住过的最北的地方。"③ 龙窖山是瑶族早期千家峒,龙窖山就是瑶族同胞的根。这里的龙潭瀑布就是哺育过瑶胞先民的乳汁,这里厚重的土地掩埋着瑶胞先祖的"忠魂",这里的千山万壑还在回响着瑶族先民为争生存的战斗呼号和追求美好生活的动人瑶歌。

龙窖山汉人入居时间表

始迁祖	迁入时间	原居地	途居地	入住地	藏谱人
张则忠	1368	江西		来苏畈	张早生
周仕清	1370—1400	南京	羊楼司	走马畈	周文章
汤仁智	1390—?			梅池门	汤会全
鲁受前	1400—?	江西		高冲	鲁昌兵
肖子旺	1410—?	江西	通城	滥泥冲	肖自文
张衡鉴	1436	江西		古塘	张国平
刘鼎颜	1449	江西		中源	刘斌
刘敏堂	1453		通城	箭杆山	刘天仁
钟惟学	1450—1472	江西		马坳	钟林森

① 郑德宏:《盘王大歌》,上集,长沙,岳麓书社,1987。
② 汪松桂:《浅析瑶人出世武昌府》,见《龙窖山千家峒》(内部资料),2002。
③ 徐亚平:《瑶史专家拨开迷雾,指认瑶胞最早故乡》,载《湖南日报》,2001 年 10 月 9 日。

附录一

续表

始迁祖	迁入时间	原居地	途居地	入住地	藏谱人
潘朝绣	1470—1500	江西	通城	龙窖源	潘兴国
涂龙、虎、麟	1500—？	江西	通城	仙人殿	涂龙生
沈大才	1539		崇阳	朱楼坡	沈大成
涂尚柯	1541	江西	通城	漆坡	涂龙生
李廷风	1568	江西	寺冲	朱楼坡	李定福
钟万柏	1574—1596	江西	马坳	梅池	钟林森
胡守和	1610—？	江西	通城	横冲	胡佛平
杨元瑞	1800—？	江西	崇阳	龙溪港	杨东风
但开荣	1840—？			许家坦	但少荣
晏德本	1868	江西	羊楼司	拖水坡	晏成舟

（2001年4月10日刘炎祖搜集整理）

照片1　乌鸦尖石屋墙上的刻画符号

照片2　竹铺沟石屋断墙

照片3　石窝山堆石墓葬M3

照片4　石窝山堆石墓葬M10

照片5　赵家坡M3

照片6　石窝山堆石墓M55

照片7　打栗坑堆石墓M18

照片8　打栗坑堆石墓M10

◊ 附录一 ◊

照片 9　石窝山堆石墓 M18　　　　　　照片 10　石窝山中部石图腾柱

照片 11　朱楼坡青石沟巷　　　　　　照片 12　乌鸦尖小石庙

照片 13　徐家屋场小山神庙

执笔：汪松桂
摄影：蔡健、罗伟
本篇调查简报载《湖南省博物馆馆刊》第六辑，2009

附录1—2 湖南省临湘市龙窖山石窝及其周围石冢、土坑、砖室墓发掘简报

湖南省文物考古研究所
岳阳市文物考古研究所
临湘市文化局
临湘市龙窖山千家峒管理处
临湘市文物保护管理所

龙窖山位于临湘市东部的龙源、文白、壁山、詹桥4乡（镇），面积185平方公里（图1），并与湖北的通城、崇阳、赤壁（蒲圻）3县（市）毗邻，在龙源乡境内有74平方公里。根据宋代《岳阳甲志》"龙窖山在巴陵北，山实峻极，上有雷洞，有石门之洞，山瑶居之"的记载，2000年4月，瑶族学

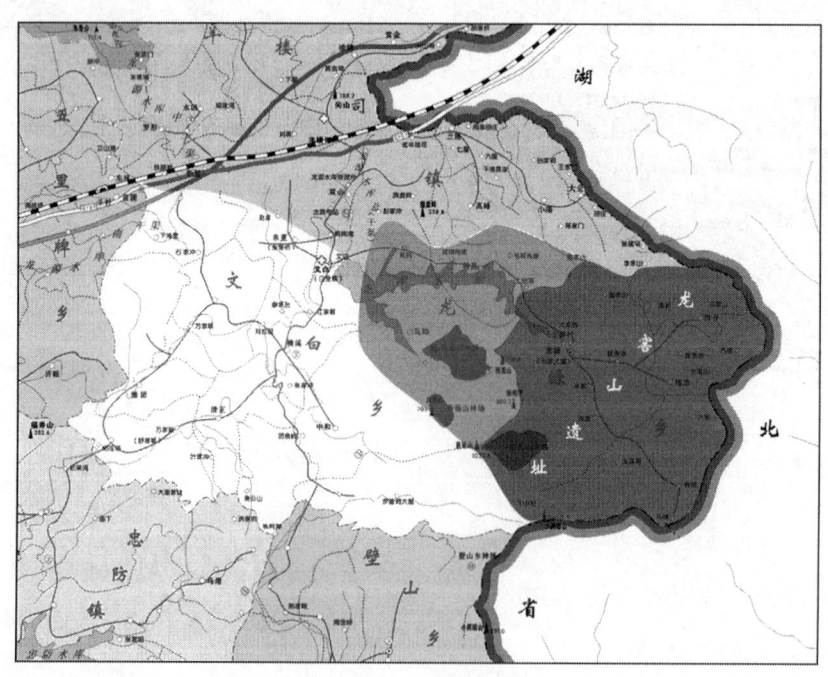

图1 龙窖山地理位置图

附录一

专家从南宁、长沙等地赴临湘龙窖山进行现场考察，为探索、论证"龙窖山瑶族早期千家峒"拉开了序幕。2001年4月9日—6月20日，临湘市文化局、临湘市文物保护管理所组织文物调查队，对龙窖山进行了第一次文物调查，先后发现用石块垒成的石屋、石门、石梯、石板盖着溪流的"青石沟巷"、石井、石塘、石埠头，在地面用石块砌成或堆垒的堆石遗存等38处。2001年9月24—27日，中国瑶族学会在临湘召开了"瑶学专题学术研讨会"，对瑶族历史上的一些重大学术问题，如图腾崇拜、漂洋过海、千家峒、迁徙等进行了讨论。2002年5月，湖南省人民政府公布"龙窖山遗址"为省级文物保护单位。2003年6—8月，岳阳市文物考古研究所、临湘市文管所组成的联合调查队，对龙窖山进行了全面复查，并对石窝进行了考古实测，确认龙窖山是一处大型聚落遗址。为了进一步搞清石窝这些堆石遗存的文化内涵、性质以及相关的一些学术问题，2009年6月6日—7月22日，以研究员郭胜斌为领队，副研究员罗仁林为执行领队，湖南省文物考古研究所、岳阳市文物考古研究所、临湘市文管所、临湘市龙窖山文管处组成的联合考古队，对龙源乡东部进行区域调查，新发现文物遗存14处，加上以往的发现共计52处，500多个文物遗迹单位（图2）。联合考古队对龙窖山的石窝及邻近区域的打栗坑、毛竹岭、老屋、主形山（中屋）的石冢墓、石围土坑墓、砖室墓进行了考古发掘，共发掘墓葬15座（含2003年7月10日临湘市文物管理所

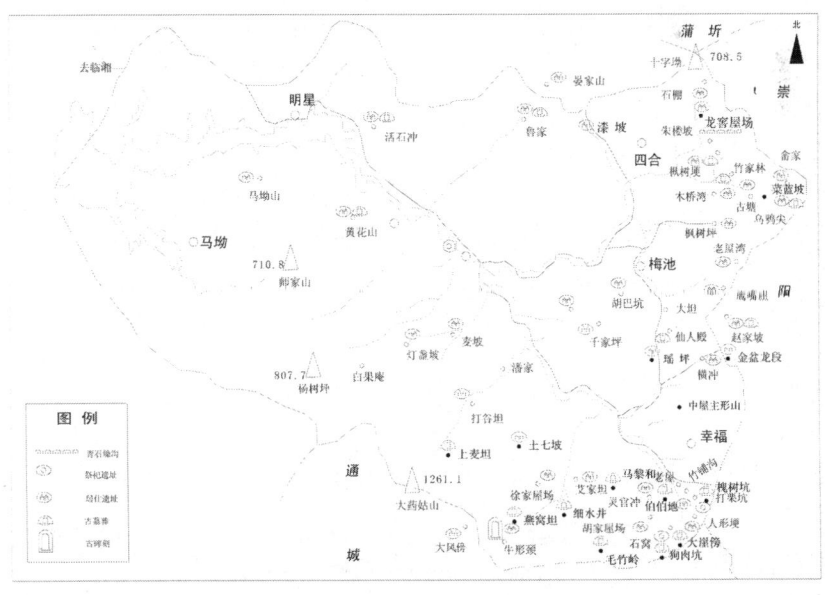

图2 龙窖山古遗址遗迹分布图

在龙源村鲁家组村民挖房基时清理发掘的一座宋代砖室墓,编号为鲁 M1)。现将发掘情况简报如下。

一、墓葬类别及形制

根据石冢墓、石围土坑墓、砖室墓的平面形制、特征、建筑特点,我们暂将其分为三类,即石冢墓、石围土坑墓、砖室墓。

(一)石冢墓

共发掘 9 座。从已调查发现的这类墓的特点看,多堆垒在斜坡较大的山坡地表上,石冢的前端较高,而后端由于山坡的原因一般较低矮,有的甚至与地表在一个平面上。根据石冢墓的平面形状、堆垒特征、墓葬形制,我们又可将其分为 A、B、C、D 四型。

1. A 型 4 座。均坐西朝东,石冢平面形状大致呈长方形或圆角长方形,石冢前面均堆垒有一至两级的奠台。石冢及奠台周边多用大石块垒码,中间多用小石块或碎石填充,也有极少数石冢的四周用较大的石块堆垒,而中间用土和碎石填实。根据奠台的分级,墓室结构又可划分为两个亚型,即 Aa 型和 Ab 型。

(1) Aa 型 2 座,有一级奠台。

石 M6(为了叙述方便,凡不同地点墓葬编号前均冠以地点前的第一个字,如石窝 M6,编号为石 M6,下同),方向 290°,石冢上部倒塌严重,平面形状,大致呈不规则圆角长方形,石冢长 5.20 米、宽 3.00~3.80 米、残高 0.80~1.30 米。墓前有一级奠台,奠台长 2.20~2.80 米、宽 2.40 米、残高 40~60 厘米。奠台与地面的相对高度为 40 厘米,奠台面与石冢残高的相对高度为 70~2.30 米,奠台前面底部地面(东侧)与石冢后端底部地面(西侧)相对高度为 2.20 米。在石冢内不

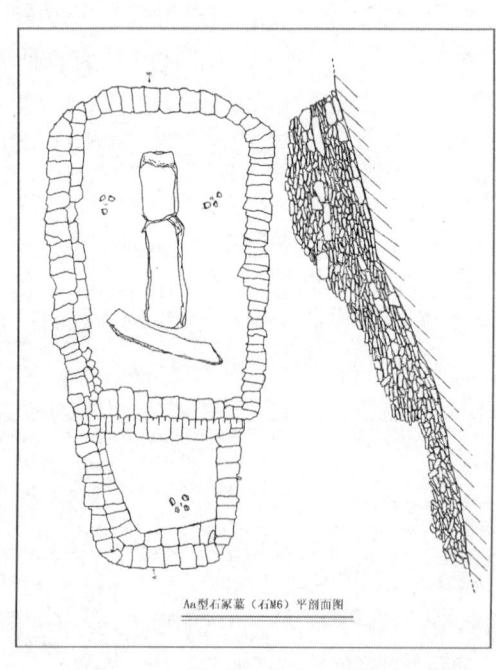

图 3 Aa 型石冢墓(石 M6)平剖面图

见有明显的分室痕迹,但在石冢底部,即与自然地势坡度平面的中部发现有两块呈东西纵向排列的较为平整的大石条,两块石条自东向西分别为长 1.90 米、宽 56～70 厘米,长 1.12 米、宽 56～64 厘米,均厚 30 厘米。另在石冢纵列石条的东部,即石冢的前部又发现一块呈南北向长 2 米、宽 30～40 厘米、厚 40 厘米的石条。这三块石条分布的情况,似乎有将石冢内部分成南北两室的迹象。同时,在石 M6 靠西部(可能为头向部位)的南北两侧以及奠台面上各发现有一残碗瓷片(图 3)。

石 M55,墓前有一级奠台,方向 290°,石冢东部平面呈方形,边长 2.00 米,西部平面呈扇形,最宽处为 4.20 米,奠台长 2.00 米、宽 0.40 米、高 0.60 米。石冢四周及奠台均用较规整的大石块在斜坡地表上堆垒,石冢的顶部用小石块堆垒成弧形状,石冢内用小碎石和土略加夯筑而成,然后再下打挖成长方形墓坑,并且一

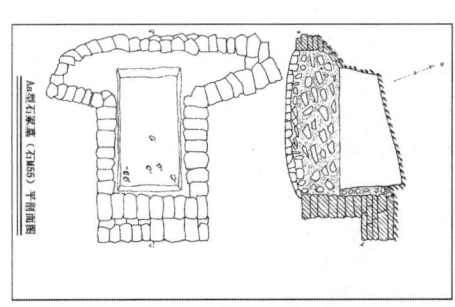

图 4 Aa 型石冢墓(石窝山 M55 剖面图)

直挖到岩石层,长方形上下呈不规则的楔形,且墓底自西向东呈斜坡状。石冢东部高度为 1.70 米,与奠台的相对高度为 1.10 米,西部高度为 50 厘米,石冢顶部与墓穴的深度为 1.00 米,墓穴开口长 2.20 米、宽 1.12 米,底部长 1.92 米、宽 1.04 米、东部深 1.16 米、西部深 70 厘米。在墓底的东部发现有少量的碳化物及褐色粗釉陶片(图 4)。

(2)Ab 型 2 座,有两级奠台。

石 M2,方向 305°,石冢坐西朝东,石冢堆及奠台保存较好,石冢堆南北长 3.70 米、东西宽 2.96 米,南、北、西三面的边垒码得较为方正,唯东面即与奠台结合的一面砌垒成弧形。石冢的顶部呈穹隆状,四周及顶部均用较大的石块堆垒,石冢内均用小石块或碎石填充。自石冢顶部向下深至 76 厘米左右建有东西向的两个清楚的石墓室,由北向南我们依次编为石 M2-1、石 M2-2。墓室四周用较方正的石条侧立,墓底用较方正的石块平铺,两墓室相交的墙与墙之间以及墓室内均用小石块或碎石填充。M2-1 东西长 2.30 米、南北宽 70 厘米、深 50 厘米,M2-2 东西长 2.30 米、南北宽 1.20 米、深 50 厘米,两墓室间距为 20 厘米,在两个墓室的中部或西部(头部)都发现有破碎的瓷碗和残片。石冢的东部,即石冢的前方,由东向西堆垒成两级奠台,奠台向东的一面均码成弧形,并由东向西不断加宽,如第一级奠台南北长 1.40～2.30 米、东西宽 1.60 米,奠台面与地表相对高度为 70 厘米,与

第二级奠台的相对高度为54厘米。第二级奠台南北长2.34~2.70米、东西宽70厘米、高54厘米。第二级奠台与石冢的相对高度为1.80米。第一级奠台东部地表与石冢西端地表坡度的相对高度为2.04米（图5）。

2. B型　2座。坐西朝东，无祭台，但石冢前竖立有一块可能象征墓碑的长方形石块。如石M26，方向290°，石冢平面呈长方形，东西长3.20米、南北宽2.84米。石冢大部堆垒在裸露较高的岩石上，岩石上部平面为堆垒石冢进行过修整。石冢东部高1.70米，西部建筑在依自然坡度较大的地表上，高仅30厘米，石冢的上部平铺有三块较大的石块，底部东西向平铺有一块平整的长1.70米、宽84厘米的大石块。石冢前面裸露呈斜坡的岩石前方竖立有一块高94厘米、宽60厘米、厚8厘米的大石块，但石块已倒伏在岩石上。裸露岩石的高度为1.90米。裸石的底部与石冢顶部的相对高度为3.50米（图6）。

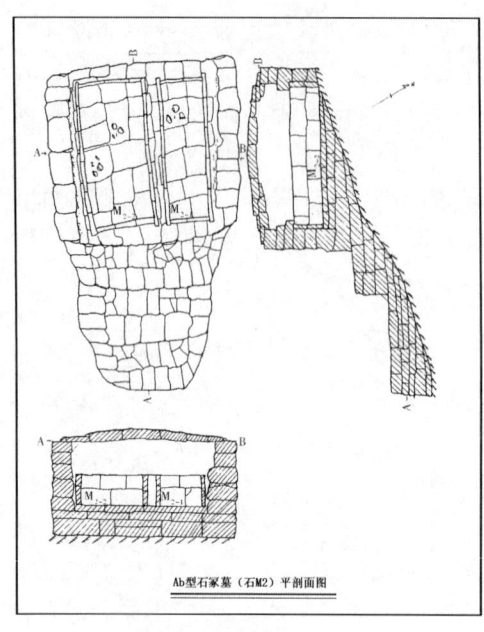

图5　Ab型石冢墓（石M2平剖面图）

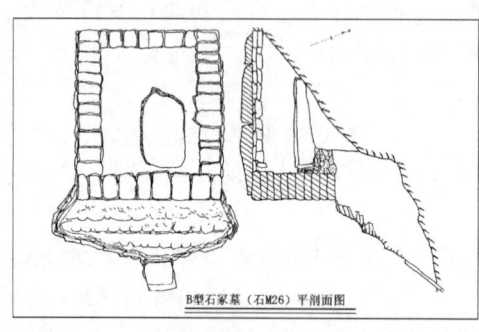

图6　B型石冢墓（石M26平剖面图）

3. C型　1座。石M31，坐西朝东，方向290°，无祭台，石冢因倒塌严重，残留的堆石较低，平面形状，大致呈蘑菇状，直径3米、残高60厘米左右，石冢的西、北、南三面还残留有高40~90厘米的石墓围，墓围的北、西两面保存较好，南面还残留有一段2米长的墓围，东面不见有墓围的遗痕，推测东面即石冢的前面，可能没有石墓围。墓围及石冢堆均堆垒在坡度为20°的斜坡地表上，北部墓围东端地表与墓围两端地表的相对高度为2.40米。墓围的西边则堆垒在自西向东倾斜的裸露的自然岩石上，自然岩石的某些部位因堆垒石围的需要进行过简单的加工处理。从残留墓围的平面形制上看，大致呈圆角长方形，墓围北端长6.20

米、西端宽4.80米，且在西端墓围裸露岩石的石斜坡正对墓坑头部的部位南北向斜铺着两块长1.90～2.30米、宽54～60厘米、厚12～20厘米的大石块。墓室构建在表土以下的风化岩石层内，墓口、墓底平面呈长方形，墓底较平，墓壁极不规整。整个墓室自上而下呈覆斗形，墓口长2.30米、宽1.50米，墓底长2米、宽1.04米，墓东端开口至墓底深1.10米，墓口西端开口至墓底的深度为2米（图7）。

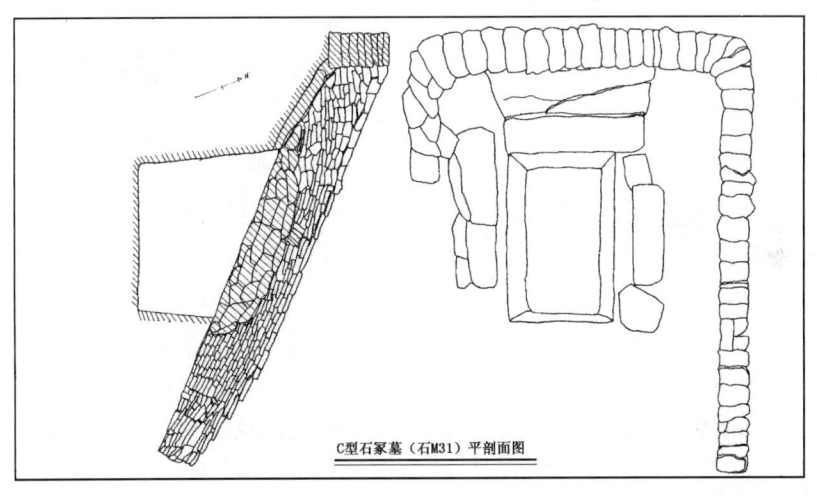

图7　C型石冢墓（石M31平剖面图）

4. D型　2座。坐东朝西，石冢大致呈馒头或圆锥形，石冢的周边堆垒不太规范，具有很大的随意性。打M1，堆石在斜坡一个较平的部位，石冢的整体形状大致呈圆形，圆形堆石的上部，即东部较高的部位有几块向下，即向西作倾斜状的立石，最高的有1.10米左右。堆石冢的直径2.50米左右，高80～90厘米，石冢的四周多用大的石块堆砌，石堆内多用小碎石填充（图8）。

打M5，大致呈馒头形，石冢的四周用较大的石块堆垒，特别是石冢的下部，即东部和顶部用较大的石块堆砌，石冢内则多用小碎石填充。在石冢的东部，即可能在头部部位平铺有一块长56厘米、宽20～48厘米、厚10厘米的石块。石冢东西长2.60米、南北宽2米、高1.34米（图9）。

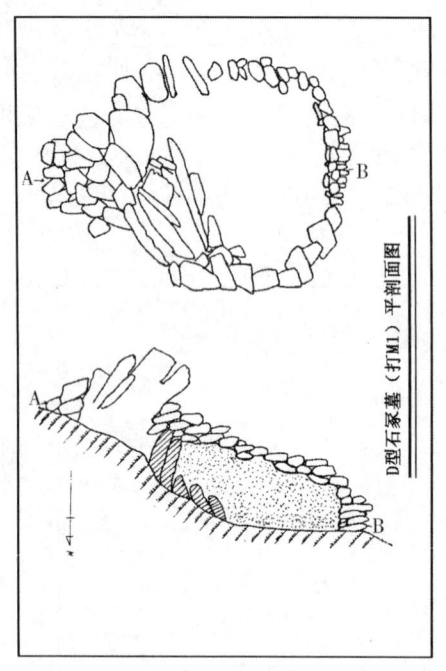
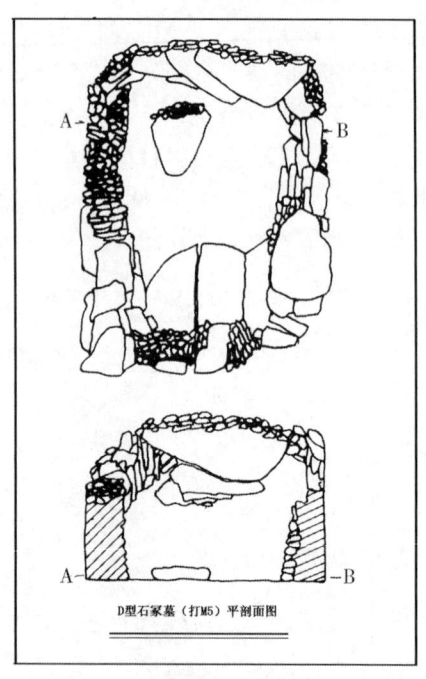

图8　D型石冢墓（打M1平剖面图）　　图9　D型石冢墓（打M5平剖面图）

（二）石围土坑墓

多建筑在较平缓的斜坡地上，建筑时多进行过土地平整。共发掘4座，可分两型。

1. A型　3座。均坐西朝东，封土堆的前面和两侧多垒砌有较规则的低矮石墙，但墓顶即封土堆上面不见有堆石的现象，如毛M1、M2合冢墓。墓围的东、南、北三面均用大小不等的石块砌成较为规整的石墓围，墓围大致呈长方形，南北长5.50米、东西宽3.10米，东部的墓围高70厘米，南北墓围墙高20~70厘米，合冢的墓土堆平面大致呈圆形，顶呈穹隆方形。同时，在毛M1与毛M2封土堆的中间呈东西纵列竖立3块界石，高0.50米，由东向西分别为宽26厘米、厚6厘米，宽40厘米、厚8厘米，宽20厘米、厚6厘米。封土堆均用黄灰色黏土略加夯筑而成，封土堆最高处距墓葬开口高1.10米。墓坑均建筑在第四纪红色网土之中。毛M1、M2的填土均为灰黄色黏土，墓底都可见有棺木朽痕和锈铁棺钉，并且都可见到清晰的骨痕。两座墓底平整，但均不见有随葬品。毛M1墓坑的方向为270°，长1.94米、宽80厘米，自墓坑开口西部深1.40米、东部深90厘米；毛M2墓坑的方向为275°，长2.00米、宽1.00米，自墓坑开口西部深1.30米、东部深80厘米（图10）。

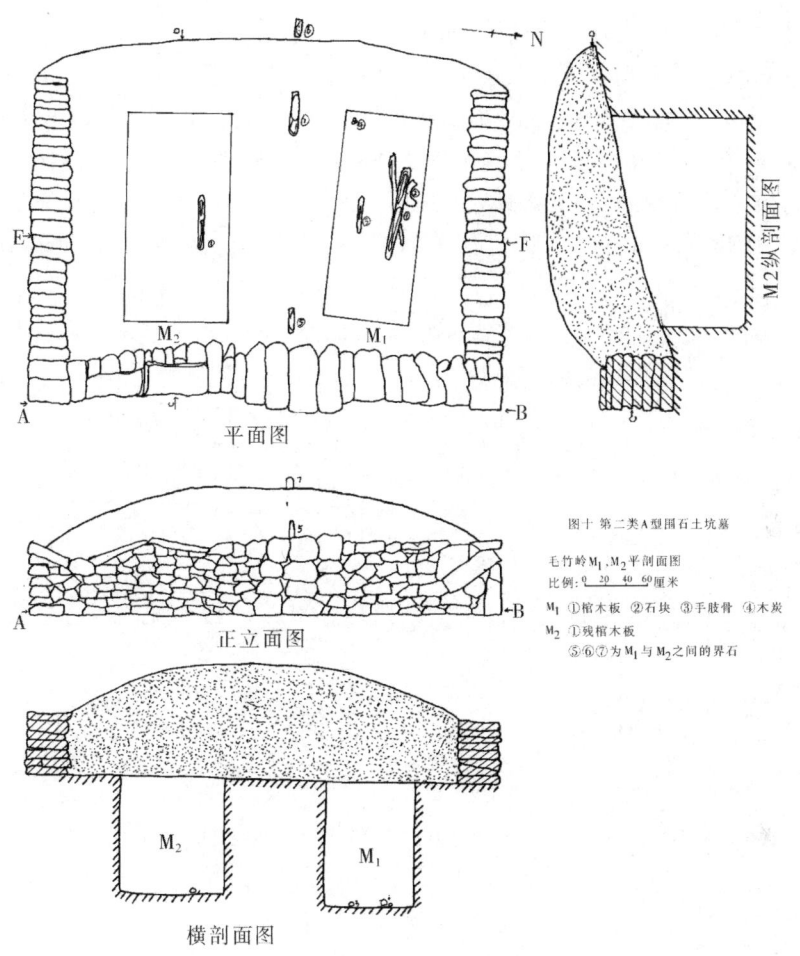

图 10 A 型石围土坑墓（毛 M1、M2）平剖面图

毛 M3，封土堆呈狭长形，位于毛 M2 的南部，两墓的封土堆间距为 0.50 米。毛 M3 的前面，即东面仅见一层平铺的石块，南北两侧不见有铺石的现象，但在毛 M3 封土堆的两侧也可见到两块高 60 厘米、宽 40 厘米、厚 4 厘米竖立的界石。毛 M3 的封土堆极为低矮，自墓坑的开口至封土堆的顶部高 40 厘米。墓坑建筑在第四纪红色网纹土中，墓坑长 2 米、宽 80 厘米。毛 M3 的封土堆、墓坑的填土均与毛 M1 和毛 M2 相同，在墓底也可见到清晰的棺木和人骨遗痕（图 11）。

2.B 型 1 座。老 M1，坐东朝西，方向 70°。封土堆四周均用较大的石块堆垒，平面形状，大致呈长方圆角形，封土堆的顶部呈穹隆形，封土堆的前面，即西面正中竖立有一块高 76 厘米、宽 60 厘米、厚 14 厘米的石碑，记述墓主姓名及生卒年代。封土堆建筑在较为平缓的斜坡地，东西长 3.80 米、南北宽 2.40 米、高 1.10 米，墓穴为长方形，坑壁陡直，墓底平坦，墓口长 2.42 米、宽 1.02 米，东端深 1.50 米、西端深 1.00 米。在墓坑的东部，即头部的墓壁上建筑有一个 40 厘米×40 厘米、深 20 厘米的头龛，头龛距墓底 30 厘米，墓坑内除发现棺木、人骨朽痕和锈蚀的铁棺钉外，无一随葬品（图 12）。

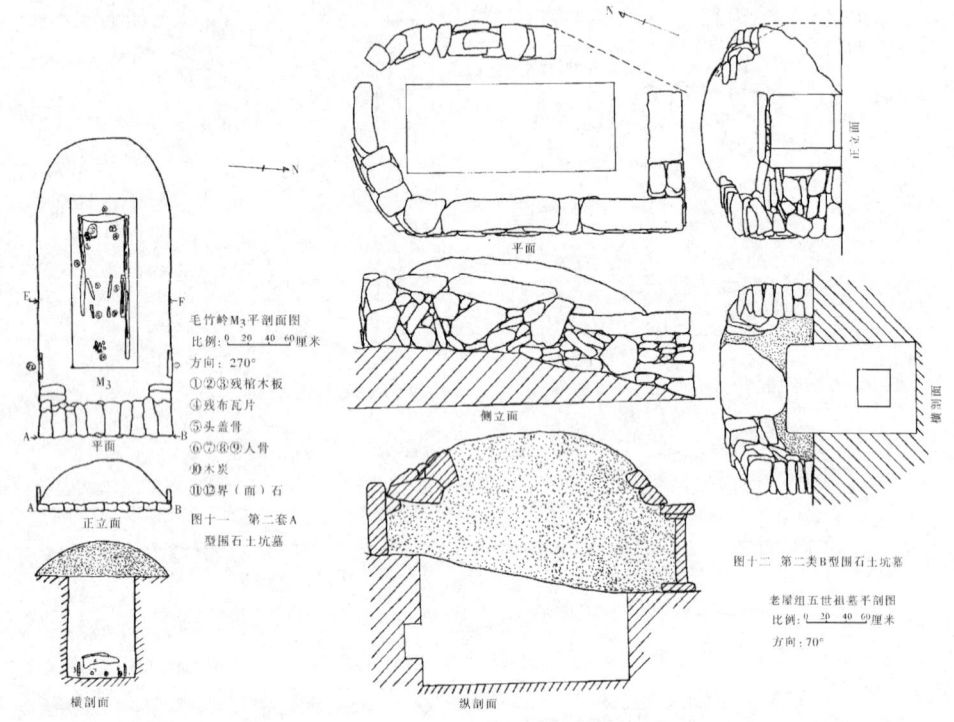

图 11　A 型石围土坑墓（毛 M3）平、剖面图

图 12　B 型石围土坑墓（老 M1）平剖面图

（三）砖室墓

2 座，均已遭到严重破坏。

主 M1，坐东朝西，方向 80°。墓室大部分已遭到破坏，但墓壁及墓顶券拱的形制仍清晰可见，券拱楔形砖长 30 厘米、宽 10 厘米、厚 5～5.2 厘米，建筑方法为错缝侧砌。墙壁砖长 30 厘米、宽 10 厘米、厚 6.5 厘米，砌法为错缝平铺。墓底不见铺底砖，可见一层厚 2～3 厘米厚的灰屑层，墓室高 90 厘米、残长 1.00 米。墓室内空高 80 厘米、宽 60 厘米，墓底内不见任何随葬

品（图13）。

鲁M1，也应为砖室墓。2003年7月10日，龙源村鲁家组村民在建房挖地基时发现的，临湘市文管所获悉后立即派专业人员赶到现场，可惜的是墓葬已被破坏得不见任何痕迹，据老百姓讲是一座砖室墓，但墓砖已被填入房基内，已无法得知墓砖的形制、规格，所幸的是当时已追回墓底内出土的一件瓷执壶和一件瓷碗（详见后述）。

二、随葬品

从已发掘的墓葬情况看，无论是哪一类的墓葬，都罕见有随葬品出土，而且即使是偶见有随葬品，也罕见有完整器的现象，多为碎片，有的甚至根本无法辨认器形。就目前所见到的器类，我们仅见执壶、碗两大类。

执壶 仅见1件，标本鲁M1:2，残。酱黄色釉陶，釉未施到器底部。圆唇，侈沿，盘口，高颈，筒腹下收，残流下部竖直，弓形鋬，口径7厘米，通体残高15厘米（图14，4）。

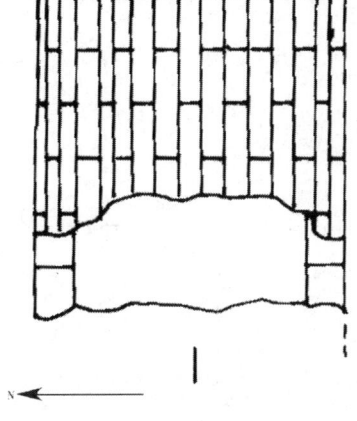

图13 砖室墓（主M1）平剖面图

碗 以瓷器为主，少见釉陶，所见残片较多，多呈灰白色，颜色暗淡，少数呈青白色，颜色较明亮。纹饰主要以草叶纹为主，暂可分三式：

Ⅰ式 1件，标本鲁M1:1，酱黄色釉陶，开小片，圆唇，侈沿，腹壁外弧，坦底，矮圈足。口径14.2厘米、圈足径6.2厘米、通高6.4厘米（图14，1）。

Ⅱ式 5件，标本石M6:1，残。青瓷，灰白色，颜色暗淡，圆唇，沿微侈，器壁略外弧，器口沿下内外有两道青彩，外壁饰草叶纹，口径14厘米（图14，3）。标本打M5:1，残。质地色泽与标本石M6:1完全相同，矮圈足，圈足径5.8厘米，饰草叶纹（图14，5）。

Ⅲ式 8件，多为残片，标本石M31:1，残。圆唇，口微敛，器壁较陡直，圈足略高，暗白色，色泽较明亮，饰草叶纹，口径14厘米、圈足径6厘米、通高6.6厘米（图14，2）。

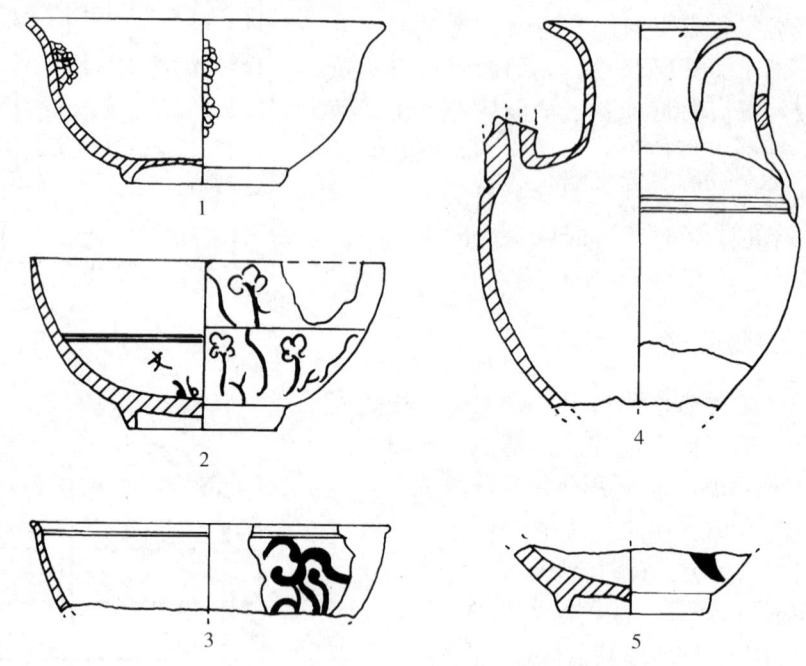

图14 器物图

三、结 语

从已发掘的墓葬情况看，各类墓葬均有不同的修建或堆垒方法、不同的形态特征、不同的分布特点。同时，它们的时代、族属可能各不相同。

第一类墓，即石冢墓。其做墓的方法主要是选择在坡度较大的山坡地面上直接用石块堆垒而成，很少有在山体内破土建筑墓穴的现象。堆垒的石冢也因其规模、等级的不同显示出不同的建筑特征和不同的分布方位，如A型墓，不但规模较高大，而且石冢的前面均码有一至两级的奠台，石冢和奠台的四周均用较为规整的大石块堆垒，石冢及奠台内多用小石块或碎石填充，它们分布的方位主要是石冢群的中轴线及其两侧，多呈纵列直线分布。石冢内多构筑有规整的墓室或有用大长条石间隔分室的现象。例如Ab型墓（石M2），石冢的顶部均用略大且规整的石块堆成穹隆顶形，其下多用碎石填充，我们在揭去石冢上部的堆石70～80厘米后，即发现石冢内有呈东西向并列的两个石墓室，墓室的四周均用规整的条石侧立直砌，墓室底较平，均用大的片石平铺，墓室内均发现有破碎的瓷碗残片。Aa型墓（石M6），石冢底部即与地表同一平面上安置有作东西纵列的两块大石块，在大石的东端横置有一块大致作南北向的大条石，将整个石冢内部分隔成南北两室，并且在南北两室内均发现有破碎的瓷碗片。

B型石冢墓，规模较A型石冢墓低矮，也无祭台建筑，但石冢前有竖立的无字石碑。石冢堆多呈麻蜖状（前高后低），少数呈长方形。多构建在裸露的天然石堆上，石冢的四周多用规整的石块堆垒，石冢的顶部多托压有较多的石块，不见有明显的墓室，但底部多有平铺的大石块，其用意可能可以充当墓底的作用。它分布的方位主要是在石冢墓群沿A型石冢墓的内侧，即中轴线的两侧。

C型石冢墓，规模较小，平面形状，多呈麻蜖状，少数呈圆锥形，石冢周边的堆石堆垒不规范，具有很大的随意性。它的分布主要在规模较少的石冢群（如打栗坑、燕窝坦等地）或较大石冢群的大石冢墓两侧，如石窝石冢墓群的两侧或空地处（图15）。

第二类石围土坑墓和第三类砖室墓，它们分布的特点是绝不见有同葬同一地域的现象，表明它们有可能均属于不同的族群，即它们的主人可能均属于不同的民族。瑶族学专家的研究成果表明，第一类墓葬的性质可能属瑶族先民的范畴，而第二、三类更大程度上则可能属于汉人或当地原居人的遗存。

如果说第一类遗存属于瑶族先民的话，那么，他们入居和离开龙窖山的时间、原因又是怎样的情形呢？

宋人范致明撰写的《岳阳风土记》载："龙窖山在县（临湘）东南，接鄂州崇阳县雷家洞、石门洞，山极深远，其间居民谓之鸟乡，语言侏离，以耕畲为业，非市盐茶，不入城市，邑亦无贡赋，盖山瑶人也。"

宋人马子严撰写的《岳阳甲志》载："龙窖山在巴陵北，山实峻极，上有雷洞，有石门之洞，山瑶居之。"

明代李贤等撰修的《大明一统志》载："龙窖山，在临湘县东南百里，跨临湘、通城、崇阳、蒲圻四县境，上有龙湫，因名。又有雷洞，洞有石门，山瑶居之。"

明代弘治《岳州府志》载："龙窖山，在县东一百里，跨临湘、通城、崇阳、蒲圻四县境，上有龙湫，因名。又有雷洞，洞有石门，山瑶所居。"

明代隆庆《岳州府志》载："龙窖山，在县东一百里，跨临湘、通城、崇阳、蒲圻四县，上有龙湫、雷洞、石门。《风土记》云：山极深远，其间居民谓之鸟乡，语言侏离，以耕畲为业，不入城市，邑亦无贡赋，盖山瑶人也。按，宋以前有之，今不然矣。"

以上记载至少告诉我们两方面的信息：第一，自宋代至明隆庆年间以前，

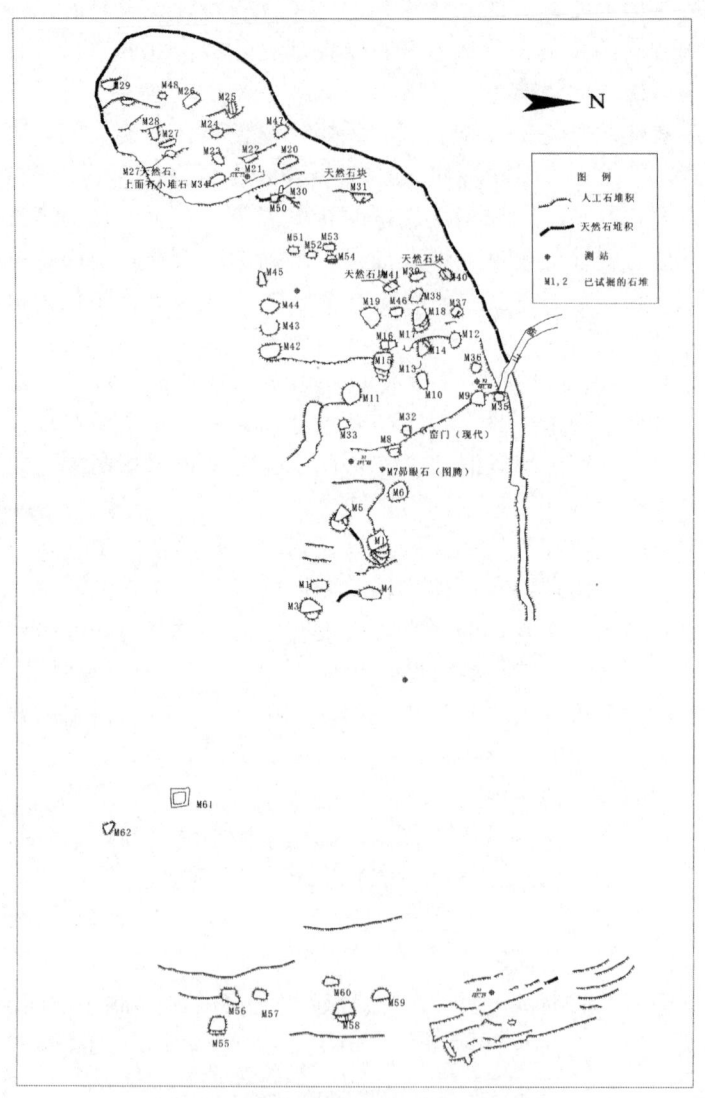

图 15　龙窖山石窝石冢墓群实测平面图

龙窖山确实居住着山瑶人，即是瑶人的居住区。第二，自明隆庆年间以后的文献，龙窖山不见有瑶人居住的记载，这是否意味着瑶人居住龙窖山的时间早不过宋代，晚不超过明代隆庆年间呢？真正的情形是否果真如此呢？其一是由于史料记载方面的遗漏和不足，尽管龙窖山为瑶人所居的史料始见于宋代的范致明，但瑶人入居龙窖山的时间肯定会早于范致明所记载的年代范畴。

其二是瑶人居住龙窖山的时间自明代隆庆年间以后，不见任何史料的记载，但并不意味着自隆庆年间以后瑶人就从龙窖山消失了。在这方面，这次的考古资料刚好弥补了这些史料记载的不足。第一，这次发掘的龙窖山石 M55，根据此墓出土的黑釉瓷片年代的检测报告，此黑釉瓷片出现的年代为隋唐时期，盛行于宋元时期（表1）。又根据此墓出土的一件开小片的浅绿色釉瓷盘口壶残片，其形态、质地、色泽与岳阳市桃花山 M4 出土的六系盘口壶（M4：65）基本相同，而桃花山 M4 的年代为唐代初期。[①] 说明此墓出土的黑褐瓷片检测的年代是可信的，即石 M55 的年代可能为隋唐时期。第二，这次发掘的打 M5、石 M6 出土的青瓷碗残片上绘有花草、秋菊的图案，为晚清时期的典型风格，说明此墓的时代应属于清代晚期无疑。如果以上推测不误的话，那么瑶人在龙窖山居住的时间，至少早可到隋唐时期，晚可到清代晚期。第三，此次发掘石冢墓出土的瓷器标本，经我省著名瓷器专家周世荣先生鉴定，石 M2 出土的瓷碗的时代为明代中晚期，这就说明龙窖山这批石冢墓的时代上限可早到隋唐时期，下限可晚到清代晚期。

表1　湖南临湘龙窖山出土瓷片和墓中黏土 LA-ICPAES 成分分析结果

M55 瓷片成分分析结果

单位为重量百分比（wt%）

	SiO_2	Al_2O_3	Fe_2O_3	MgO	CaO	Na_2O	K_2O	MnO	P_2O_5	TiO_2	SrO	BaO
小瓷片—釉	57.44	20.05	8.27	3.22	5.62	0.46	2.97	0.16	0.49	1.07	0.02	0.13
中瓷片—釉	56.63	18.83	7.22	3.10	8.39	0.50	2.34	0.39	1.29	0.89	0.09	0.21
大瓷片—釉	58.08	19.93	8.27	3.01	5.45	0.43	2.83	0.16	0.48	1.11	0.02	0.13
小瓷片—胎	62.00	28.27	5.94	0.39	0.17	0.13	2.19	0.01	0.03	0.83	0.00	0.03
中瓷片—胎	56.18	31.57	6.76	1.03	0.34	0.50	2.43	0.10	0.10	0.97	0.01	0.09
大瓷片—胎	69.95	23.02	4.01	0.33	0.13	0.11	1.76	0.01	0.02	0.57	0.00	0.00

注：瓷胎为高铝高铁黏土制作，瓷釉助熔剂为 Fe 和 Ca，此类黑釉瓷最早出现在隋唐时期，宋元时期较为常见，关于墓葬年代请以碳十四年代为准。

又根据瑶族学专家对龙窖山的考察研究，"龙窖山自春秋战国至唐元和年间，一千多年就是瑶族先民三苗、荆雍州蛮、长沙武陵蛮、湘州蛮、莫徭的

---

① 傅淑华：《岳阳市城区桃花山唐墓发掘报告》，见《巴陵古文化探索》，68页，北京，华夏出版社，2003。

居住地。唐元和之后是瑶族的聚居地,也是瑶族分散南迁总站之一"①。也有学者认为,龙窖山这批瑶人堆"石文化"的年代为两晋至明初。② 刘炎祖则根据明弘治《岳州府志》记载的临湘从洪武到成化年间人口变化的记载,认为瑶人离开龙窖山千家峒可能是由于"朱洪武血洗湖广"或1391年明朝"普查户口,丈量土地","黄册成",对龙窖山瑶民开始征税、纳粮、要贡茶,瑶民难以承受的原因造成的。同时,他又根据现代龙窖山居住的族谱(表2)认为,自洪武二十四年,即1391年至现代龙窖山人自江西迁入的这一段空白时间内,龙窖山不可能是人走楼空的无人区。③ 这就说明龙窖山的瑶人自1391年以后并非全部迁徙他乡,至少还有相当的一部分瑶人留守龙窖山。

表2 龙窖山汉人入居时间表

始迁祖	迁入时间	原居地	途居地	入住地	藏谱人
张则忠	1368	江西		来苏畈	张早生
周仕清	1370—1400	南京	羊楼司	走马畈	周文章
汤仁智	1390—?			梅池门	汤会全
鲁受前	1400—?	江西		高冲	鲁昌兵
肖子旺	1410—?	江西	通城	滥泥冲	肖自文
张衡鉴	1436	江西		古塘	张国平
刘鼎颜	1449	江西		中源	刘斌
刘敏堂	1453		通城	箭杆山	刘天仁
钟惟学	1450—1472	江西		马坳	钟林森
潘朝绣	1470—1500	江西	通城	龙窖源	潘兴国
涂龙、虎、麟	1500—?	江西	通城	仙人殿	涂龙生
沈大才	1539		崇阳	朱楼坡	沈大成
涂尚柯	1541	江西	通城	漆坡	涂龙生

① 李本高:《湖南临湘市龙窖山瑶族"千家峒"考察报告》,见《龙窖山千家峒》(内部资料),2002。
② 汪松桂:《湖南省临湘市龙窖山遗址调查简报》,见《湖南省博物馆馆刊》,第六辑,2009。
③ 刘炎祖:《龙窖山瑶史初探》,17~19页,内部资料,湘临新准字〔2002〕第009号。

◇ 附录一 ◇

续表

始迁祖	迁入时间	原居地	途居地	入住地	藏谱人
李廷风	1568	江西	寺冲	朱楼坡	李定福
钟万柏	1574—1596	江西	马坳	梅池	钟林森
胡守和	1610—?	江西	通城	横冲	胡佛平
杨元瑞	1800—?	江西	崇阳	龙溪港	杨东风
但开荣	1840—?			许家坦	但少荣
晏德本	1868	江西	羊楼司	拖水坡	晏成舟

整理者：刘炎祖

又从石窝石冢分布的规模来看，整个石窝的石冢堆自上而下多达62座，当然有些石堆可能不是墓葬，或具其他用途（如M10、M28等）。这些石冢墓排列有序，大小有别，说明建筑墓地前经过了统一的规划。再从这批墓葬的时代来看，早可至隋唐宋时期，晚可延至清代晚期，说明此墓地延续的时间很长，很可能是一个"聚族而葬"的家族墓地。

第二类墓，即石围土坑墓。它主要分布在平缓的坡地或现代居民的房前屋后，都有较低的封土堆，封土堆的四周或封土堆的前方、两侧多堆垒或垒砌有较低的石墓围，都建筑有规整的墓室，并且均有入殓棺木，但均不见有随葬品出土。这类墓分布得较为零散，集中一地埋葬的数量最多不超过3座（如毛M1、M2、M3），很可能是以家庭为单位埋葬的，不具有第一类墓，即石冢墓"聚族而葬"的性质。关于这批墓葬的时代，根据北京大学加速器质谱（AMS）碳十四年代测试报告（表3），对毛竹岭M1、M2、M3墓葬内出土的碳化物的年代测定均为明代中晚期，又根据老屋组M1的碑文及刘氏宗谱记载，此墓为刘氏五世祖墓，生于明嘉靖十四年，卒于明万历三十四年，这说明这批墓葬的年代均属于明代中晚期。关于这批墓葬的族属，根据刘氏宗谱的记载，是明代从江西迁入龙窖山的汉人，因此毛M1~M3的形制、建筑方法、时代均与刘氏五世祖墓相同，因此，推测这批墓葬的族属可能均属于江西迁入的客家汉人墓。

表 3 北京大学加速器质谱（AMS）碳十四年代测试报告

送样单位：湖南省临湘市文化局　　送样人：闫勇　　测量日期：2009 年 11 月

Lab 编号	样品	样品原编号	碳十四年代(BP)	树轮校正后年代(BC) 1o(68.2％)	树轮校正后年代(BC) 2o(95.4％)
BA091053	碳化物	1	130±33	1680AD(20.0％)1740AD 1730AD(1.2％)1770AD 1800AD(35.9％)1890AD 1910AD(11.1％)1940AD	1660AD(39.2％)1780AD 1790AD(56.1％)1950AD
BA091054	人骨	2	40±30	1700AD(10.6％)1720AD 1810AD(7.7％)1840AD 1880AD(41.3％)1920AD 1950AD(8.6％)1960AD	1690AD(19.1％)1730AD 1810AD(67.1％)1920AD 1950AD(9.2％)1960AD
BA091057	碳化物	16	330±40	1490AD(68.2％)1640AD	1460AD(95.4％)1650AD
BA091058	碳化物	22	250±40	1520AD(13.3％)1560AD 1630AD(35.5％)1670AD 1770AD(15.1％)1800AD 1940AD(4.3％)1960AD	1510AD(23.9％)1600AD 1610AD(41.5％)1690AD 1730AD(23.5％)1810AD 1930AD(6.6％)1960AD

注：所用碳十四半衰期为 5568 年，BP 为距 1950 年的年代。

树轮校正所用曲线为 IntCa104（1），所用程序为 OxCalv3.10（2）。

1. Reimer PJ, MGL Baillie, E Bard, A Bayliss. JW Beck, C Bertrand, PG Blackwell, CE Buck, GBurr, KB Cutler, PE Damon, RL Edwards, RG Fairbanks, M Friedrich, TP Guilderson, KA Hughen,

B Kromer, FG McCormac, S Manning, C Bronk Ramsey, RW Reimer, s Remmele, JR Southon, M Stuiver, S Talamo, FW TayLor,

Jvan der Plicht, and CE Wcyhenmeyer. 2004 Radiocarbon46：1029－1058.

2. Christopher Bronk Ramsey 2005，www. rlaha. ox. ac. uk/ orau/ oxcal, html.

3. 送检碳十四测年标本为 6 个，其中碳化物标本 4 个，骨头标本 2 个，标本均已处理完毕；其中实验室编号 BA091055 人骨标本，经询问送样单位此样品不进行测量。故共测量标本为 5 个。

　　第三类墓，即砖室墓。这一类在龙窖山较为少见，而在岳阳的其他地区则较为常见。墓葬的形制、建筑方法与岳阳其他地区常见的同时代的砖室墓相同，因此，这类墓的性质肯定属于汉人的范畴。关于这类墓的时代，鲁 M1 虽然已遭到严重破坏，但墓内出土的一件褐黄色釉执壶和一件开小片的褐黄色釉瓷碗均属于典型的宋代特征。中屋组主形山 M1 虽然也遭到破坏，但墓葬的形制仍清晰可见，无论是墓葬的形制、建筑方法，还是墓砖的形制、尺寸,均属于典型的明代风格。同时,又根据墓中出土的碳化物碳十四年代测试,其年代也属于明代中期。

根据对以上各类墓葬族属、年代的讨论界定,我们认为,在宋代前,龙窖山的居民主要以瑶人为主,宋代以后,龙窖山的居民虽仍以瑶人为主,但外地汉族开始进入龙窖山境内。自明代中晚期开始,龙窖山居民的民族成分开始复杂化,其一是瑶人虽占据着显著的地位,但自江西迁入的18姓汉人已逐渐地取代瑶人的地位,当地的原居汉人数量也有了明显增加。又根据我们对各类墓葬的分析,自明代以后,龙窖山无论是瑶人,还是当地的原居汉人,抑或自江西迁入的客家汉人,尽管他们和平共处,相安无事,但他们在生活习惯、埋葬习俗方面仍然顽强地保持着各自的文化特征,特别是瑶人,尽管他们在埋葬方面吸收了汉人建筑墓穴(如石M15、M31等)的习俗,但在墓穴上堆石垒冢的民族特征仍顽强地保存了下来。

前面我们讨论了各墓的族属、时代,下面我们再回过头来讨论一下关于第一类墓,即我们认定的石冢墓是不是墓葬的问题。由于这一类墓葬在本地是第一次发现,其他地区还不见有报道资料,文献中也不见有这一类资料的记载,所以,很容易让人们质疑。况且,这一类墓又是在地表上直接堆垒而成,石冢内很少发现有墓室和随葬品的现象,与我们所习见的古墓葬特征完全不同,所以,我们有必要进行讨论。根据对石M26、M31、M55,毛M2墓底含磷量的检测(表4),我们发现,这批石冢墓的含磷量普遍高于汉人墓葬毛M2的含磷量,有的还高出很多,如毛M2的含磷量为1714wt‰,石M26含磷量为1748wt‰,石M55－B含磷量为1799wt‰,而石M31的含磷量则高达1990wt‰。这批石冢墓含磷量不仅比土坑墓(毛M2)要高,而且与当地原生土标本M55－A,即在M55周边土壤中取样的含磷量1351wt‰更是相差甚远。因此,我们有理由认为这一批石冢属于墓葬无疑。至于这批石冢墓少见有墓穴,也不见有人骨痕的情况,则很大程度上与埋葬习俗(可能为二次葬)、石冢的密封程度差以及当地的地理环境有关。

表4 黏土成分分析结果

钡－钛单位为微克/克(ug/g),钙－铁(氧化物形式)单位为重量百分比(wt‰)

	钡	锰	镍	磷	钛	锶	钙	钾	钠	镁	铁
毛竹岭M2	908	4684	110	1714	7208	74	0.10	3.13	0.61	2.38	18.81
石窝M26	869	4164	103	1748	7130	70	0.08	3.30	0.57	2.24	16.76
石窝M31	1115	5164	67	1990	7272	134	0.79	2.67	0.81	1.87	9.91

续表

	钡	锰	镍	磷	钛	锶	钙	钾	钠	镁	铁
石窝 M55－A	1045	4295	52	1351	7180	112	0.59	2.91	0.74	1.68	8.93
石窝 M55－B	888	3551	112	1799	6544	71	0.06	2.99	0.41	2.31	17.08

注：部分土壤样品中混杂少量可能是骨质的碎屑。

（分析人：北京大学考古文博学院科技考古实验室　崔剑锋）

执笔：罗仁林

绘图：罗伟等

描图：翁雄胜　罗仁林

摄影：罗伟

载《湖南省博物馆馆刊》第八辑，长沙，岳麓书社，2009

附录1—3　湖南省临湘市龙窖山遗址箭杆山及周边堆石遗存调查与实测简报

岳阳市文物考古研究所
临湘市龙窖山千家峒管理处
临湘市文物保护管理所

临湘市位于湘东北最边陲，东邻湖北崇阳，南接湖北通城，北界湖北蒲圻（图1）。龙窖山位于临湘市东北部，属幕阜山余脉，东经113°35′～113°47′、北纬29°20′～29°33′，其范围跨湖南临湘市、湖北省通城县、崇阳县、蒲圻市四县（市）境，面积约200平方公里。龙窖山在临湘市境内跨羊楼司镇（原羊楼司镇、龙源乡、文白乡合并）、詹桥镇（原詹桥镇、壁山乡合并），面积185平方公里。其中以原龙源乡范围最大，多达74平方公里（图2）。这里山实峻极，蜿蜒绵亘，风光绮丽，雄伟壮观。最高峰海拔1261.1米。龙源曾名龙窖源，地处龙窖山中部，境内有七尖十岭十一山，山高壑巨，云气常聚。水系有三港，即龙溪港、四合港、马坳港，三港汇合后流至龙源大港（古称三江口，今龙源水库大坝），再经板城（即古陆城）水，即尤港（今桃林河）入微水（今新墙河），经灌口注入湘江（今洞庭湖）。

自2001年龙窖山遗址发现后，2002年，湖南省人民政府公布龙窖山遗址为省级文物保护单位。2003年开始，岳阳市文物考古研究所会同临湘市文化局、临湘市文物管理所、龙窖山千家峒管理处先后数次对龙窖源（原龙源乡）境内进行考古调查。发现数量众多、分布很广、范围很大、形态各异、风格独特的各种形式的堆石遗存。这些堆垒而成的石堆，不用任何黏和料，把大小不一的石头堆垒成不同的石屋、石庙、石沟、石梯、石围（山寨围墙）、石井、石冢墓等。2009年6—7月，结合第三次全国文物普查，岳阳市文物考古研究所再次组队对龙窖山东部的龙窖源（原龙源乡）进行了专项普查和考古试掘。共计发现龙窖源境内52处堆石遗存多达500个堆石遗迹，发掘各类墓葬15座。应当说明的是，龙窖山发现的堆石遗存，除了石屋、石庙、石沟、石梯、石井、石围（山寨围墙）以外，最多的是各种形状的石堆。根据石堆底部土壤标本含磷量和当地砖室墓、土坑墓与堆石所在地原生土含磷量的对比分析，以及石堆底部土壤标本中含有骨质碎屑的情况，初步推测龙窖山解剖的这些石堆为古墓葬。因此，我们将龙窖山发现的石堆暂定为墓，称石冢墓或堆石墓。① 必须指出，要确认这些堆石为古墓葬，还需要考古更多、更直接的依据。上述发现的52处堆石遗迹，有38处就分布在龙窖源幸福村。也就是说在龙窖山遗址中堆石遗存分布数量最多、分布最集中的区域就在幸福村，特别是大型石冢墓群大多在幸福村的箭杆山。为了全面认识龙窖山堆石遗存的文化面貌，寻找堆石遗存相关的遗迹遗物，从而清晰地了解其文化性质和确切年代，经湖南省文物局同意，湖南省文物考古研究所与岳阳市文物考古研究所编制了《岳阳市临湘龙窖山遗址区域调查考古工作计划》，报请国家文物局批准后，于2010年11—12月和2011年7月先后两次进行项目计划第一阶段工作，即对龙窖山遗址东部地区堆石遗存分布最密集、保存最多的箭杆山及其周边，即幸福村范围进行专项区域系统考古调查，并对已发现的规模最大的堆石墓群进行了实测。

幸福村位于龙窖源（原龙源乡）的东南部，东与湖北省崇阳县接壤，南与湖北省通城县毗邻，村中的马颈山山脊人称"一脚踏三县"（即临湘市、崇阳县、通城县）之地。幸福村占地约20平方公里，辖11个自然村（村民小组），村民186户，人口826人，山林面积1.8万亩，耕地276亩，水田10亩，村民以植树造林、伐树砍竹为业。参加本次区域系统调查与考古实测的工作人员有郭胜斌、汪松桂、蔡健、吴练军、赵忠波、刘志华、蒋勇和临湘市国土资源局测绘大队的技术人员。自2010年11月11日—12月30日、2011年7月7—16日，实际野外工作日60天。现将调查与实测情况简报如下。

一、新发现的堆石遗存

2009年以来，在龙窖山发现的堆石遗存数量最多、分布最密集的区域在羊楼司镇（原龙源乡）幸福村的箭杆山及其周边。"箭杆山"其名久远，据幸福村《刘氏族谱》载，"思道长子原聪，字敏堂，生于明永乐二十一年癸卯四月十二巳时，景泰四年迁临湘龙窖源箭杆山老屋落业居住"，证明早在明代抑或以前就有了箭杆山。本次考古调查对幸福村辖地范围进行系统的区域普查，重点毫无疑问是箭杆山。通过60天的野外调查，新发现23处堆石遗存，其中堆石墓199个，石围子2处，石屋居址3处。2009年以前龙窖山发现的52处古文化遗存中，幸福村就有38处，加上2010年新发现的23处，幸福村共

---

① 岳阳市文物考古研究所等：《湖南省临湘市龙窖山石窝及周围石冢、土坑、砖室墓发掘简报》、《湖南省临湘市龙窖山古文化遗址调查简报》，见《湖南省博物馆馆刊》，第六辑，长沙，岳麓书社，2009。

发现古文化遗存 61 处，其中箭杆山范围内分布有 25 处。特别是形制多样、单体文物数量集中的大型堆石墓群石窝山（86 个）、打栗坑（43 个）、灵官冲（45 个）、胡家屋场（53 个）、大眼塝（74 个），均集中分布在箭杆山的范围内。

龙窖山遗址区域考古调查统计表（2010 年度）

序号	地名	所属村组	堆石墓	石墩	石围	备注
1	椿树洲	幸福村老屋组	12			
2	正经牌	幸福村老屋组	3			
3	筲箕坪	幸福村老屋组	11			
4	张家山	幸福村老屋组	11			
5	胡家山	幸福村老屋组	4			
6	大眼塝	幸福村老屋组	80			实测74个 北坡6个
7	宋家颈	幸福村老屋组	13			
8	金盆坦	幸福村老屋组		2		
9	猪圈坑	幸福村老屋组	7			
10	四方坪	幸福村老屋组	1			
11	三溪沟	幸福村老屋组	8			
12	碗米坡	幸福村中屋组			1	
13	陡嘴包	幸福村中屋组			1	
14	石坦	幸福村中屋组	4	5		
15	车碓冲	幸福村横冲组	2	5		
16	方山	幸福村兰地组	7			
17	烟竹坡	幸福村大坦组	2			石屋基址1
18	破花洲	幸福村龙溪港	6			石屋基址2
19	下屋湾	幸福村龙溪港	5			
20	双港冲	幸福村龙溪港	1			
21	洞坑	幸福村老屋	19			
22	竹坪	幸福村易家冲	1			

续表

序号	地名	所属村组	堆石墓	石塴	石围	备注
23	金竹埂	幸福村中屋组	2			
合计	23处		199	12	2	

(1) 三溪沟堆石墓群

该墓群位于老屋组屋场南面，相距2000米，南距"一脚踏三县"（即临湘市、通城县、崇阳县3县交界处）马颈山脊500米。山壑中有3条小溪汇流于此，故名"三溪沟"。在三溪汇合的中间山坡1500平方米的范围内分布有8个堆石墓。堆石墓顺着山向，除一个面西偏北外，其余皆为面西偏南，呈纵向单行排列，较为规整。主要形状为梯形、三角形、长方形、半圆形等。

M1 呈梯形，面西偏南，顺着山岩垒堆成倒梯形，堆石的北角有坍塌痕迹，石质为风化页岩。上底长2.10米，下底长80厘米，宽90厘米，高1.10米（照片1）。

M2 呈三角形，面西偏南，在裸露的天然岩石上垒堆。堆石的中部置有两块长条石，石质为页岩。底长1.30米，宽1.10米，高1.20米（照片2）。

M3 呈半圆形，面西偏南，堆垒在裸露的岩上，堆石中横置多块条石，较为规整，保存较好。长1.80米，宽1.0米，高1.30米（照片3）。

M4 呈半圆形，面西偏南，在两块大石头中间垒堆，堆石的个体较小，中间横置一块长石。长1.0米，宽60厘米，高1.0米（照片4）。

M5 呈矩形，面西偏南，垒堆在多块裸露的巨石之上。北侧多置长石块，南侧置一块立石。长1.70米，宽1.10米，高1.0米（照片5）。

M6 呈三角形，面西偏北，堆石南侧立有两块长方形石块，北侧为裸露岩石，在长条石与岩石中堆垒，较规整。长1.50米，宽1.0米，高1.50米（照片6）。

M7 呈长方形，面西偏南，垒堆的石块较小，个体低矮。长1.50米，宽90厘米，高80厘米（照片7）。

M8 呈窄长方形，面西偏南，堆石堆垒在斜置的裸露天然巨石上，正立面不规格。长1.0米，宽1.30米，高1.60米。

(2) 椿树洲堆石墓群

该墓群位于老屋组屋场西北，相距3500米，北面靠近药姑山组，山高壑深，流水潺潺，四周距村民居住地较远，村民很少进山劳作，森林茂盛，遮天蔽日。在两山相夹的山沟突出中间部位约2000平方米的范围内分布有12

个堆石墓。堆石墓群顺着山向较有规律排列，坐西朝东，形状为圆形、半圆形、窄长方形、矩形、倒三角形等，除M4、M7、M8顶部有坍塌痕迹外，其余堆石墓保存较好。

M1　呈圆形，面东。堆石墓堆垒在两山相夹形成的山沟中部突出的位置，形如一个巨大蘑菇长在山谷里，十分显眼。圆周长6.0米，直径长1.50米，高1.40米（照片8）。

M2　呈矩形，面东。在乱石上用数块较大的石块垒堆，显得很有气势。长80厘米，宽90厘米，高90厘米（照片9）。

M3　呈窄长方形，面东。堆垒在山谷的高处，两侧垒堆较为整齐，顶部略呈尖状，北侧置两块大石块支撑，防止坍塌。长80厘米，宽3.60米，高1.20米（照片10）。

M5　呈半圆形，面东。堆石墓北侧紧倚三角形石块，南角堆垒的石块较大，立面堆垒规整。长1.70米，宽90厘米，高1.0米（照片11）。

M9　呈半圆形，面东。堆垒在两山相夹形成的山嘴上。堆石底部所用的石块较大，上部石块相对较小。长1.90米，宽1.40米，高90厘米（照片12）。

M11　呈倒三角形，面东。在两块裸露的天然巨石之间垒堆，立面整齐，所用石块较小。顶长1.90米，宽120米，高1.50米。

（3）张家坦堆石墓群

该墓群位于老屋组屋场的西面，南距胡家屋场约600米。堆石墓群分布在山岭之中一块较平坦的谷地中，面积约1500平方米，村民俗称为"张家坦"。顺着张家坦的山脊向南较有规律地分布着11个堆石墓，形状为长方形、瓜子形、半圆形（扇形）、三角形等，在堆石墓群中间立有一根尖状立石。

M1　呈扇形，面东偏北。堆石墓所用石块较小，依山取材，南侧堆垒齐整，弧长3.80米，宽1.10米，高90厘米，堆石顶部置放一块底长90厘米、高50厘米、厚20厘米的三角形石块（照片13）。

M2　呈扇形，面东偏北。堆垒在一块裸露的天然巨石上，立面规整，外弧2.30米，宽90厘米，高1.30米（照片14）。

M3　呈瓜子形，面东偏北。堆石墓前垒堆长1.0米、宽80厘米、高80厘米的奠堆。整个堆石墓长2.50米，宽1.40米，高1.70米。

M7　呈三角形，面东偏北。在两块裸露的天然石块中垒堆，立面规整。底长2.40米，宽60厘米，高1.40米。

M8　呈长方形，面东偏北。堆石墓底部放置两块大石块，然后再堆垒。长3.90米，宽80厘米，高1.20米。

M10　呈半圆形，面东偏北。用较小的风化页岩石堆垒在裸露岩石上，立面矮小。弧长2.0米，宽70厘米，高60厘米。

立石：在M3、M5、M6之间，立有一根距地表高90厘米、底宽30厘米、厚20厘米的尖状立石（照片15）。

（4）筲箕坪堆石墓群

该墓群位于老屋组屋场西北面，相距约3000米的筲箕坪。11个堆石墓分布在筲箕坪两山相夹形成的沟壑的南北两侧的悬崖峭壁下。北侧山坡乱石嶙峋，靠近沟壑分布有两个堆石墓。南侧悬崖峭壁下分布9个堆石墓，形状有长方形、半圆形、瓜子形、菱形、三角形等。

M1　呈长方形，面东。堆石位于沟壑的北坡，在乱石上堆垒，立面十分规整，采用沟壑中的石块堆垒，显得挺拔高大。长6.20米，宽3.20米，高3.0米。

M2　呈半圆形，面东。位于沟壑的北坡，采用沟壑中的石块垒堆，立面较规整。长2.60米，宽1.40米，高90厘米（照片16）。

M3　呈长方形，面东偏北。位于沟壑南坡的峭壁下，堆石墓北侧倚于裸露的巨石上，立面十分规整。长2.60米，宽1.30米，高1.90米（照片17）。

M4　呈菱形，面东偏北。位于沟壑南坡的峭壁下，堆石墓棱角分明，南侧倚于裸露的巨石上，立面规整，挺拔高大。长2.40米，宽1.20米，高1.90米（照片18）。

M5　呈半圆形，面东。位于峭壁的下方，堆垒十分整齐。弧长2.80米，宽1.60米，高1.80米（照片19）。

M6　呈斜长方形，面东。位于峭壁的缝隙中。采用较小的石块垒堆，立面规整，显得非常特殊少见。长1.0米，宽70厘米，高60厘米（照片20）。

M7　呈三角形，面东。山崖绝壁的上部向外凸出，形成崖额，堆石墓藏于崖额下裸露的两巨石之中，立面较规整。顶长1.20米，宽1.0米，高1.0米（照片21）。

M8　呈矩形，面东偏北。堆石墓藏于峭壁崖额的下方，能遮风挡雨，堆垒的石块像经过挑选，立面十分整齐。长1.0米，宽90厘米，高80厘米。

（5）大眼塝堆石墓群

该墓群位于老屋组屋场西面，西距石窝山堆石墓群约500米。在东西长200米、南北宽40米约8000平方米的范围内分布有80个堆石墓，其特征基本与石窝山相同。形状有长方形、瓜子形、扇形、半圆形等。其中M12、M25、M34、M47、M48立面高大，堆垒整齐。M48的正立面上垒砌有5级台阶。M38在山洞中垒堆小堆石，M18正立面下砌有龛洞。但在堆石墓前暂未发现直立或侧立的石块（石碑），堆有奠堆的形象少见，未见公共立石。

M12 呈瓜子形，面东。堆垒在裸露的岩石上，立、侧面较为规整，显得高大挺拔。长 2.80 米，宽 1.50 米，高 1.70 米（照片 22）。

M18 呈长方形，面东。堆垒裸露的天然岩石下，堆石墓北端采用的石块较大，南端用石较小。在堆石墓底部偏北处砌有一个宽 20 厘米、高 30 厘米、深 30 厘米的龛洞。整个堆石墓长 4.20 米，宽 1.0 米，高 90 厘米（照片 23）。

M25 呈不规则半圆形，面东。堆垒在乱石上，立面较整齐。长 5.50 米，宽 1.0 米，高 2.10 米（照片 24）。

M34 呈矩形，面东。堆垒在裸露的岩石上，立面规整。长 2.60 米，宽 1.20 米，高 1.70 米（照片 25）。

M38 呈长方形，面东。在天然巨石的崖额下，形成一个山洞，山洞的北侧用石块垒堆，在洞的底部，垒堆长 1.60 米、宽 50 厘米、高 50 厘米的堆石墓，堵住洞底（照片 26）。

M47 呈瓜子形，面东。堆垒在裸露的天然巨石上，堆垒规整，立面整齐，巨石下形成陡壁，更显得高大挺拔。长 2.70 米，宽 1.0 米，高 1.30 米（照片 27）。

M48 呈长方形，面东。堆垒在山坡的乱石中央，在正立面上垒砌有 5 块向外伸出长 35 厘米、宽 15 厘米、厚 10 厘米的石块，每块石块间距 35 厘米，形成台阶，可从堆石底部攀台阶至顶部。长 5.80 米，宽 1.30 米，高 2.70 米（照片 28）。

（6）正经牌堆石墓群

该墓群位于老屋组屋场西北，东距筲箕坪堆石墓群约 500 米。堆石墓群处在两山相夹形成的沟壑之中，南北两侧崖壁陡峭之下，在两山相夹中间凸起的山嘴约 500 平方米的范围内分布有 3 个堆石墓，形状为半圆形、矩形。

M1 呈半圆形，面东。堆石墓处在凸出的山嘴上，堆垒规整。弧长 3.0 米，宽 1.80 米，高 1.40 米（照片 29）。

M2 呈矩形，面东。在裸露的天然巨石旁堆垒，立面规整。长 1.90 米，宽 1.50 米，高 1.40 米（照片 30）。

M3 呈半圆形，面东。堆垒在天然山崖陡壁的下方，北侧紧倚天然巨石，立面规整。弧长 1.90 米，宽 1.10 米，高 70 厘米（照片 31）。

（7）胡家山堆石墓群

该墓群位于老屋组屋场西面，南距胡家屋场约 400 米。顺着胡家山的山脊，残存有长约 100 米、宽 50～60 厘米、高 20～40 厘米的石围子。在石围子两侧分布 4 个堆石墓（M4 坍塌），形状为椭圆形。

M1　呈椭圆形，面北。用风化的页岩堆垒在石围子西侧。东西径长 1.90 米，南北径长 1.80 米，高 80 厘米（照片 32）。

M2　呈椭圆形，面北。用风化的页岩堆垒在石围子东侧，顶部垮塌。东西径长 2.0 米，南北径长 1.80 米，残高 80 厘米。

M3　呈椭圆形，面北。垒堆在正山脊上，石块风化严重，顶部基本坍塌。东西径长 1.50 米，南北径长 1.40 米，残高 60 厘米。

（8）宋家颈堆石墓群

该墓群位于老屋组屋场西南，相距 2000 米。在堆石墓群边缘的山脊上葬有多座清嘉庆六年、道光二十九年刘姓氏祖的圈石墓。在近 3000 平方米的范围内分布有 13 个堆石墓和 1 根立石，形状为长方形、半圆形、三角形、矩形、扇形等。

M1　呈扇形，面东偏北。用小石块垒堆，形状矮小。弧长 1.60 米，宽 1.10 米，高 60 厘米。

M3　呈矩形，面东偏北，垒石前置长 1.20 米、厚 45 厘米石块作为挡石，防止下滑。长 3.40 米，宽 1.10 米，高 1.80 米。

M6　呈长方形，面东偏北。垒堆石块较小，堆石墓南侧十分规整。长 2.90 米，宽 1.10 米，高 80 厘米。

M7　呈三角形，面东偏北。用小石块垒堆。顶长 1.70 米，宽 90 厘米，高 70 厘米。

M9　呈长方形，面东偏北。堆石墓南侧用一块大石支撑，再横垒 3 块扁石，北侧用小石块垒堆。长 1.70 米，宽 1.0 米，高 70 厘米。

立石：在 M11 与 M12 中间斜立一根三角形花岗岩立石，距地表高 7.0 米，宽 30 厘米，厚 70 厘米。

（9）猪圈坑堆石墓群

该墓群位于老屋组屋场西南，相距约 2600 米。因山谷峭壁如削，经山洪冲刷形成大坑，状如猪圈，故名。下有大瀑布，在大坑的南侧山坡近 2000 平方米的范围内分布有 7 个堆石墓，分两行纵向排列。M1～M3 为一行，M4～M7 为一行，形状为长方形、三角形、半圆形等。

M1　呈三角形，面西偏南。在裸露的天然岩石旁就近取石垒堆。顶长 1.90 米，宽 1.20 米，高 1.60 米。

M2　呈长方形，面西偏南。堆石墓北侧紧紧倚傍在天然岩石上。长 1.90 米，宽 1.0 米，高 90 厘米。

M3　呈长方形，面西偏南。堆石墓南侧靠在裸露的巨石上。长 2.20 米，宽 1.10 米，高 1.20 米。

M6　呈半圆形，面西偏南。弧长 2.30 米，宽 1.0 米，高 1.0 米。

M7　呈半圆形，面西偏南。堆石墓南侧垒有一块长 70 厘米、厚 25 厘米的立石。弧长 2.30 米，宽 1.10 米，高 1.10 米。

（10）四方坪堆石墓

堆石墓位于老屋组屋场南面，北距村民刘炎方住屋 1200 米。四方坪原为古老的屋场基地，现在坪内葬有清代中晚期、民国时期刘氏圈石墓。在南侧 15 米处裸露的岩石中垒堆 1 个堆石墓，形状为三角形，编号为 M1。

M1　呈三角形，面西偏南。在天然巨石中垒堆。顶长 1.90 米，宽 80 米，高 1.20 米。

（11）洞坑堆石墓群

该墓群位于老屋组屋场西北，东距村民刘梅生住屋约 1800 米。在近 2000 平方米的范围内分布有 19 个堆石墓。M1～M11 排列在沟壑旁的山坡上，堆垒石块较大。M12～M19 分布在山脊部位，采用风化的页岩垒堆。形状为长方形、矩形、半圆形、三角形、扇形等。

M1　呈矩形，面东。堆石墓前堆有奠台。长 2.0 米，宽 1.10 米，高 1.20 米（照片 33）。

M3　呈矩形，面东。堆石墓北侧紧靠巨石，南侧规整，下部堆有奠台。长 3.80 米，宽 90 厘米，高 1.0 米（照片 34）。

M6　呈半圆形，面东。整个堆石墓矮小规整。长 1.20 米，宽 60 厘米，高 60 厘米（照片 35）。

M9　呈三角形，面东。北侧为天然巨石，南侧垒堆齐整。顶长 1.70 米，宽 70 厘米，高 90 厘米（照片 36）。

M11　扇形，面东。堆石墓前堆有奠台。长 2.90 米，宽 1.10 米，高 80 厘米（照片 37）。

M12　呈半圆形，面东。位于山脊的中部，堆垒的石块较小，南侧坍塌。长 3.40 米，宽 1.0 米，高 70 厘米（照片 38）。

M15　呈三角形，面东。垒堆在裸露的岩石上，石块较小，为风化页岩。顶长 1.70 米，宽 60 厘米，高 70 厘米（照片 39）。

M17　呈半圆形，面东。用风化的页岩垒堆，北侧紧靠天然巨石。长 1.20 米，宽 60 厘米，高 1.10 米（照片 40）。

M18　呈长方形，面东。用风化的页岩垒堆，顶部坍塌。长 2.80 米，宽 1.10 米，高 1.10 米（照片 41）。

(12) 石坦堆石墓群

该墓群位于中屋组屋场西北，东距村民刘红洲住屋1500米。在石坦的沟壑南侧山坡1000平方米的范围内分布有4个堆石墓，形状为长方形、半圆形。

M1 呈半圆形，面西偏北。堆石墓底部置一块长60厘米、厚3.5厘米的石块，旁边侧立石块。弧长1.40米，宽90厘米，高1.10米（照片42）。

M2 呈半圆形，西面偏北。依山取石堆垒，顶部用石较小。长2.20米，宽1.30米，高1.10米（照片43）。

M3 呈长方形，面西偏北。用较小的石块堆垒，立面规整，顶部置有大石块。长2.60米，宽1.10米，高1.20米（照片44）。

M4 呈半圆形，面西偏北。堆石墓中部已坍塌，在坍塌的北侧顶部有一块长石块伸出，下方疑有高30厘米、宽30厘米、深40厘米的小洞。堆石墓长4.0米，宽1.0米，高1.40米。

(13) 车碓冲堆石墓

堆石墓位于横冲组屋场西北，相距约2000米。在车碓冲的山冈、山坡上，保存有清嘉庆二年的青石"五帝祠"和"明故迁湘始祖余朝兴墓"。车碓冲深处原为屋场坪，砌有多条石勘，在屋场坪下保存有2个堆石，形状为半圆形（麻蜩状）。

M1 呈半圆形，面东。用风化的页岩堆垒，顶部坍塌。长2.60米，宽90厘米，残高1.0米（照片45）。

M2 呈半圆形，面东。用风化的页岩堆垒，立面较规整，顶部有坍塌的痕迹。长2.50米，宽1.10米，残高1.20米（照片46）。

(14) 方山堆石墓群

该墓群位于兰地组屋场东北，西距村民胡佛平住屋约2400米的山岭之间。20世纪70—80年代为幸福村林场，90年代后期承包给村民。在山脊部位的石墈下边，有序地排列了7个堆石墓，大部分堆石墓在植树造林时遭到了破坏。形状有长方形、半圆形。

M1 呈长方形，面南。在裸露的风化页岩上，用较小的风化石堆垒。长1.70米，宽1.0米，高60厘米（照片47）。

M2 呈半圆形，面南。堆垒石块较大，东侧有坍塌痕迹。长1.40米，宽90厘米，残高90厘米（照片48）。

M3 呈长方形，面南。堆垒的石块较小，西侧顶部置一方形石块。长1.70米，宽1.10米，高80厘米（照片49）。

M7 呈半圆形，面南。堆垒的石块较大，较规整，立面西侧向内缩进20

厘米，形成两层。长 2.0 米，宽 1.20 米，高 90 厘米（照片 50）。

(15) 烟竹坡堆石墓与石屋基址

该堆石墓位于大坦组屋场西南，北距仙人殿 2600 米的山坑里。在山坡裸露的岩石上分布有 2 个堆石墓和 1 处石屋基址。堆石墓形状为圆形、半圆形。石屋基址编号为 F1。

M1　呈圆形，面南。垒堆在裸露的岩石上，显得十分挺拔，堆石墓底部用石较大，上部用石较小，四周十分规整，像圆形的蘑菇立于山林中。东西径长 2.50 米，南北径长 2.80 米，高 1.60 米（照片 51）。

M2　呈半圆形，面南。垒堆的石块较大，顶部有坍塌的痕迹。长 1.80 米，宽 2.0 米，高 1.90 米（照片 52）。

F1　在 M2 正上方 2 米处，呈长方形，用石块堆垒，无屠和料，门向南倚西壁。墙体宽 50～60 厘米，东西长 3.20 米，南北宽 2.60 米，残高 0.6～1.10 米。

(16) 破花洲堆石墓群与石屋基址

该墓群位于龙溪港组屋场西南，东距村民但尚荣住屋 3500 米，分布在通往老龙潭山径的西面山坡上。在约 2000 平方米的范围内分布有 6 个堆石墓和 2 处石屋基址。石屋基址编号为 F1、F2，堆石墓形状为长方形、圆形、半圆形。

M1　呈长方形，面东。在一块长 5.10 米、厚 30 厘米的石块上垒堆，顶部坍塌。长 1.70 米，宽 70 厘米，残高 30 厘米（照片 53）。

M2　呈圆形，面东。堆垒的石块较大，顶部有坍塌的痕迹。南北径长 1.70 米，东西径长 2.30 米，残高 60 厘米（照片 54）。

M3　呈三角形，面东。在天然巨石中堆垒，顶部坍塌。长 4.60 米，宽 1.0 米，残高 1.60 米（照片 55）。

M5　呈半圆形，面东。用石片堆垒，立面较规整。长 1.20 米，宽 1.10 米，高 1.0 米。

M6　呈长方形，面东。在大石块上堆垒。长 3.40 米，宽 1.10 米，高 90 厘米（照片 56）。

F1　呈长方形，门向东南，东西长 4.0 米，南北宽 3.60 米，仅存北墙，墙体长 4.0 米，宽 70 厘米，残高 40 厘米。

F2　呈长方形，门向东北，长 3.0 米，宽 2.30 米，门宽 1.0 米。墙体宽 60 厘米，残高 0.3～1.50 米。

(17) 下屋湾堆石墓群

该墓群位于龙溪港组屋场西南，东距村民但尚荣住屋 2800 米，在龙溪港西岸的山坡、港坪里近2000平方米的范围内分布有5个堆石墓,形状为半圆形、长方形、扇形。

M1 呈半圆形,面东。堆垒的石块较大,立面较规整。长2.10米,宽70厘米,高1.0米(照片57)。

M2 呈长方形,面东。堆石墓中横置4块长方形石块,立面十分规整。长2.50米,宽80厘米,高80厘米(照片58)。

M3 呈半圆形,面东。堆垒在天然巨石上,显得高大,立面较规整。长1.20米,宽90厘米,高90厘米(照片59)。

M4 呈扇形,面东。在港坪天然岩石上垒堆,显得矮小。长1.20米,宽60厘米,高60厘米(照片60)。

(18)竹坪堆石墓

该堆石墓位于易家冲组洞坑屋场西北,南距村民刘汉保住屋600米的山坡上,仅一座堆石墓。在山坡陡峭的山嘴上,生长一棵铁稠树,堆石墓位于大树后侧,呈半圆形,坐西向东。据刘汉保老人讲,先辈传说曾在竹坪埋了一筲箕银子。1989年冬天,刘汉保老人为找银子拆堆石墓。银子没找到,堆石墓顶部被拆毁。

M1 呈半圆形,面东。用风化页岩堆垒。弧长1.80米,宽1.70米,残高70厘米。

(19)金竹埂堆石墓

该堆石墓位于中屋组屋场西南,北距村民刘红洲住屋3500米,在金竹埂陡峭的山脊中间上下排列着2座堆石墓,形状为圆形、半圆形。

M1 呈圆形,面西。堆垒在陡峭的山脊中部,四周整齐。东西径长1.80米,南北径长1.90米,高1.40米。

M2 呈半圆形,面西。用风化的小页岩堆在山脊中间,南侧已坍塌。弧长3.0米,宽1.20米,残高80厘米。

二、考古实测

龙窖山遗址的考古测绘,是野外工作中遇到的最大难题。龙窖山崇山峻岭,绵亘百里,植被茂盛,古木参天,竹海翻浪,铺天盖地,航拍无法实施;山岭重叠,沟壑纵横,地湿坡陡,苔藓满布,除了村民砍竹伐木踩出来的羊肠小道外,几乎无路可走。因此,对地形的实测本次区域系统调查未能进行。尽管分布有堆石墓遗存的地方山道险阻,悬崖陡峭,实测组克服重重困难,还是完成了3处大型的堆石墓群共17500平方米的实测,绘制了堆石墓分布示意图,并对2009年已进行实测的2处堆石墓群中的129座堆石墓进行了单体测量和绘图。需要说明的是，5个大型堆石墓群都分布在箭杆山的中心地带。

(1) 大眼塝堆石墓群

位于箭杆山的中心地带，地属幸福村老屋组，东距村民刘炎金住屋约2000米，西距石窝山堆石墓群500米。大眼塝坐西朝东，在东西长200米、南北宽40米、占地面积约8000平方米的范围内，自上至下不规则地排列着74座各种形状的堆石墓。主要形状有长方形、瓜子形、扇形、半圆形等（图4）。

(2) 胡家屋场堆石墓群

位于箭杆山的西麓，地属幸福村老屋组，东南距村民刘炎金住屋约5000米，南距石窝山堆石墓群约2000米。胡家屋场坐西朝东，村民流传，这里曾为胡姓山民居住，故名"胡家屋场"。废弃的屋场坪保存完整，在屋场坪后的山坡上，东西长80米、南北宽65米、占地约5000平方米的范围内，自上至下不规则地分布53座堆石墓，主要形状有半圆形、长方形、瓜子形等。

(3) 灵官冲堆石墓群

位于箭杆山的南麓，地属幸福村老屋组。东距村民刘梅森住屋2500米，北距大眼塝堆石墓群1000米。在灵官冲东西长65米、南北宽70米、占地面积约4500米范围内的山坡上，自北至南不规则地分布45座堆石墓，主要形状有矩形、长方形、三角形、半圆形等（图5）。

(4) 石窝山堆石墓群

位于箭杆山的西麓，地属幸福村老屋组。2009年对石窝山7座堆石墓进行了解剖，同时对石窝山堆石墓群进行了实测，并绘制了石窝山堆石墓群分布图（图6）。本次实测组对石窝山6000平方米范围内的86座堆石墓逐一进行了单体实测，绘制了每座单体堆石墓的平面、立面、侧立面、剖面线图。

(5) 打栗坑堆石墓群

位于箭杆山的南麓，与通城县毗邻，地属幸福村老屋组。2009年对打栗坑2座堆石墓进行了解剖。同时，对打栗坑堆石墓群进行了实测，并绘制了打栗坑堆石墓群分布图（图7）。本次实测组对打栗坑2000平方米范围内的43座堆石墓逐一进行了单体实测，绘制了每座单体堆石墓的平面、立面、侧立面、剖面线图。

三、结语与附论

龙窖山遗址中心地带箭杆山及其周边地区（原龙源乡幸福村属地范围）至今为止，新发现堆石遗存23处，加上2003—2009年发现的38处，共计61

处堆石遗存。这些堆石遗存主要是堆垒而成的，其间既无屑和料也无黏合剂，直接用略作加工的大小石块堆垒成石井、石梯、石墈、石桥、石庙、原始山寨的寨围、居住基址的石墙，最多的是各种形状的石堆。这些堆石遗存属于何种性质的文化，是谁在什么年代创造了这种文化呢？应当说明的是，至今为止，在发现有堆石遗存的区域内，除了石窝山堆石中偶尔发现几片宋、明时期的瓷片外，并未发现与这些堆石相关的遗迹与遗物。因此，探讨这些堆石遗存的族属、性质、年代目前条件还不成熟。这里只能借助多年的考古调查和2009年解剖的9个堆石以及相关文献略作推测。

(1) 堆石的用途

2009年6—7月，我们曾对石窝山和打栗坑的石堆进行了试掘，解剖了9座石堆（石窝山7座，打栗坑2座）。在石窝山6号、31号和打栗坑5号堆石中出土过瓷碗的残片，所有石堆再无其他的遗物出土。我们将这些出土瓷片与石堆底部采集的土壤标本和当地明代土坑墓的墓底土壤标本以及石窝山55号堆石周边采集的原生土土壤标本，一并送往北京大学考古文博学院科技考古实验室进行检测与分析。当地原生土土壤标本（检测标本编号石窝山M55-A），含磷量为1351微克/克，当地明代土坑墓（毛竹岭M2）土壤标本含磷量为1714微克/克，而石窝山26、31、55石堆底部的土壤标本含磷量分别为1748微克/克、1990微克/克、1799微克/克。[①] 三相比较可以看出，石窝山26、31、55号石堆底部土壤标本的含磷量比石窝山原生土含磷量至少高出397微克/克，而31号石堆底部土壤含磷量则高出原生土639微克/克。石窝山3个送检标本与土坑墓（毛竹岭M2）含磷量大体相近，甚至略高。值得注意的是，送检的石堆底部土壤标本含有少量的骨质碎屑。因此，我们根据土壤中含磷量与含有骨质碎屑的情况，初步推测这些解剖了的石堆是墓葬。当然，用土壤中含磷量来判定这些石堆为墓葬还缺乏足够的理论依据，土壤中含有的骨质碎屑究竟是人类抑或动物的遗骨，目前还不能确定，就现有的条件而言，目前我们只能暂定这类石堆为墓葬，并对每处堆石按墓葬编号。所以，龙窖山遗址目前发现的堆石遗存中堆垒的石堆我们均称为堆石墓或石冢墓，堆垒成各种形状的石堆应是这类墓葬的坟冢。

(2) 堆石的年代

龙窖山遗址发现的这些堆石墓的年代，我们同样只能通过已解剖的堆石

[①] 岳阳市文物考古研究所等：《湖南省临湘市龙窖山石窝及周围石冢、土坑、砖室墓发掘简报》，《湖南省临湘市龙窖山古文化遗址调查简报》，见《湖南省博物馆馆刊》，第六辑，长沙，岳麓书社，2009。

墓的相关检测与分析来推测。对送检的石窝山堆石墓墓底采集的碳化物进行碳十四测定，并对出土的陶瓷片进行成分分析和科学检测。检测结果表明，石窝山堆石墓的相对年代，大多为宋代至明代。根据对出土陶瓷片的分析，个别墓葬有可能早至隋唐时期。① 参考文献记载以及当地族谱有关本地居民入迁龙窖山定居至今的传记，初步推测这些堆石墓多在宋明时期，个别堆石墓有可能早至隋唐。

（3）堆石的文化性质

至今为止，龙窖山共发现原始山寨、石屋居址、堆石墓群以及石庙、石梯、石桥、石墈、石井等共计75处，多达700多个单体堆石遗迹。最著特色的堆石墓群，既不同于本地区汉人自古以来的竖穴土坑墓殡葬的习惯，也不见于周边地区古代文化有同样特征的习俗，与考古学上的积石冢也迥然有别，显然是有独特价值的古文化遗存。这种独特的文化现象，从考古学上说，是一个不见于已发现的考古学文化类型范畴的遗存，这种文化类型的族属绝非汉族，而是目前已消逝的一种传统习俗，这种习俗应为某一少数民族的传统文化。

（4）相关讨论

关于龙窖山，文献记载最早在北宋元符年间，时任宣德郎谪监岳州酒税的范致明所著《岳阳风土记》有明确记载："龙窖山在县（指临湘）东南，接鄂州崇阳雷家洞、石门洞，山极深远……"明代弘治《岳州府志》记："龙窖山在县（指临湘）东一百里，跨临湘、通城、崇阳、蒲圻四县。"到清代康熙《临湘县志》、《通城县志》和清同治《临湘县志》、《崇阳县志》均有龙窖山地理位置的相关记载，其后直至现代的临湘县（市）志均无龙窖山的文字记述。经有关专家考证，认定现在称谓的"药姑山"就是历史上的"龙窖山"。幸福村地处龙窖山腹地，龙窖山最高峰（1261.1米）即位于其南部。这里山峦重叠，险峻挺拔，烟霏雾结，终日不散，别具一格，形胜特色鲜明。蓝天、白日、云山、群峰、岩窦、怪石、小溪、竹涛、林海相映成趣。春季百花绽放，落英缤纷；夏季蝉鸣雀噪，清凉宜人；秋季山果飘香，花草遍野；冬季更加壮观：林海雪原，银装素裹。工业文明与现代文明建设对这里的影响微乎其微，龙窖源还保存着良好的半封闭的原始生态环境和优美的自然环境。幸福村辖区内堆石遗存密布，数量众多，规模很大，范围极广。2009年以前发现

---

① 岳阳市文物考古研究所等：《湖南省临湘市龙窖山石窝及周围石冢、土坑、砖室墓发掘简报》、《湖南省临湘市龙窖山古文化遗址调查简报》，见《湖南省博物馆馆刊》，第六辑，长沙，岳麓书社，2009。

的52处堆石遗存幸福村就保存有38处。本次考古调查主要在幸福村辖区内进行。专项调查新发现堆石遗存23处，其中石冢墓（即石堆）20处199座，石屋基址3处（座），石围子2处。包括2009年以前的发现，幸福村境内堆石遗存多达61处。分布最为密集、规模最大的是幸福村的老屋组。老屋组属地均在箭杆山范围，这里密集地分布有25处堆石遗存，特别是极具规模的大型石冢（堆石）墓群就有5个，集中分布在箭杆山，即石窝山6000平方米86个单体石堆，打栗坑2000平方米43个单体石堆，大眼塝8000平方米74个单体石堆，胡家屋场5000平方米53个单体石堆，灵官冲4500平方米45个单体石堆。这里的石堆形制多样，特征突出，或纵或横，排列有序，既像一个大的墓地，也像一处大型祭祀遗址。那么，这些堆石遗存的属主是谁呢？

关于龙窖山古代的居民，到北宋才有直接的明确的文献记载。范致明在《岳阳风土记》中写明龙窖山地理位置后，说"其间居民谓之鸟乡，语言侏离，以耕畲为业，非市盐茶，不入城市，邑亦无贡赋，盖山徭人也"。南宋马子严《岳阳甲志》记述更为明了："龙窖山……山徭居之，自耕而食，自织而衣。"明代弘治《岳州府志》记载："龙窖山……又有雷洞，洞有石门，山徭所居。"此后，清代《临湘县志》、《通城县志》均有徭人居住在龙窖山的记载。这些地方志所记证明了山徭居住在龙窖山的史实。清同治《通城县志》记载："宋高宗绍兴初，杨么倡乱，勾诱衡、宝、永、郴山猺恣肆房掠。迨岳忠武平杨么，而山猺残孽窜伏大山密菁通城地界相连之龙窖山为窟穴。理宗宝庆间，猺种蕃，遇歉出掠，遂设千户长驻通，元降为百户，至明缺裁。"这一记述不仅说明龙窖山宋元时期的确居住有徭人，而且指出了这些山徭人来自衡宝永郴等地，并记载了宋元时期在通城设有"千户长"、"百户长"专事徭人管理。《瑶族通史》确认："龙窖山是瑶族历史上的早期千家峒。"当今治瑶史者认为龙窖山的堆石遗存即瑶人的文化，其依据是《瑶人经书》里说瑶人"揲石造龙门，揲石造龙床，揲石造龙厅，揲石造龙街，揲石造龙乡"（揲者，取也，积也，堆也。编者注）。简而言之，现今龙窖山的堆石遗存是古代瑶人的文化。当然瑶史学者还从民族学、民俗学以及地名、水系、口碑、传记等多方面加以推论。而已经进行的区域系统调查和考古试掘，目前还只能说明龙窖山石文化是一种与汉人不一的新的考古学文化，是一种失传了未能承袭的习俗，特征与汉人传统文化异趣。从考古学上现在还没有任何依据直接证明龙窖山的堆石遗存族属为古代瑶人。

◁附录一▷

照片1　三溪沟M1（自西向东）

照片2　三溪沟M2（自西向东）

照片3　三溪沟M3（自西向东）

照片4　三溪沟M4（自西向东）

照片5　三溪沟M5（自西向东）

照片6　三溪沟M6（自西向东）

照片7 三溪沟M7（自西向东）

照片8 椿树洲M1（自东向西）

照片9 椿树洲M2（自东向西）

照片10 椿树洲M3（自东向西）

照片11 椿树洲M5（自东向西）

照片12 椿树洲M9（自东向西）

照片 13　张家坦 M1（自东向西）

照片 14　张家坦 M2（自东向西）

照片 15　张家坦立石（自东向西）

照片 16　筲箕坪 M2（自东向西）

照片 17　筲箕坪 M3（自东向西）

照片 18　筲箕坪 M4（自东向西）

照片 19　筲箕坪 M5（自东向西）

照片 20　筲箕坪 M6（自东向西）

照片 21　筲箕坪 M7（自东向西）

照片 22　大眼塝 M12（自东向西）

照片 23　大眼塝 M18（自东向西）

照片 24　大眼塝 M25（自东向西）

照片25 大眼塝M34（自东向西）

照片26 大眼塝M38（自东向西）

照片27 大眼塝M47（自东向西）

照片28 大眼塝M48（自东向西）

照片29 正经牌M1（自东向西）

照片30 正经牌M2（自东向西）

照片 31　正经牌 M3（自东向西）

照片 32　胡家山 M1（自北向南）

照片 33　洞坑 M1（自东向西）

照片 34　洞坑 M3（自东向西）

照片 35　洞坑 M6（自东向西）

照片 36　洞坑 M9（自东向西）

照片 37　洞坑 M11（自东向西）

照片 38　洞坑 M12（自东向西）

照片 39　洞坑 M15（自东向西）

照片 40　洞坑 M17（自东向西）

照片 41　洞坑 M18（自东向西）

照片 42　石坦 M1（自西向东）

照片43　石坦M2（自西向东）

照片44　石坦M3（自西向东）

照片45　车碓冲M1（自东向西）

照片46　车碓冲M2（自东向西）

照片47　方山M1（自南向北）

照片48　方山M2（自南向北）

照片 49　方山 M3（自南向北）

照片 50　方山 M7（自南向北）

照片 51　烟竹坡 M1（自南向北）

照片 52　烟竹坡 M2（自南向北）

照片 53　破花洲 M1（自东向西）

照片 54　破花洲 M2（自东向西）

照片 55　破花洲 M3（自东向西）

照片 56　破花洲 M6（自东向西）

照片 57　下屋湾 M1（自东向西）

照片 58　下屋湾 M2（自东向西）

照片 59　下屋湾 M3（自东向西）

照片 60　下屋湾 M4（自东向西）

附录一

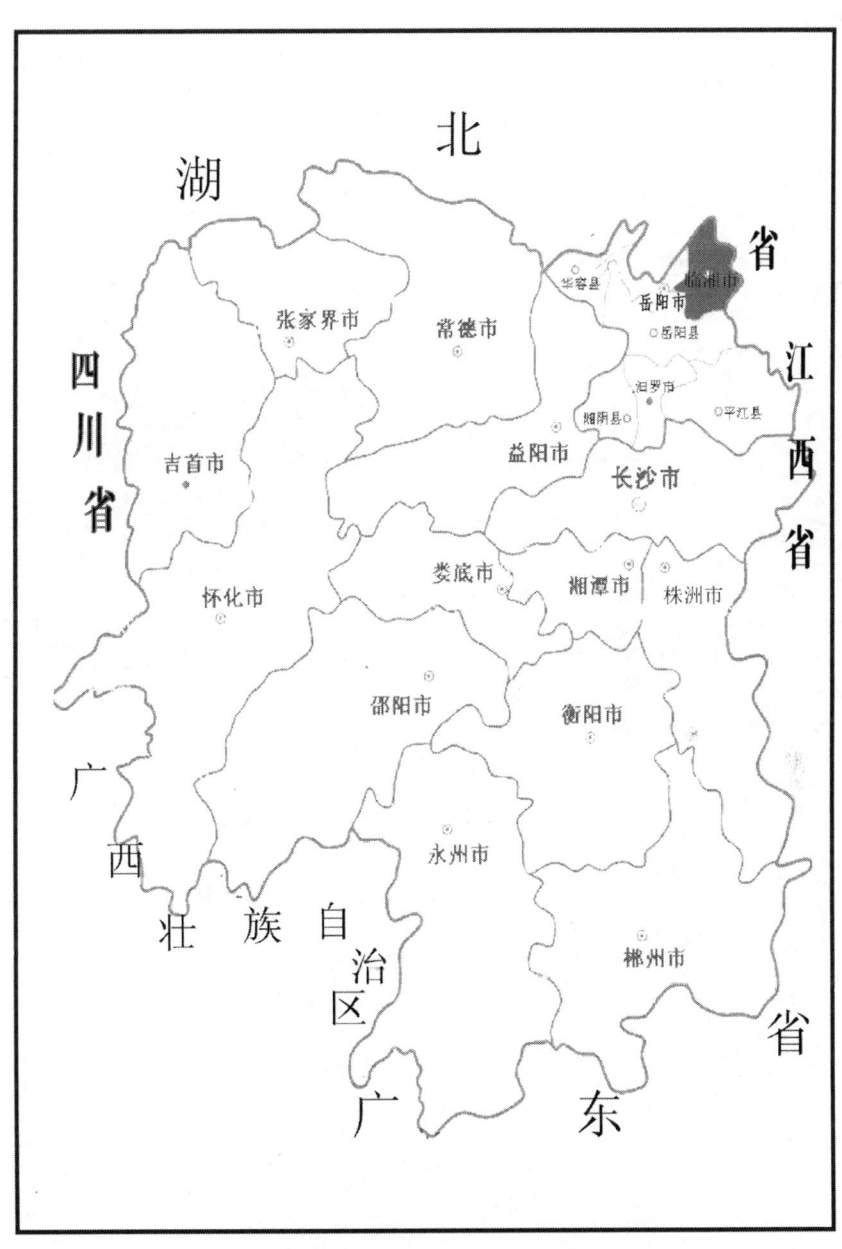

图 1 临湘市地理位置示意图

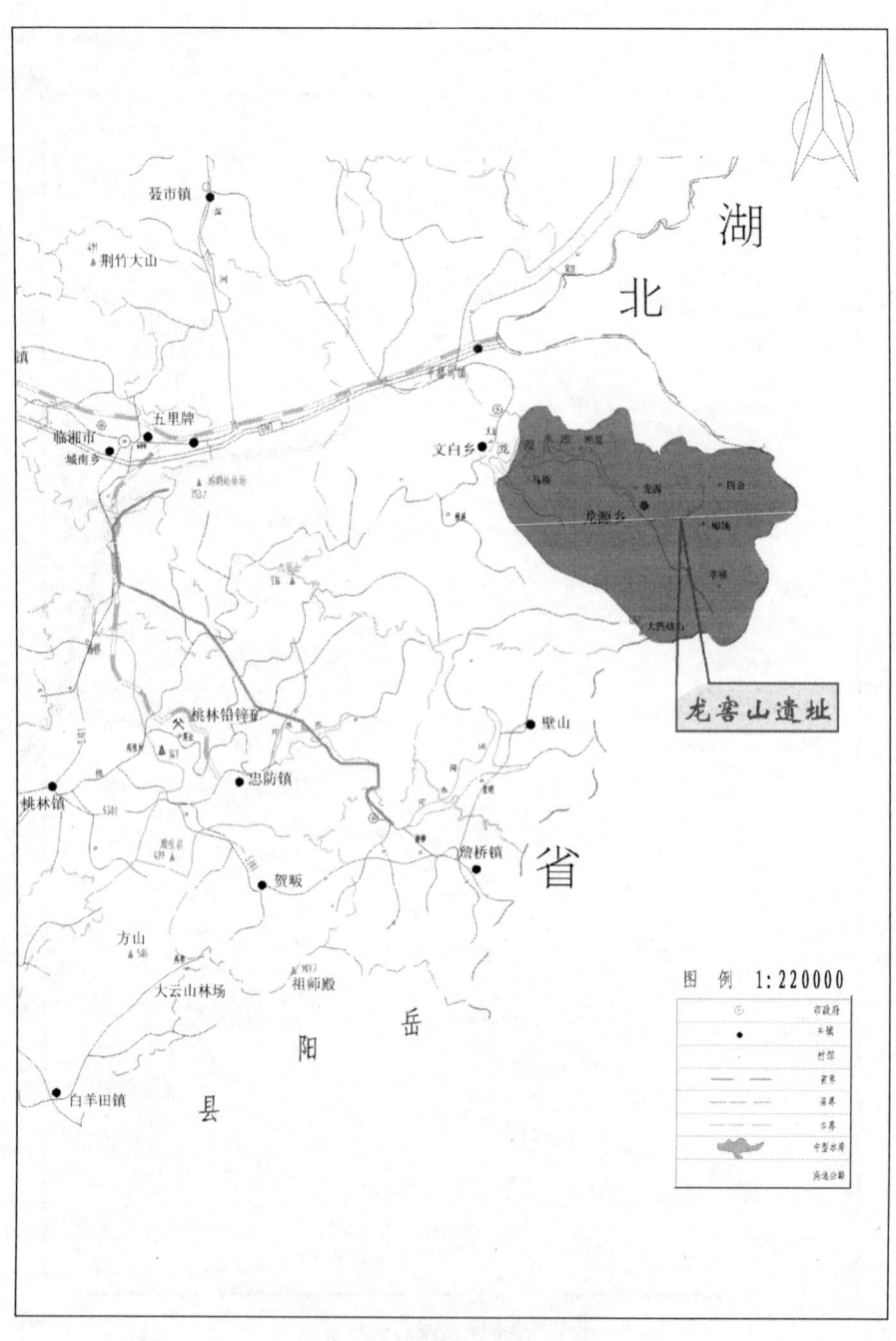

图 2　龙窖山遗址地理位置图

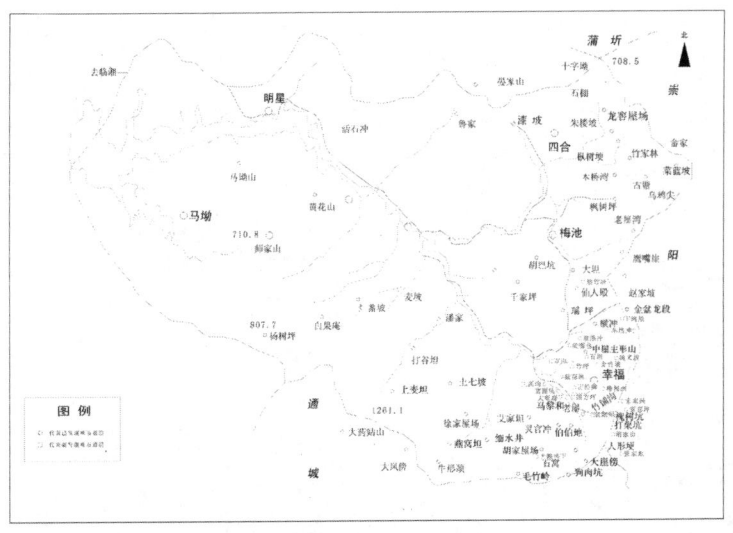

图 3　箭杆山堆石遗层分布示意图

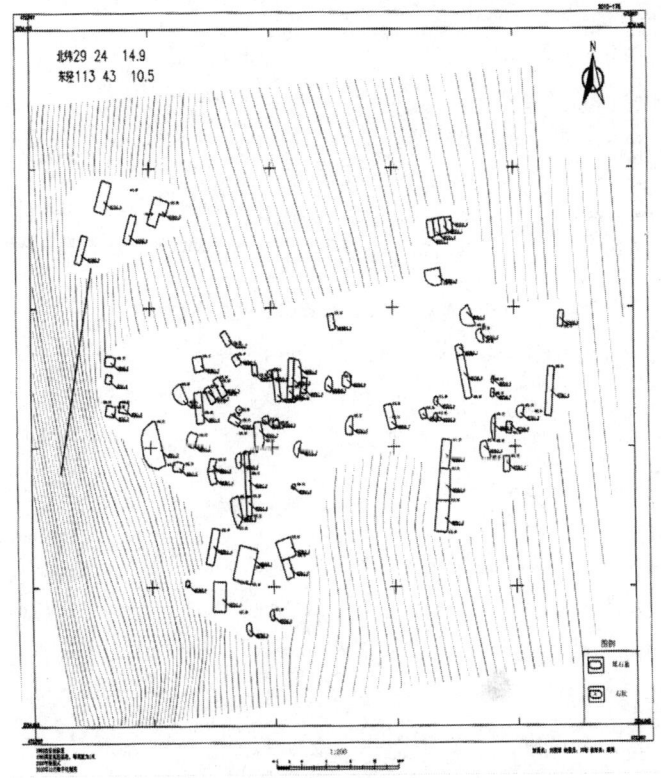

图 4　龙窖山遗址大眼塝堆石墓分布平面图

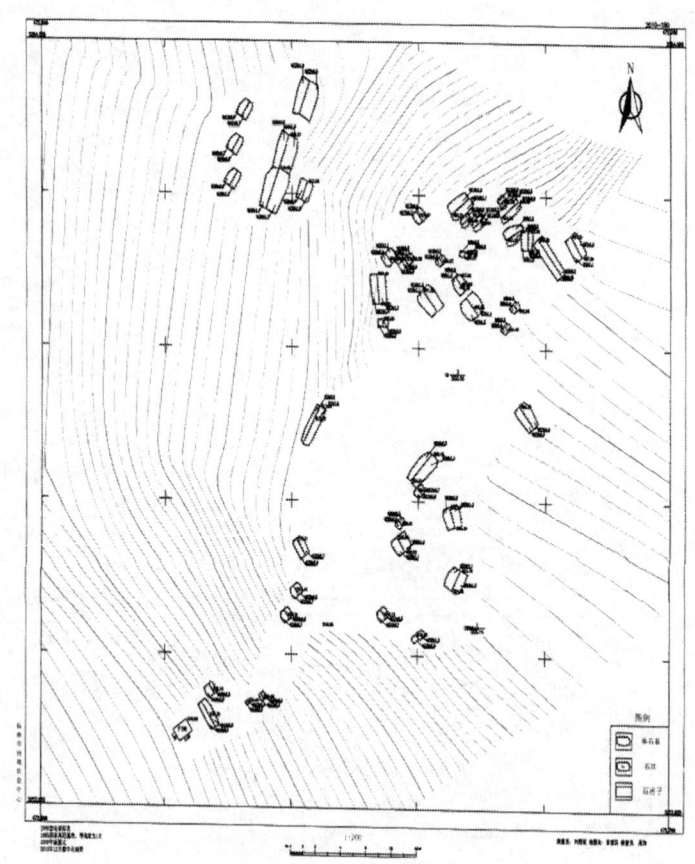

图 5　龙窖山遗址灵官冲堆石墓分布图

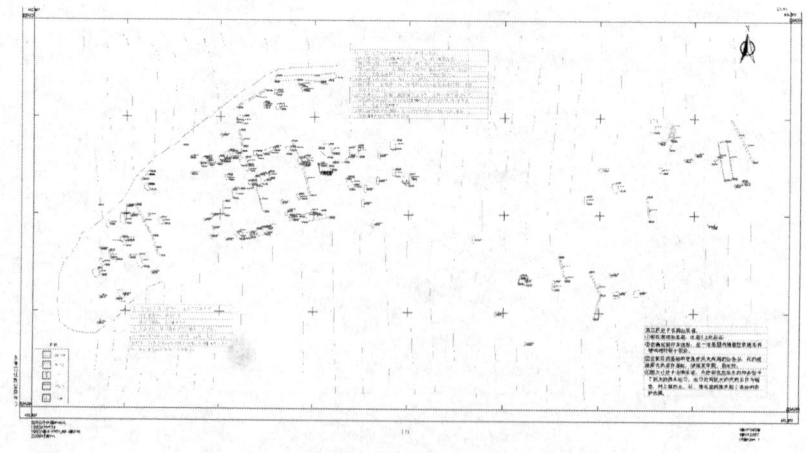

图 6　龙窖山石窝山堆石墓分布平面图

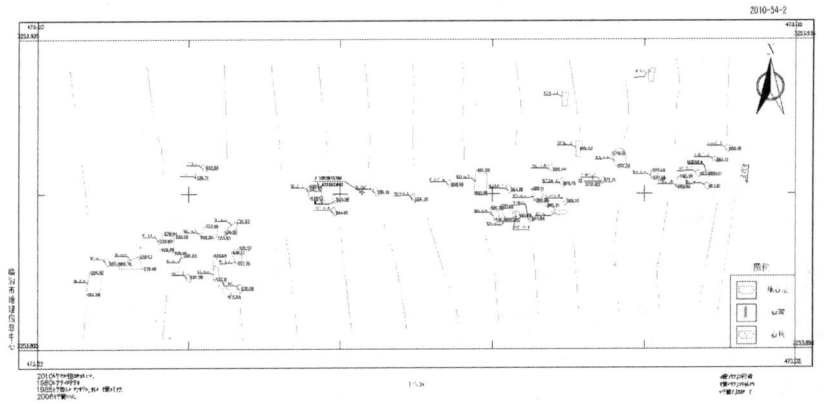

图 7　龙窖山打栗坑堆石墓分布平面图

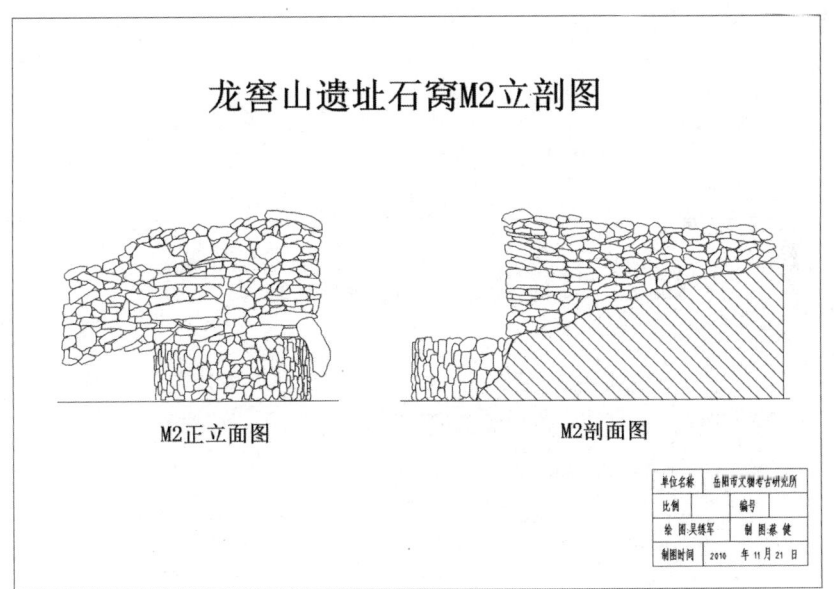

图 8　龙窖山遗址石窝 M2 立剖图

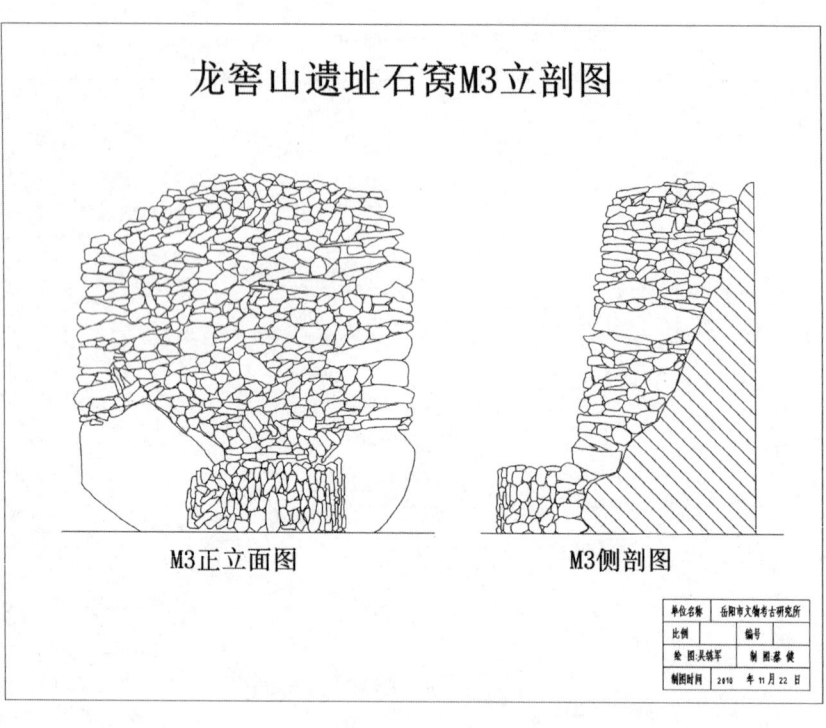

图 9　龙窖山遗址石窝 M3 立剖图

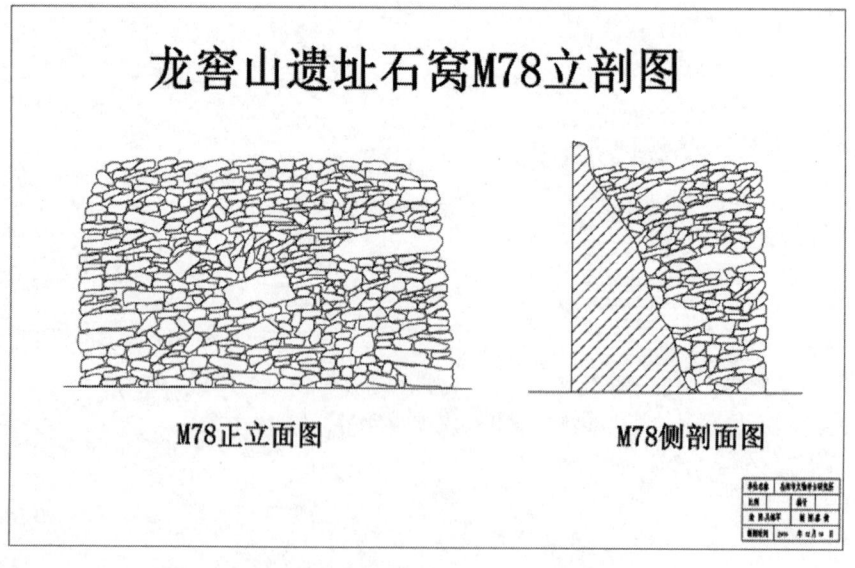

图 10　龙窖山遗址石窝 M78 立剖图

◁ 附录一 ▷

龙窖山遗址打栗坑M3侧立图

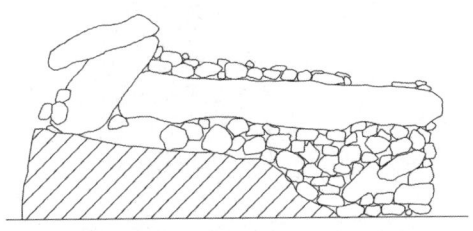
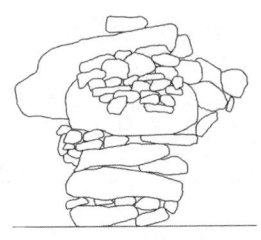

M3侧立图　　　　　　M3正立图

图11　龙窖山遗址打栗坑 M3 侧立图

龙窖山遗址打栗坑M30立剖图

M30正立面图　　　　　　M30侧剖面图

图12　龙窖山遗址打栗坑 M30 立剖图

龙窖山遗址打栗坑M38立剖图

M38正立面图

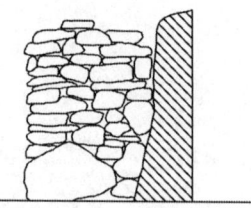

M38侧剖面图

图 13　龙窖山遗址打栗坑 M38 立剖图

执笔：蔡健等

绘图：吴练君　蔡健

摄像：蔡健　刘光华

载《湖南省博物馆馆刊》第八辑，长沙，岳麓书社，2011

附录1—4 湖南省临湘市龙窖山遗址箭杆山及周边石屋居址调查简报

龙窖山遗址位于湖南省东北边陲的临湘市中东部,属幕阜山余脉。地理位置东经113°35′~113°47′、北纬29°20′~29°33′。地跨湖南省临湘市,湖北省通城县、崇阳县、赤壁(蒲圻)市4县(市)境,面积约200平方公里。本次调查主要在龙窖山遗址中心腹地箭杆山及其周边进行,地属临湘市羊楼司镇(原龙源乡、文白乡、羊楼司镇合并)幸福村。

箭杆山位于羊楼司镇(原龙源乡)幸福村南部,东与湖北省崇阳县接壤,南与湖北省通城县毗邻,相邻之处的马颈山脊为"一脚踏三县"(临湘、通城、崇阳)之地。一首民谣形象地概括了箭杆山的地理位置:"头顶崇阳五花尖,脚踏临湘龙窖源。左手牵马过通城,右手抚摸千家坪。"幸福村古文化遗存分布密集,2010年底共发现古文化遗存61处,其中箭杆山范围内发现分布有25处。特别是堆石遗存,形单体文物数量最集中的有石窝山遗存(面积8000平方米,单体文物82个)、打栗坑遗存(面积5400平方米,单体文物42个)、灵官冲遗存(面积4500平方米,单体文物46个)、胡家屋场遗存(面积5500平方米,单体文物53个)、大眼塝遗存(面积6000平方米,单体文物74个),均集中分布在箭杆山的范围内。本次田野考古调查的重点,就是在箭杆山古文化遗址的范围内,在规模较大的堆石群区域内寻找先民的生产、生活遗存,通过排查、梳理,重点选择先民的石屋居址为调查对象。岳阳市文物考古研究所、临湘市文物保护管理所抽调专业人员,由郭胜斌研究员为领队,汪松桂、王岳跃、蔡健、张凯、翁雄胜、蒋勇、王振组成田野考古调查队,于2011年12月1—30日,再次赴龙窖山遗址的中心区域幸福村箭杆山地区开展对石屋居址的考古调查和试掘工作。现将田野调查情况简报如下。

一、竹铺沟石屋居址

该居址位于幸福村老屋组的西南,东距村民刘炎金住屋1500米,西距石窝山遗址2000米。在两溪流中间的山嘴上,右侧为通往马颈、通城、崇阳的古道。原有多间石屋,据村民介绍,日寇入侵时,很多村民曾在此地躲过兵。后因大集体改地、植树造林等生产活动破坏,现仅存两间。

竹F1（照1①）位于两溪流汇合处的西岸，左为古道，方向340°。东墙长12.70米，残高1.20～1.00米；西墙长11.50米，残高80～50厘米；南墙长5.40米，残高1.20米～80厘米；北墙长4.10米，残高1.00米～50厘米。墙体宽50～60厘米，有少量的屪和料。门东向，位于东墙中部，宽200厘米，房屋中间疑有架梁，为族人的聚集地，面积为57平方米。在石屋居址中部南端开有一条探沟，编号LLZT⑤。

照1　竹F1

照2　竹F2

LLZT⑤：长5.00米、宽50厘米、深50厘米，方向340°，根据土色可分为三层：一层厚10～20厘米，为表土耕作层，土色黄褐色，夹有风化页岩、细砂粒，疏松。表土村民在"农业学大寨"时种过红薯、包谷等植物，现生长有楠竹。二层为厚5～10厘米文化层，浅黄色土壤，土质较疏松，夹有页岩风化后的块石，含有少量的残瓷片，要辨器物为盘，饰菊花。三层为生土层，为黄色土壤，夹页岩石块。

竹F2（照2）位于两溪流中部，在垒砌高180～220厘米的石塄上砌房，房屋为套间，方向50°。北墙长15.40米，残高60厘米～2.20米；南墙长11.50米，残高50～80厘米；东墙长6.60米，残高50厘米～1.10米；西墙长2.50米，残高10～30厘米。墙体宽30～50厘米，有少量的屪和料。门西向，宽90厘米，为三间套建筑，面积83平方米。在F2的吊坳下斜向开两条探沟，西边的编号LLZT①，东边的编号LLZT②。在套间内也开了两条探沟，西房内编号LLZT③，东房内编号LLZT④。

LLZT①：长6.00米、宽50厘米、深1.10米，方向55°。根据土色可分为四层。一层：厚10～15厘米，为扰乱层，黑褐色腐殖质土壤，夹有树、草、藤的根。二层：厚20～25厘米文化层，浅褐色土壤，夹有风化页岩的碎

---

① 李本高主编：《湖南瑶族》，北京，民族出版社，2011。下同。

石块，含有少量清代青瓷残片。三层：厚30～40厘米文化层，黄褐色土壤，夹有极少的残瓷片，风化的页岩石片增多增大，有大石块出现。四层：厚30～50厘米，生土层，浅黄色土壤，为风化的页岩石块。

LLZT②：长7.00米、宽50厘米、深1.00米，方向50°。根据土色可分为四层。一层：厚10～15厘米，为扰乱层，黑褐色土壤，呈砂性，疏松，夹风化页岩砂粒，表层生长有树根、草根，裸露有少量的残瓷片。二层：厚15～20厘米文化层，浅黄色土壤，土壤疏松，略呈黏性，夹有风化页岩碎石，含有极少量的瓷残片。三层：厚20～30厘米文化层，黄褐色土壤，呈黏性，夹有大量的风化页岩的碎石，含有极少量的残瓷片。四层：厚35～45厘米，浅黄色土壤，夹有风化页岩的石块，无包含物。

LLZT③：长5.00米、宽50厘米、深60厘米，方向310°。根据土色可分为两层。一层：厚10～15厘米，为居住面，浅褐色土壤，覆盖着一层腐殖物，夹有大量的砂粒，无包含物。二层：厚20～40厘米生土层，浅黄色土壤，主要为溪港中的沙砾石。

LLZT④：长3.60米、宽50厘米、深50厘米，方向310°。根据土色可分为两层。一层：厚15～20厘米，为居住面，清除表层的冬茅根后为浅褐色土壤，夹有风化页岩的砂粒，疏松，无包含物。二层：厚20～30厘米生土层，浅黄色土壤，多为风化页岩的小石块。

二、石窝山居址

该居址位于幸福村老屋组的西南，东距刘梅生住屋2500米。三间石屋居址旁分别立有多边形和圭形公共立石。从上而下编号为石F1、石F2、石F3。

石F1（照3）：位于石窝山遗址上部，方向330°。东墙长115厘米，残高110厘米；西墙长1.45米，残高1.70米；南墙长1.60米，残高1.00米；北墙长1.40米，残高75～110厘米。墙体宽45～50厘米。门向朝南，宽60厘米，房间内空2平方米。居址东南3.0米处立有一根高70厘米，顶部凿有榫槽的多边形公共立石。通过对F1居住面的清理，在清理的过程中未发现火炉、火炕和火烧痕迹，居住面表层厚10～15厘米，为淤积层腐殖质黑褐色砂质土壤，居住层为页岩小石块填充的居住面。

照3 石F1

在居住面靠北墙，横置一块长 1.20 米，上端宽 50 厘米、下端宽 60 厘米，厚 25 厘米的大石块，在大石块旁由小石块填充，形成整体居住面。居住面下未发现任何器物。然后在 F1 下开探沟两条，编号分别为 LLST①、LLST②。

LLST①：长 7.00 米、宽 1.00 米、深 80 厘米，方向 330°。根据土色可分为四层：一层为扰乱层，厚 10～15 厘米，黑褐色的腐殖质土壤。二层为堆积层，厚 20～30 厘米，黑褐色土壤夹有腐烂的楠竹苑，少量的石块。三层为堆积层，厚 10～20 厘米，褐色土壤，夹有较多的风化页岩和石块，出土通长 14 厘米、宽 7 厘米、厚 1.6 厘米和通长 11 厘米、宽 8 厘米、厚 1.4 厘米的穿孔石块。四层为原生土层，厚 15～25 厘米，浅黄色土壤，夹杂石块多而大。

LLST②：长 4.00 米、宽 1.00 米、深 1.00 米，方向 75°。根据土色可分为五层：一层为扰乱层，厚 10～15 厘米，黑色腐殖质土壤，疏松。二层为堆积层，厚 20～30 厘米，黑褐色土壤，含少量风化页岩的碎石块。三层为堆积层，厚 10～20 厘米，褐色土壤，含有大量的碎石块。四层为堆积层，厚 10～20 厘米，浅黄色土壤，含有碎石较多。五层为生土层，厚 10～20 厘米，浅黄色土壤，呈黏性，含有大量的碎石块。

石 F2（照 4）：位于石窝山遗址的中部，距石 F1 300 米，方向 10°。东墙长 2.40 米，残高 40 厘米～1.20 米；西墙长 2.10 米，残高 90 厘米；南墙长 2.20 米，残高 20～50 厘米；北墙长 2.10 米，残高 10～40 厘米。墙体宽 40～50 厘米，无扉和料。门东向，宽 60 厘米，室内面积 4.8 平方米。通过对居住面的清理，发现居住面表层为淤积层，厚 20 厘米，黑褐色腐殖质土壤。清除淤积层后露出浅黄色的原生土层，夹有风化的页岩碎石块。居住面上未发现火炉、火炕或使用火的痕迹，也未发现生产、生活用具的蛛丝马迹。

照 4　石 F2

照 5　石 F3

石 F3（照 5）：位于石窝山遗址的下部，距石 F2 约 300 米。石屋居址南边 100 米立有一根圭形的公共立石，方向 70°。东墙长 2.35 米，残高 50～70

厘米；西墙长2.35米，残高75厘米；南墙长2.10米，残高60厘米；北墙长2.10米，残高1.15米。墙体宽40~50厘米，无屦和料。门东向，宽85厘米，室内面积4.9平方米。通过对居住面的清理，发现居住面的表层为淤积层，厚15~20厘米，为黑褐色腐殖质土壤和楠竹及腐烂楠竹苑，清除淤积层后，露出浅黄色土壤，夹有小石块，应为原生土层（居住面），在居住面上未发现火炉、火炕。在南墙边发现极为少量的木炭屑，也未发现其他生产、生活的遗迹遗物。

三、乌鸦尖石屋居址

该居址位于龙窖山遗址东北部的梅池村畲家山组东南的乌鸦尖上。北距村民龚元英住屋3000米，居址分布在两条溪沟相夹的山脊中部，由于自然灾害及人类生产生活的破坏，大多数居址已毁坏。目前保存较好的居址有两间，从山下往山上编号为乌F1、乌F2。

乌F1（照6）：位于山脊下部，靠近两侧的溪流，方向350°。东墙长235厘米，残高50厘米~1.10米；西墙长2.40米，残高90厘米~1.10米；南墙长2.70米，残高1.00~1.20米；北墙长2.35米，残高60~80厘米。墙体宽40~50厘米，无屦和料。门西向，紧靠北墙，宽60厘米，室内面积5.9平方米。通过对室内居住面的清理，发现表土层为淤积层，厚10~20厘米，为黑色腐殖质沙性土壤和树根、茶苑树。淤积层清理后，居住面为褐色土壤，呈沙性，厚20厘米。在西墙和南墙方向发现木炭屑。在居住面上还发现两块疑似石锛形器的石块、一块疑似刀形器石块。居住面上未发现火炉、火炕遗存。在西墙的内侧一块长方形石头上发现刻有刻画符号，外侧两块石头上有刻画符号（照7、照8、照9）。

照6 乌F1

照7　乌F1墙壁上刻画符号

照8　乌F1墙壁上刻画符号

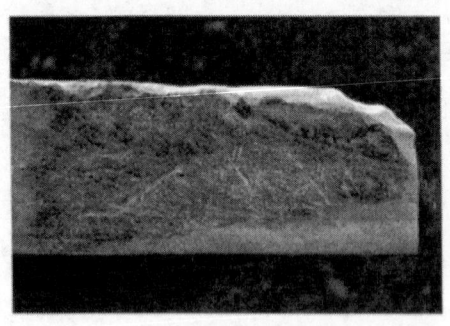
照9　乌F1墙壁上刻画符号

照10　乌F2

乌F2（照10）：位于大山脊的中部，距F1约200米，方向320°。东墙长2.35米，残高1.10米。西墙长2.55米，残高1.20米。南墙长2.05米，残高1.50米。北墙长2.05米，残高30厘米。墙体宽40~50厘米，无羼和料。门西向，紧靠北墙，宽60厘米。在与门相对应的东墙，疑似留有宽60厘米的窗口，室内面积5平方米。通过对居住面的清理，发现表层为淤积层，厚10~20厘米，黑褐色土壤呈沙性，多为树叶腐烂而成及墙体坍塌的石块。将淤积层清理后露出黄褐色的土层，为居住面，夹杂有小石块，未发现火炉、火炕和用火的痕迹。门口外用石块砌有三级台阶。

四、灵官冲石屋居址

该居址位于幸福村老屋组西面，东距村民刘炎梅住屋3000米，居址分布在灵官冲堆石遗存中间。由于自然灾害和人类生产生活的破坏，居址残存两间，编号灵F1、灵F2。

灵F1（照11）：位于灵官冲堆石遗存的上部，方向350°。东墙长1.50米，残高40厘米；西墙为山墈，长1.60米；南墙长1.80米，残高40厘米；北墙长1.80米，残高40～60厘米。墙体宽40厘米。门南向，宽80厘米，紧靠山体，室内面积2.9平方米。东墙下为垒砌的石墈，通高1.50米。通过对居址的居住面进行清理，发现表层为坍塌的石块和树叶、竹叶的覆盖物。清除覆盖物后为居住面的表土层，厚20～30厘米，呈灰黑色土壤，呈沙性，结构疏松、质软，内含风化页岩的碎石和大量楠竹根。清除表土层后为黄褐色土壤，结构紧密，土质较硬，含有大量页岩碎石块。室内未发现火炉、火炕和使用火的痕迹，也未发现先民生产生活的遗迹遗物。

照11　灵F1　　　　　　　　　照12　灵F2

灵F2（照12）：位于灵官冲堆石遗存的上部，方向30°。南墙长2.10米，残高30～50厘米；北墙长2.10米，残高40厘米，东墙长1.15厘米，残高60～80厘米；西墙为山墈。墙体宽40～50厘米。门南向，紧靠山坳，宽80厘米。整个居址使用石块风化严重，室内面积2.4平方米。通过对居住面的清理，发现表层为墙体坍塌的石块和树叶、竹叶的覆盖物，清除覆盖物后为居住面表土层，厚10～15厘米，为灰褐色土壤，呈沙性，结构疏松，内含有少量的碎石和竹根。清除表土层后为黄褐色土壤，结构紧密，土质较硬，含有页岩和碎石块。室内未发现火炉、火炕和使用火的痕迹，也未发现先民生活的遗迹遗物。

五、结论与附论

通过30天紧张的田野调查工作，本次调查共发现石屋居址4处，清理石屋房基9间，开探沟7条，发现类似刻画符号的石块3块，形似石锛的锛形器、砍砸器的石块3块，穿孔石块2块，采集部分土样、木炭屑的标本。

本次田野考古调查和试掘工作虽然未取得突破性的进展，但是对龙窖山遗址先民的生产、生活方式有了新的认识和新的发现，对认定堆石遗存的作用、族属、时代具有参考价值。

一是通过9间石屋房基的调查和清理，在居址的居住面上未发现有火炉、火炕，甚至没有发现使用火的痕迹，只有石F1、石F3及乌F1内发现有少量的木炭屑，完全可以证明龙窖山先民还有其他居住生活区，抑或使用其他的生存方式。

二是乌F1西墙堆垒的石块上发现3处类似刻画符号。这3处类似刻画符号均在门的左右，其中一号石块靠北墙，二号石块在西墙外，三号石块在西墙内，这3处石块上类似刻画符号为我们提供了一个信息：有类似刻画符号存放在显眼顺手的地方，应是先民有意识地借以使用的。

三是根据石屋居址所处的位置、构筑规模、出土的实物、使用石块的大小等因素可分为三类：

一类：明清时期的居址，如竹铺沟大型石屋居址。竹F1、竹F2建筑面积大，分别为57平方米和83平方米，出现了套间，门宽在90厘米和2.00米，墙体垒砌用有少量的羼和料，探沟内也出土有明、清时代的陶瓷片。这类居址时代较晚，后来在抗日战争时，有居民曾在这里躲过日寇。

二类：早于明清时期的居址，如乌鸦尖石屋居址。乌F1、乌F2建筑面积分别为5.9平方米、5平方米，海拔位置较高，且处在高山的山脊部，堆垒的石块大，无任何加工痕迹，墙体没有羼和料，显得粗犷古朴。门两边内外有3块类似刻画符号的石块，在清理乌F1的居住面时，发现有形似砍砸器和刮削器的石块。

三类：祭祀用房、葬堂、哨棚。这类居址建筑面积小，石F1面积2平方米，石F2面积4.8平方米，石F3面积4.9平方米，灵F1面积2.9平方米，灵F2面积2.4平方米，一般建在堆石群的中间或堆石群上部，石F1、石F3的旁边还立有多边形和圭形的公共立石，居住面上未发现火炉、火炕，室内面积窄小，无法容人居住。此类居址房屋可能为先民狩猎哨棚或宗教祭祀用房。

综上所述，龙窖山遗址中的石屋居址，一类明清时期居址应为明代从江西迁徙龙窖山的汉民族的居址，抑或在原居址上扩建、重建。二、三类居址应是与汉民族有别的另一个民族先民的居址。居址先民仍在使用刻画符号、原始的石器。北宋范致明撰写的《岳阳风土记》载："龙窖山在县东南，接鄂州崇阳县雷家洞、石门洞，山极深远，其间居民谓之鸟乡，语言侏离，以耕畲为业，非市盐茶，不入城市，邑亦无贡斌，盖山瑶人也。"清同治《通城县志》也载："宋高宗绍兴初，杨么倡乱，勾诱衡、宝、永、郴山瑶恣肆房掠。

附录一

追岳忠武平杨么,而山猺残孽窜伏大山密菁通城地界相连之龙窖山为窟穴。理宗宝庆间,猺种蕃,遇歉出掠,遂设千户长驻通,元降为百户,至明缺裁。"据文献史料记载,龙窖山遗址中石屋居址的先民与汉族不同,目前可查的只有瑶族先民,这些居址非瑶族先民莫属。又据《湖南瑶族》风俗习惯篇载:范晔《后汉书·南蛮传》中载:盘瓠被平王赐女招婿后"负而赴南山,止石室中,所处险绝,人迹不至",反映了瑶族最初的居住方式——洞穴居。后来,慢慢发展成"结茅",即砍伐竹木依山建屋覆以青茅成为巢居,形成大小不一的山寨,再后来就有了泥木结构、干栏结构的固定住所,统称为"寮"。宋人朱辅在《溪蛮丛笑》中就把瑶族"依山结茅"的建筑文化称为"打寮"。他说:"山猺穴居野处,虽有屋以避风雨,不过是剪茅叉木而已,名打寮。"其形式有"人字形"棚居屋、"吊楼式"木屋、"横目字"长屋、"钥匙头"居屋。凡迁居频繁的瑶民均安居简陋,家具十分欠缺,居住的功能性极差。龙窖山遗址中的石屋居址完全符合瑶族先民"结茅"巢居的居住方式,只是其先民充分地利用龙窖山的页岩,在居址的垒砌方式上不同,更显示出居屋比较坚固,具有防野兽、蛇虫的功能。祭祀用房、葬堂更是瑶族先民留下的抑或是已经消逝现得以保存的一种特有的丧葬习俗。

执笔:汪松桂
摄像:张凯 蔡健
绘图:翁雄胜 王岳跃

附录1—5 湖南省临湘市龙窖山遗址岩洞调查简告

为了更有效地提示龙窖山遗址堆石遗存的功能、族属、时代，为考古学提供最直接、最有力的证据，近年来，根据龙窖山地理环境的特殊性，通过梳理工作思路，把龙窖山区域考古调查和试掘工作的重点放在寻找先民的生活遗迹点上。2011年通过对石屋居址的调查，发现了一些很有价值的资料。2012年6月29日—7月29日，再次由郭胜斌研究员为领队，汪松桂、胡铁南、张凯、蔡健、蒋勇为队员赴龙窖山对岩洞进行调查，现将岩洞调查情况报告如下。

北宋《岳阳风土记》载："龙窖山在县东南，接鄂州崇阳县雷家洞、石门洞，山极深远……盖山瑶人也。"龙窖山堆石遗存的主人，与雷家洞、石门洞等岩洞有着密切的联系。因此，调查龙窖山区域内的岩洞，更有可能寻找到考古学的直接证据。通过近30天的工作，对上麦坦岩洞、陡嘴坡岩洞、三仙坦岩洞、正经牌岩洞、筲箕坪岩窟、崖头寺（上岩洞）岩洞、下岩洞7座岩洞进行调查和清理，基本揭示了龙窖山遗址岩洞的文化面貌。

一、龙窖山遗址岩洞

1. 上麦坦岩洞

上麦坦岩洞位于幸福村龙溪港组土七坡屋场（现无人居住）南面约2000米，老龙潭三潭瀑布西侧的悬岩峭壁上。岩洞处在上麦坦的原始次森林之中，因岩洞上方有一块较为平整的山地，当地山民习惯称这样的山地为"坦"。岩洞为页岩天然形成的岩洞，洞上方岩石经过千百年的风化、雨水冲刷如削，顶部生长多棵铁稠树。岩石旁有一条小径直通洞口。洞口坐西向东，方向150°，海拔高程610米。洞口深90厘米、宽66厘米、高73厘米。进入洞内有深94厘米的吊墈填有堆积小石块呈坡状。洞内深4.70米、宽60厘米、高1.60米，离洞口2.40米处有一长1.6米、宽60厘米、高2.8米的洞窟。洞底部位在90厘米向南微拐。洞内面积2.8平方米。洞内为岩页岩叠压，岩壁叠压较为平整。通过清理，洞内未发现用火痕迹，在离洞口3.1米处平行放置4根长1.2米、径围18厘米的木头（已腐）于洞内石块上。在洞内的淤积层中发现一件马蹄形铁器，两个外撇脚上有两个圆形小孔起固定作用，铁器锈蚀严重。洞口外侧6米处有座半圆形堆石，面东、弧长2.65米、高80厘米，顶部有坍塌痕迹。在岩洞上方的"上麦坦"有多座堆石。根据岩洞的形制规格分析，一般不宜人类居住，但洞内却保存有人类生产、生活的遗存（照1）。

2. 陡嘴坡岩洞

陡嘴坡岩洞位于幸福村中屋组西面，东距村民刘红洲住屋约1500米，岩洞处在陡嘴坡的楠竹林之中，岩洞为页岩形成的穿洞式岩洞。洞口坐东向西，方向65°，海拔高程365米。洞口前坍塌严重，目前无法从洞口进入洞内，只能从上洞口攀古藤下到洞口。洞内呈斜坡状，洞深4.10米、宽3.40米、高3.20米，面积为13.9平方米。上洞出口长260厘米、宽160厘米。洞壁较为平整，洞内左侧有一个深1.80米、宽1.90米、高1.10米小洞，小洞内置有腐朽的杉木板。村民介绍，此洞中曾放置过蜂箱，在小洞内出土两个锈蚀严重的铁绊、两个锈蚀的铁钩。在岩洞左侧山崖的石缝中发现一块长20厘米、大头宽16厘米、小头宽8厘米、厚6厘米的石块，在石块上饰"口"的纹饰。据现场观察，此洞目前人类无法居住，只能作为山民避风躲雨的场所。

3. 三仙坦岩洞

三仙坦岩洞位于幸福村龙溪港组西面约20公里的大山之巅，西距"三仙坦"（传说李氏三姊妹采药炼丹、悬壶济世、得道升天之地，后人建有庙宇）约1500米，村民俗称"仙人洞"。三仙坦山下为原始次森林，山顶为草甸地带，生长矮小的灌木。山洞为花岗岩石洞，洞口坐西向东，方向240°，海拔高程1126米。洞口宽1.50米、高2.40米。在洞口南侧堆垒长60厘米、宽60厘米、高66厘米的石墙，使洞口的宽度为90厘米。洞内宽3.80米，南侧深4.30米，北侧深5.60米，高1.70米，最低处高1.0米。洞内面积21平方米。在洞口外南侧，对应洞口石墙相距1.40米处，堆垒长1.40米、宽55厘米、高80厘米的石墙，形成侧门，疑似堆放东西的地方。洞内表面散落有玻璃瓶和八宝粥铁罐及石片，石壁上无烟炱痕迹。洞内表层有6厘米的淤积层，黑褐色的土壤呈沙性。在洞内北侧，距洞口1.20米有一处80厘米×60厘米的灰烬层。紧靠南壁距洞口60厘米有处40厘米×30厘米的烧土层，呈红褐色，厚1厘米。靠南壁距洞口1.80米处出现一块疑似白色骨屑的物体。在南壁靠近洞底处有块60厘米×40厘米的火烧后的痕迹，留有纤维物残片。洞内石壁圆滑，洞底与南壁有浸水，浸水处带有少量沙质淤土。洞外前有3.0米×2.40米的小坪，坪下砌有10级台阶，每级台阶宽50厘米、高30厘米。洞前为通往三仙坦、通城县的古道，据村民介绍，很早以前通城的挑夫等曾在此洞留宿，近年也有香客到此洞游玩。在三仙坦的易家屋场（废墟）等地发现有堆石、石屋居址的遗存，此洞是否居住过先民，要根据采集的木炭屑、疑似骨屑的标本检测数据才能确定（照2）。

4. 正经牌岩洞

正经牌岩洞位于幸福村老屋组西北面4000米的山壑之中，南距胡家屋场遗址2000米。山林中生长着高大的乔木和楠竹，沟壑中堆满乱石。岩洞位于山沟的南岸，洞口坐南向北，方向10°，海拔550米。洞口的西北生长一棵黑壳楠，胸径80厘米。洞口呈三角形，由几块巨石相搭形成岩洞，上边长2.50米、下边长2.20米、高90厘米，洞内面积5.2平方米。岩洞位于山壑的沟边，山洪暴发时沟水可漫入洞内，洞中无文化层。洞前坪地随着山洪的冲洗早已改变了原貌，在岩洞周边有椿树洲堆石遗存、筲箕坪堆石遗存、张家坦堆石遗存。岩洞应为山民避风躲雨处，居住的可能性不大。

5. 上筲箕坪崖窟

上筲箕坪崖窟位于幸福村老屋组西北面4000米的椿树洲溪流南岸，东距筲箕坪遗址1000米，山林中森林茂密，植被保存良好。崖窟坐南向北，方向20°，海拔高程468米。崖窟为三角形巨石伸出形成崖窟，窟口阔4.70米、深5.0米、高6.40米，面积23.5平方米。窟内坠落多块风化的大石块把窟内填成斜坡状。窟前5米为沟壑溪流。窟内未发现用火痕迹。崖窟附近有椿树洲、正经牌、张家坦等堆石遗存。根据崖窟所处的位置、形状，符合人类居住的条件，但目前未发现人类活动的遗存。

6. 崖头寺岩洞（上岩洞）

崖头寺岩洞位于龙窖山东麓的湖北省崇阳县沙坪镇泉湖村十五组，南距肉拱桥屋场800米，岩洞所在山丘早年前当地政府在此建有多座石灰窑，到处可见烧石灰留下的石灰渣石堆积，近年建有采石场的破石机场，除岩洞保护尚好外，其余山丘已炸为平地。岩洞在南宋建炎年间就辟为寺院，近年改建为观音殿。崇阳县文物保护部门立有保护标志，为"县级文物保护单位"。岩洞为石灰岩，洞口坐东向西，方向230°，海拔高程109米。洞口呈梯形，南侧凸出长10.6米，北侧内凹长6.4米，宽6.4米，洞门顶叶弧形高3.3米。洞内深14.5米，宽12.8米，洞顶为穹隆顶，顶上有石灰岩形成的数个圆涡，高9米，面积约185.6平方米。洞内中心位置新建4米×4米的观音殿堂，供奉观音大士像。洞内南侧置碑刻3方：崇阳县"县级文物保护"碑，"丞相李公宝翰"碑（该碑为青石边高210厘米，宽118厘米，厚10厘米。碑文："建炎戊申六月初九银青光禄大夫陇西郡公自通城如崇阳中路宿巖头寺为目之日宝陁巖男之从行。乾隆乙未冬西文慧初重修"），南宋绍熙二年从事郎、修职郎、朝青郎"劝农营田"碑（残损严重）。洞内地坪经过多次翻动，观音殿堂已打成水泥地坪。根据碑文分析，南宋建炎年间洞内已辟为寺院，宗教活动频繁，南宋前有可能为人类居住场所（照3）。

7. 下岩洞

下岩洞位于龙窖山东麓的湖北省崇阳县沙坪镇泉湖村十五组，北距上岩洞 300 米，南距肉拱桥屋场 500 米。岩洞周边早年建有多座石灰窑，生态破坏严重，近年又建有采石场的破石机场。岩洞为石灰石岩洞，洞口坐东向西，方向 270°，海拔高程 147 米。洞口宽 4.0 米、高 6.0 米。洞口处呈斜坡状向下延伸，坡度较大，洞内有 6 个小洞，进洞后正厅约 90 平方米，洞顶有少量的钟乳石，悬挂着若干的蝙蝠。洞底潮湿，散布着难闻的蝙蝠粪便。据当地群众介绍，其中有两个小洞向内延伸很远，曾有位僧人手持一根蜡烛进洞，洞未走完，蜡烛却烧完了。有位村民讲：早年他进过洞，洞内时高时低，走了不远，就可听到水声，顺着水声向前就到一个较大的水池边，边上有很多像牛像马的足迹。根据现场考察，洞内潮湿严重，且坡度很大，不宜人类居住。

二、龙窖山遗址与瑶族相关的民俗调查

本次除调查龙窖山区域内岩洞外，把民俗调查也作为重点，旨在更好地运用地方文献、民族志资料求证龙窖山遗址堆石遗存的用途、族属、年代等考古学证据。2012 年 7 月 2 日在幸福村支书但诚的带领下，对大风塝遗址进行了复查。通过走访村民和实地考察，在大风塝的草丛中发现一座长 80 厘米、宽 30 厘米，重 240 斤的麻石神碑碑座（照 4）。碑已遗失，碑座前方为浮雕的虎爪脚饰，虎爪饰上浮雕虎头（狗头）面目狰狞，双眼突出，脸部刻有桃形状花纹。碑座正面饰一排浮雕的回纹。座上凿有一条镶嵌石碑的槽榫，前方对称地凿有两个菱形的柱孔，疑似为支撑碑盖石柱柱孔。同时，还在村民胡仁保（80 岁）居住的老屋（晚清时建筑）的大门一侧的"牛腿"饰上发现浮雕一只虎形（狗形）砖雕（照 5）。内冲瑶族村村主任胡和保介绍，在大风塝森林中立有一块高出地面约 50 厘米、宽 30 厘米的墓碑，碑上刻有很多文字，但不像汉字，难以辨识。村主任还介绍，有村民还在大风塝的草丛中发现石碑上雕刻有像花纹的纹饰。由于 7 月正是龙窖山的高温季节，加之山道上长满杂草，蛇虫黄蜂又多，村民不愿带调查组上山寻找，调查组只好把这个遗憾留到 9 月等秋凉后再赴大风塝调查考证。大风塝遗址复查结束后，调查组又在幸福村老屋组刘关保住屋的石大门框的衔口上发现了类似大风塝碑座上的虎头（狗头）浮雕（照 6）。刘关保住屋的石大门框是从原祖屋上拆下，20 世纪 70 年代建房时重新安上去的。据刘关保老人介绍，原来祖屋为上下两重，在清乾隆初，刘氏祖娶了能干的老婆，由这位老婆主持修建祖屋，后因太祖赌博，把老婆输给张姓人家，老婆走后刘氏逐渐衰落。目前，刘氏祖屋仍保留有上重，通过考察刘氏祖屋，发现有扁鼓形柱础、椭圆形梁柱、

双重屋梁、高立的角石等清乾隆时期的建筑风格。因此,这副大门框的年代最晚也是清乾隆年间雕刻的,抑或更早,所以虎头(狗头)浮雕应是当地居民保留或延续前人的崇拜、祭祀的图腾装饰。

附录一

照1　上麦坦岩洞

照2　三仙坦岩洞

照 3 崖头寺岩洞

照 4 大风塝麻石神碑碑座

◊附录一◊

照5　胡仁保老屋上的浮雕

照6　刘关保老屋门框上的浮雕

执笔：汪松桂
摄像：张凯　蔡健

附录1—6 龙窖山"楚府"碑刻考释

汪丽华 汪松桂

2002年4月11日,临湘市田野考古调查组从龙源乡幸福村老屋组出发,顺着临湘市与湖北通城县、崇阳县分界的森林防火带向龙窖山的深处药姑山(最高峰1261.1米)进行田野调查。行至幸福村药姑山组的牛形颈自形沟时(海拔1000米),发现在临湘与通城交界处竖立着一块石碑。石碑为长方形,通高1.05米,露出地面高85厘米、宽39厘米、厚8厘米的花岗岩。碑中用行楷直书:"楚府龙窖屯界屯把陈肖钟(三姓并刻)",并在碑左书"南阿陀",碑右书"无弥佛",合为"南无阿弥陀佛"(以下简称"楚府"碑)。"楚府"碑上没有镌刻确切纪年,从屯界屯把的字义上诠释,只能推测为陈肖钟三姓划界防守的界碑。但"楚府"碑的镌刻时代、与龙窖山瑶族先民的关系、碑刻的真正用途仍然扑朔迷离,众说纷纭,莫衷一是。笔者为"楚府"碑第一发现者,本着尊重历史的原则,客观地从历史文献、龙窖山的地望、瑶族习俗及近年田野调查、考古发掘的资料中寻求证据,释疑解惑,以求方家匡正。

一

解开"楚府"碑镌刻的时代之谜,理所当然得从"楚府"入手。"楚府"顾名思义就是楚国或楚地的都府。翻开尘封的历史,关于"楚"的记载有二:一是从楚先王熊绎"辟在荆山,筚路蓝缕,以启山林",到楚文王"始都郢",楚国强大起来后,将政治、经济、军事、文化中心转移到长江中游的江陵地区,成为"春秋五霸"、"战国七雄"的泱泱大国,再到"秦白起拔郢"、楚国的衰亡、秦的统一。清同治《临湘县志·沿革篇》云:"临湘,禹贡荆州之域,为三苗国地,春秋、战国属楚,秦为长沙郡地。"龙窖山一直隶属楚地。二是五代马殷建立的楚国(907年)。当时楚国国境,东起洪州(今江西南昌市),南至南宁州(今广西南宁市),西到昆明(今云南昆明市),北至鄂州(今武汉市武昌区)。[①] 虽然马氏楚国的疆域辽阔,但楚国的政治、经济、军事、文化的中心仍在湖南。龙窖山隶属巴陵县地,为楚国的辖地毋庸置疑。

---

① 奉恒高主编:《瑶族通史》,207页,北京,民族出版社,2007。

附录一

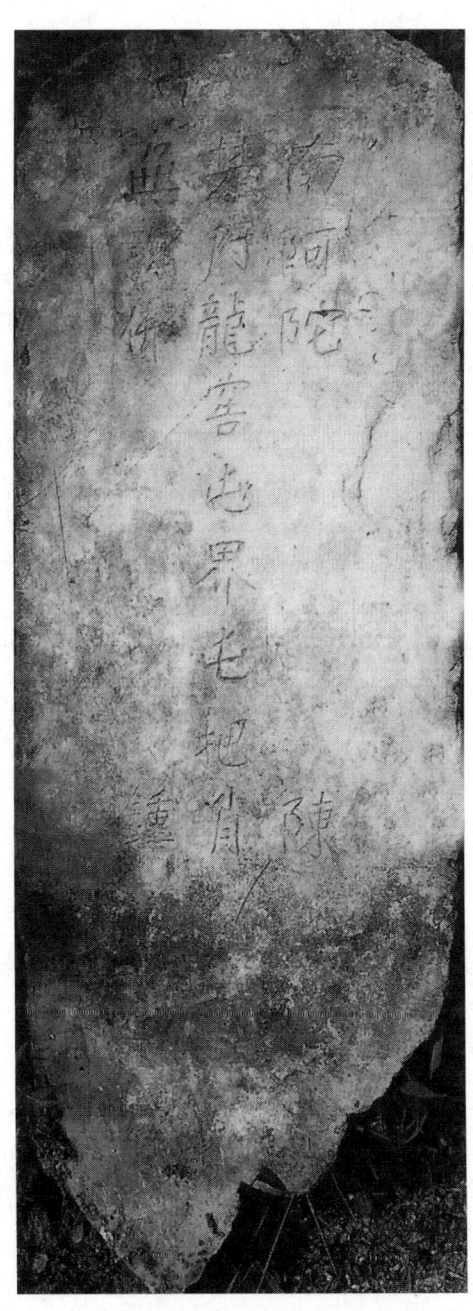

龙窖山"楚府"碑刻

龙窖山在春秋、战国时期属楚地，五代时期亦属楚地。"楚府"碑刻隶属这两个时期均有可能。既然楚地有春秋、战国和五代两个时期之分，"府"的建置是否能发现蛛丝马迹？春秋、战国时期，中国为分封制，楚国也不例外。秦统一中国后，加强中央集权制，置郡县、道加强统治。秦始皇二十六年（公元前221年）从廷尉李斯之议，在全国废分封置郡县，全国置立了三十六郡，从而使政权形式由古代分封制度转移到了集权制度。龙窖山隶属长沙郡，没有"府"的建置。五代马殷成为独霸南方的诸侯后"乃请依唐太宗故事，开天册府，置官属。太祖拜殷天册上将军"。后梁"末帝时（913—923年）加殷武昌、静江、宁远等军节度使，洪、鄂四面行营都统"。后唐"明宗（926—933年）封殷楚国王"。"殷以潭州为长沙府，建国承制，自置官属"，遂有了楚。殷死其子希声立，希声亡，其弟希范于长兴三年（932年）立。马希范执政后，沿袭前制。马殷以潭州为长沙府，龙窖山隶属长沙郡，巴陵县地。五代清泰三年（936年）才析巴陵设王朝场，正是马希范执政时期，因希范沿袭前制，龙窖山为王朝场属地，仍为巴陵县地，隶属长沙府的辖地，称为"楚府"是完全可能的。

"楚府"碑上镌刻的"南无阿弥陀佛"为之佐证。战国时期，楚国的宗教信仰是"信鬼而好巫"。汉代王逸《楚辞·九歌注》云："楚代南郢之邑，沅湘之间，其俗信鬼而好祀，祀必使巫觋作乐，歌舞以娱神。"唐代刘禹锡《竹枝词》序亦云："昔屈原居沅湘间，其民迎神，词多鄙陋，乃为作《九歌》，至于今，荆楚鼓舞之。"战国时期楚国宗教信仰应为中国国教"道教"的早期形态，所体现的是"崇巫信鬼"的习俗，不可能在碑上镌刻"南无阿弥陀佛"的佛教习俗语言。佛教于东汉时期传入中国，经过唐代"三藏西天取经"的演绎，佛教在中国广为流传，民间习俗的佛教用语也大量存在。逮至五代碑上镌刻"南无阿弥陀佛"也就在情理之中。

按上述，"楚府"碑镌刻的时代应为"五代"。

二

"楚府"碑镌刻的时代为五代。陈肖钟三姓屯界屯把的对象又是谁呢？北宋《岳阳风土记》载："龙窖山在县东南，接鄂州崇阳县雷家洞、石门洞，山极深远，其间居民谓之鸟乡，语言侏离，以耕畲为业，非市盐茶，不入城市，邑亦无贡赋，盖山瑶人也。"这是目前文献中最早出现龙窖山居住山瑶的记载。随后马子严的《岳阳甲志》也载："龙窖山在巴陵北，山实峻极，上有雷洞，有石门之洞，山瑶居之，自耕而食，自织而衣。"《大明一统志》，明弘治、隆庆《岳州府志》，清康熙、同治《临湘县志》、《通城县志》、《崇阳县志》均有类似的记载。文献记载北宋龙窖山居住一支"语言侏离,谓之鸟乡"的山徭民族。北宋前龙窖山是否也居住有山徭,《隋书》云:"长沙郡又杂有夷蜒,名曰莫徭,自云其先祖有功,常免徭役,故以为名。……武陵、巴陵、零陵、桂阳、澧阳、衡山、熙平皆同焉。"① 唐代李吉甫《元和郡县图志》又云:"潭州自汉至晋并属湘州,怀帝分荆湘中诸郡置湘州,南以五岭为界,北以洞庭为界,汉晋以来亦为重镇。今按其俗,杂有夷人,名徭。自言先祖有功,免徭役也。"按其上文,巴陵境内的"夷人"、"夷蜒"在隋唐时期称为"莫徭"和"徭"。这也是瑶族成为单一民族后最早的、最有权威的记载。龙窖山隋唐时期亦属巴陵县地,史书上记载巴陵居住的"莫徭"、"徭",应包括龙窖山的"山徭"。杜甫的《岁宴行》:"岁云暮矣多北风,潇湘洞庭白雪中。渔父天寒网罟冻,莫徭射雁鸣桑弓。"② 形象地描写了"莫徭"用桑条制成弓箭射猎群雁的情景。完全可以相信,在隋唐时期龙窖山居住的"莫徭"也就是"山徭"。"屯界屯把"理所当然也就是与山徭为争夺生存空间、抢占地盘山头发生过战争,最后画地为牢,确定界线的碑刻。在立碑 8 米处,现残存有石屋基址和石冢墓(石堆墓)。这也从另一侧面证实,屯界屯把是有组织的长时期的屯守。

"楚府"碑镌刻的陈肖钟又是属于哪个民族呢?目前文献上没有明确记载。清同治《崇阳县志》云:"龙窖山西七十里,五华山来界,临湘土人呼雷师岭。""临湘土人"应为龙窖山的土著居民,与汉民族有着本质区别,因此,县志不称"临湘人",而称"临湘土人"。据村民讲述,陈肖钟为三老表,非常剽悍勇猛,占据了龙窖山的许多山头。从村民的讲述中也可得知,陈肖钟可能是当时的某个"蛮族"。《瑶族通史》载:"隋唐之时,在以两湖和湘赣、湘粤、湘桂边界为中心的莫徭地区,还居住着蛮左、溪峒蛮、僚、武陵诸蛮、邵州蛮等蛮族。这些蛮族虽然不名莫徭,但从其居住区域、图腾信仰、服饰、风俗、相互称谓看属于莫徭。"③ 陈肖钟很有可能就是风俗、图腾信仰相同,称谓不一的"蛮左"。为了使之有其区别,故而称之"临湘土人"。只是蛮左进居龙窖山的时间,还要早于山徭。《梁书·安成王秀传》载:梁武帝天监七年(508 年),"巴陵马营蛮为缘江寇害"④。《隋书·地理志》记述:"莫徭丧葬之节,颇同于诸左。"我们完全有理由相信,在山徭徙居龙窖山之前,龙窖

---

① 《隋书·地理志》卷三一。
② 《全唐诗》卷二二,2382 页,北京,中华书局,1997。
③ 奉恒高主编:《瑶族通史》,189 页,北京,民族出版社,2007。
④ 《梁书·安成王秀传》。

山就居住有盘瓠之族蛮左。陈肖钟就是龙窖山的蛮左部落。时至南宋蛮左、莫瑶、山瑶基本上融为一体。清同治《通城县志》载:"宋高宗绍兴初,杨么倡乱,勾诱衡、宝、永、郴山猺恣肆虏掠。追岳忠武平杨么,而山猺残孽窜伏大山密菁通城地界相连之龙窖山为窟穴。理宗宝庆间,猺种蕃,遇歉出掠,遂设千户长驻通,元降为百户,至明缺裁。"《通城县志》的记载表明,一是南宋绍兴元年(1131年)至宝庆元年(1225年)90余年,龙窖山山瑶得到了繁衍壮大;二是龙窖山在南宋前就存在着蛮左、莫瑶,如果没蛮左、莫瑶的存在,其"残孽窜伏"后,没有生存的空间,更谈不上繁衍壮大,也证实北宋范致明撰写《岳阳风土记》的真实性;三是龙窖山在宋代前存在着与山瑶有别的盘瓠种——蛮左,宋代已在图腾信仰、风俗习惯、民族称谓等融合为山瑶。

  同时,我们还可以从龙窖山现有居民入居的时间上找到部分答案。翻阅龙窖山现代18姓居民的族谱:肖姓祖肖子旺于明永乐八年庚寅岁(1410年)始居龙窖山,钟姓祖钟惟学于明景泰元年庚午岁(1450年)始迁入龙窖山马坳山,钟万柏于明万历二年甲戌岁(1574年)从马坳山迁居梅池门。陈姓暂未发现族谱。最早入居龙窖山的张姓祖张则忠是明洪武元年(1368年)始居龙窖山。也就是说龙窖山的山瑶退出龙窖山后,现代姓氏的居民才陆续入居。证明《通城县志》南宋"遂设千户长驻通,元降为百户,至明缺裁"、《隆庆·岳州府志》"按,宋以前有之,今不然矣"的史实。龙窖山南宋抑或以前为山瑶繁荣期,南宋始至元代随着民族压迫和民族歧视的加剧,朝廷的征剿和镇压,龙窖山的山瑶被迫离开家园向南迁徙。明代,龙窖山人走山空,才有现代居民的陆续迁居。

三

  龙窖山有规划的、有意识的、人为的,以石头构筑物为代表的"石文化"遗存,通过民族学、民俗学的专家考察论证和田野调查、考古发掘的资料佐证,显示出这批典型"石文化"的主人,非龙窖山瑶族先民莫属,其时代为两晋至宋。①

  "楚府"碑附近的石屋居址正好显示出与龙窖山乙类居址胡家屋场、龙窖山屋场、鹰嘴崖、老屋湾、瑶坪居址的一致性。一般用石块垒堆,无屑和料,墙体宽50~60厘米,门向南倚东墙,规格在2.90米×2.60米、3.30米×

---

① 《湖南省临湘市龙窖山聚落居址调查简报》,见《湖南省博物馆刊》,第六辑,2009。

2.20 米之间，只不过"楚府"碑附近的石屋居址的面积为 5.20 米×5.00 米，大于其他地方的居址。印证此类居址为群居，为"屯界屯把"所专用。龙窖山乙类居址演绎着龙窖山山瑶从采实猎毛刀耕火种的发展期，向励精图治艰苦创业的繁荣期过渡，其时代为隋唐至两宋，与"楚府"碑镌刻的时代是一致的。

"楚府"碑附近的石冢墓（堆石墓）M1 呈半圆形，长 1.90 米、宽 1.20 米、高 1.10 米，M2 呈长方形，长 2.00 米、宽 1.30 米、高 1.20 米，与龙窖山 B 型石冢墓也完全一致。此类石冢墓堆石立面矮小，用小石块垒堆立面，中间用石块堆放，呈半圆形、长方形、麻蝈状（前高后低），大眼塝 M1 呈长方形，长 1.80 米、宽 1.10 米、高 90 厘米，灵官冲 M3 呈长方形麻蝈状，长 260 厘米、宽 150 厘米、高 100 厘米，石窝山 M55 呈长方形，长 210 厘米、宽 150 厘米、高 1.80 米。通过考古发掘后，将石窝山 M55 出土的陶瓷片及墓中黏土送北京大学考古文博学院实验室进行碳十四、热释光法、土壤分析科学检测，其结果表明，黏土含磷为 1799wt‰，与毛竹岭 M2（该 M 出土人骨、牙齿、棺木残件）的含磷量 1714wt‰ 基本接近，而与石窝山原生土样的检测含磷量 1351wt‰ 相去甚远。因此，M55 为墓葬无疑。陶瓷片的检测结果为隋唐时期。① 检测报告为此类石冢墓提供了有力的支持。因而，推断"楚府"碑附近的石冢墓的时代为隋唐时期，抑或稍晚的五代。

"楚府"碑附近居址前的地坪上立有高 34 厘米、宽 60 厘米、深 67 厘米的小神庙。小神庙也是龙窖山较有特色的石建筑，在所有的聚落居址前均建有形制有别的小神庙，可分为两类，甲类在聚落居址前的石堆上垒堆，乙类在聚落居址前的地坪上堆垒。"楚府"碑附近的小神庙与徐家屋场小神庙、艾家坦小神庙高度一致。小神庙是"庙祭"的载体，庙祭是瑶族先民祭祀共同祖先重要的仪式。"庙立于野，凡隶排者皆祭之，如群姓之大社也。"② 龙窖山小神庙特有的文化现象，充分反映出瑶族先民盛行崇奉盘瓠，表现出浓厚的祭祀祖先的原始宗教仪式。③ "楚府"碑附近的小神庙正好证实立碑的族属以及崇奉祭祀的宗教仪式均为瑶族先民。

龙窖山这批石屋、石冢墓、石神庙为代表"石文化"的主人是否为瑶族先民？《瑶人经书》给了一个肯定的答复。《瑶人经书》曰："谢龙到，厅前水埠流游游，娘来不早告书报，报郎揲石造龙乡。娘在湖南清水上，一条清水

---

① 北京大学考古文博学院实验室科学检测报告，2009。
② 李来章：《连阳八排瑶风土记》。
③ 《湖南省临湘市龙窖山聚落居址调查简报》，见《湖南省博物馆刊》，第六辑，2009。

浪香香，娘是朝来夜归去，寻郎揲石造龙村。娘在湖南清水上，一条清水浪温温，娘是朝来夜归去，寻郎揲石造龙街。谢龙到，厅前水埠浪纷纷，娘来不早造书报，报郎揲石造龙厅。娘在湖南清水上，一条清水浪清清，娘是朝来夜归去，寻郎揲石造龙门。谢龙到，厅前水埠浪衍衍，娘来不早造书报，报郎揲石造龙床。娘在湖南清水上，一条清水浪黄黄，娘是朝来夜归去，寻郎揲石造龙房。"①此经书叙述瑶民要在湖南的某河旁揲石（揲者，取也，积也，堆也）造房、造街、造乡、造厅、造门等事，瑶族姑娘写给远方的丈夫（男友），赶快回家帮助揲石造石屋、石街、石门。②这与龙窖山的"石文化"正好印证。

纵观上述，从历史文献，龙窖山的地望，瑶族的宗教信仰、风情习俗以及田野调查、考古发掘资料的梳理论证，"楚府"碑的镌刻时代、族属及用途已一目了然。

一是龙窖山在战国时期为楚地，当时楚国的建置为分封制，没有"府"的设置，此碑不可能为战国时期所镌刻。五代马殷在湖南建立楚国，建置为郡县制，龙窖山隶属长沙府巴陵县地。"楚府"碑的时代为"五代"无疑。

二是龙窖山北宋抑或以前居住着一支语言侏离，谓之鸟乡，自耕而食，自织而衣，非市盐茶，不入城市，邑亦无贡赋的山瑶民族。五代时，龙窖山还居住有图腾信仰、习俗与山瑶相同的蛮左（临湘土人），入居时间应早于山瑶。两族群之间为争生存的空间，曾经发生过族群之间的战争，最后形成"屯界屯把"的局面。南宋时期，为了本民族利益最终实现了融合。

三是田野调查、考古发掘资料表明"楚府"碑附近的石屋、石冢墓、石神庙的规格、形制，与龙窖山石窝山、打栗坑、赵家坡、胡家屋场、徐家屋场等地的石屋、石冢墓、石神庙等石构筑物的形制、规格完全一致，其石文化的主人为瑶族先民，时代为隋唐—宋。③

由此可见，龙窖山牛形颈自形沟所立的"楚府"碑镌刻的时代为五代，是五代盘瓠种族的蛮左与山瑶之间为求生存展开争夺山林资源的战争后，达成协议"屯界屯把"，最后走向融合的历史见证。

载《湖南文化遗产》，2010（1）

---

① 郑德宏等：《瑶人经书》，长沙，岳麓书社，2000。
② 奉恒高主编：《瑶族通史》，255页，北京，民族出版社，2007。
③ 《湖南省临湘市龙窖山聚落居址调查简报》，见《湖南省博物馆刊》，第六辑，2009。

附录二　龙窖山千家峒认定意见书

千家峒是瑶族民间传说居住过的一个理想家园。瑶族同胞和瑶族研究工作者，都在矢志不渝地寻找千家峒的下落。以李本高副研究员为代表的部分瑶族研究工作者，通过多年的研究考察，终于在湖南省临湘市龙窖山发现了这一瑶族同胞梦寐以求的家乡故园。

研究人员通过深入调查，科学论证，认定湖南省临湘市龙窖山无论是从有关史籍记载的内容，还是从其地理位置、地形特征、地名与遗俗，以及大量的瑶族先民的遗址等方面来看，都与瑶族文献《千家峒歌》和民间传说中的千家峒相吻合。

2001年9月24—27日，中国（广西）瑶学学会在湖南省临湘市召开了瑶族研究专题研讨会。千家峒问题就是此次研讨会的中心议题。与会专家学者共46人。会议对龙窖山千家峒遗址进行了实地考察，在考察的基础上，通过讨论，取得了共识。会议根据绝大多数专家学者的意见，确认龙窖山千家峒能与瑶族传说中的千家峒相印证，是瑶族历史上早期的千家峒。

龙窖山千家峒风光绮丽，生态环境良好，瑶族遗迹众多，规模宏大，有着深厚的文化底蕴，是极其少见、极其珍贵的瑶族文化遗产。

中国（广西）瑶学学会
2011年10月8日

后 记

　　《龙窖山千家峒》一书，原来是由临湘市龙源乡原乡长刘炎祖先生主编的，由于多方面的原因，龙窖山被确立为瑶族早期千家峒已经过去十多年了，仍未付梓成书。后刘炎祖不幸病逝，该书也就不了了之了。

　　今本《龙窖山千家峒》一书是重新组织编写的，与刘先生主编的书毫无关系。由于过去了十余年，一些原始资料已散失。为弥补不足，编者重新组织了一些资料，特别是考古资料，并最终汇集成册。"龙窖山遗址"2002年湖南省人民政府公布为省级文物保护单位，"龙窖山堆石墓群"2013年国务院公布为全国重点文物保护单位。《龙窖山千家峒》一书可能还不能全面反映龙窖山千家峒的全貌，敬请读者见谅。

　　本书共设四章，另加附录。第一章分三部分，由李本高、志军编写。第二章分五部分，第一部分由黄钰、李本高编写，第二部分由盘福东编写，第三部分由郑德宏编写，第四部分由李本高编写，第五部分由邓有铭编写。第三章分十部分，第一部分由学钧编写，第二部分由黎琳编写，第三部分由汪松桂编写，第四部分由李本高编写，第五部分由李本高编写，第六部分由汪松桂编写，第七部分由汪松桂、胡旭东编写，第八部分由李本高编写，第九部分由杨振兵编写，第十部分由李本高编写。第四章分三部分，第一部分由李本高编写，第二部分由李本高编写，第三部分由汪松桂编写。附录分为两部分，第一部分六篇文章，其中前五篇以郭胜斌研究员为领队，由湖南省文物考古研究所、岳阳市文物考古研究所、临湘市文化局、临湘市千家峒管理处、临湘市文物保护管理所组织调查编写；《龙窖山"楚府"碑刻考释》由汪丽华、汪松桂编写。附录第二部分为"龙窖山千家峒认定意见书"。

　　本书的出版得到了广西壮族自治区人民政府原副主席、《瑶族通史》主编、瑶族老干部奉恒高的支持和鼓励，得到了广西民族大学瑶族研究中心及研究中心主任玉时阶教授的支持和关照，得到了岳阳市文物考古研究所郭胜斌研究员以及临湘市政协、市文化广电新闻出版局等单位领导的支持和帮助，同时得到了江华瑶族自治县民宗局原局长任涛的帮助和支持，在此一并表示谢忱。另外，本书采用广西民族大学张有隽教授的题词为书名，亦在此表示谢忱。

编撰者
2013年4月

图书在版编目(CIP)数据

龙窖山千家峒/李本高主编.—北京:民族出版社,2015.1
(瑶学丛书/奉恒高主编)
ISBN 978－7－105－13700－8

Ⅰ.①龙…　Ⅱ.①李…　Ⅲ.①瑶族—民族聚居区—研究—中国　Ⅳ.①K285.1

中国版本图书馆 CIP 数据核字(2015)第 028184 号

策划编辑：虞　农
责任编辑：唐海琴
封面设计：翟跃飞
出版发行：民族出版社
地　　址：北京市和平里北街 14 号
邮　　编：100013
网　　址：http://www.mzpub.com
印　　刷：北京彩云龙印刷有限公司
经　　销：各地新华书店
版　　次：2015 年 11 月第 1 版　2015 年 11 月北京第 1 次印刷
开　　本：787 毫米×1092 毫米　1/16
字　　数：280 千字
印　　张：15
定　　价：42.00 元
ISBN　978－7－105－13700－8/K・2419(汉 1343)

该书如有印装质量问题,请与本社发行部联系退换
汉文编辑一室电话：010-64271909　　发行部电话：010-64224782